Minerva Shobo Librairie

現代の
教育制度と経営

岡本　徹／佐々木司
［編著］

ミネルヴァ書房

はしがき

　第一次安倍内閣（2006―2007年）では，我が国の準憲法ともいわれる教育基本法が約60年ぶりに全面改正され，安倍第 2 次，第 3 次内閣（2012年―）では，いわゆる政治主導・官邸主導の旗印の下に矢継ぎ早に種々の教育改革が断行されている。この10年間の教育の変化は，制度，内容も含めて驚くほど大規模で多岐に渡る。

　2009年に，私たちは『新しい時代の教育制度と経営』を編集公刊し，新しい法令とデータに基づいて最新の教育制度と経営に関する概要を提示し，いかなる改革が行われたのかあるいは行われようとしているのか，さらにはそれぞれの今日的課題は何であるかについて解説した。ところが，5 年も経ないうちに，それらの内容は重版時の小規模な内容訂正では，現状を正確に伝えることのできないものになってしまった。それほど，今日の教育の変化がすさまじいものであることを実感させられている。

　そこで，この度，執筆担当者も大幅に入れ替えて，2016年 4 月から施行される法令を反映した教育制度と経営の今を語ることを目的とした本書を，新しい書籍として公にする運びとなった。

　本書は，一章あたりの分量を十分に確保して内容の充実に心がけながら，「教育の法制度」「学校教育の制度」「学校経営の基礎」「学級と教育内容・方法に関する制度」「教師の力量形成のための制度」「教育政策と教育行政制度」「教育財政の制度」「幼児教育・保育の制度」「特別支援教育の制度」の 9 章から構成されている。巻末の「資料編」では，できる限りの多くの重要法令を掲載し，利用の便宜を図るべく配慮した。教職を目指している学生のみなさんだけでなく，学校の先生方，教育に関心を持たれている一般の方にも，本書を通して，現在の教育制度と経営について理解を深めていただければ幸いである。

　「義務教育学校」発足に合わせて本書を企画し，短期間のうちに作業を進め

てくださったミネルヴァ書房編集部の浅井久仁人氏には大変お世話になった。心よりお礼を申し上げたい。

　2016年4月

編者　岡本　徹
　　　佐々木　司

現代の教育制度と経営　目　次

はしがき

第1章　教育の法制度 …………………………………………………… 1
　1　教育法規の体系と区分 …………………………………………… 1
　2　憲法と教育法制度の根本原理 …………………………………… 7
　3　主な教育法規の内容 ……………………………………………… 10
　4　教育法制の課題 …………………………………………………… 19

第2章　学校教育の制度 ………………………………………………… 21
　1　公教育と学校 ……………………………………………………… 21
　2　学校を捉える視点 ………………………………………………… 28
　3　我が国の学校体系 ………………………………………………… 32
　4　学校教育をめぐる今日的課題 …………………………………… 37

第3章　学校経営の基礎 ………………………………………………… 42
　1　教育活動における学校経営という視座 ………………………… 42
　2　学校改善に資する学校評価システム …………………………… 50
　3　学校と家庭，地域との連携・協働を促す施策の動向 ………… 57
　4　誰もが行きたい学校づくりを推進する学校経営の在り方 …… 61

第4章　学級と教育内容・方法に関する制度 ………………………… 64
　1　「学級」という制度 ……………………………………………… 64
　2　「学級」概念の誕生 ……………………………………………… 68
　3　教育課程と学級経営 ……………………………………………… 73
　4　学級と教育内容・方法に関する制度の今日的課題 …………… 80

第5章　教師の力量形成のための制度 ………………………………… 84
　1　学校を支えているさまざまな教職員 …………………………… 84

2　教育職員免許状制度と教員養成制度 …………………………… 88
　　3　教員の任用（採用）・研修制度 ………………………………… 92
　　4　教員管理の制度 …………………………………………………… 95
　　5　教師の力量形成の今日的動向 …………………………………… 101

第6章　教育政策と教育行政制度 …………………………………………… 104
　　1　教育政策形成過程の今日的特色 ………………………………… 104
　　2　国の教育行政制度 ………………………………………………… 111
　　3　地方の教育行政制度 ……………………………………………… 114
　　4　国と地方の教育行政機関相互の関係 …………………………… 121
　　5　教育行政制度の今日的課題 ……………………………………… 123

第7章　教育財政の制度 ……………………………………………………… 126
　　1　教育財政の意義 …………………………………………………… 126
　　2　教育財政の制度構造 ……………………………………………… 129
　　3　家計支出教育費の増大と教育扶助制度 ………………………… 137
　　4　教育財政の動向と課題 …………………………………………… 142

第8章　幼児教育・保育の制度 ……………………………………………… 145
　　1　注目される幼児期の教育 ………………………………………… 145
　　2　我が国の幼児教育施設，保育施設の歴史と制度 ……………… 149
　　3　子ども・子育て支援新制度と認定こども園 …………………… 157
　　4　よりよい保育を目指して ………………………………………… 163

第9章　特別支援教育の制度 ………………………………………………… 166
　　1　特別支援教育の理念と制度の形成過程 ………………………… 166
　　2　特別支援教育の現行制度 ………………………………………… 175
　　3　特別支援学校の学習指導要領 …………………………………… 181
　　4　特別支援教育制度の今日的課題 ………………………………… 182

目　次

資 料 編
  1　日本の学校系統図（明治6～昭和47年）
  2　諸外国の学校系統図（アメリカ・イギリス・フランス・ドイツ）
  3　文部科学省の組織図（令和4年10月1日現在）
  4　教育委員会のイメージ図
  5　関連法規

索　引

第1章

教育の法制度

　みなさんは法規（憲法や法律など）についてどのような印象をもっているであろうか。「高等学校で公民の時間に学習したけど大変興味深かった」「法律なんて正確な内容を知らなくても生きていくのに不便はない」などさまざまな意見を予想することができる。

　我が国が法治国家である以上、教育行政を含めたあらゆる行政行為は法規に基づいて執行される。したがって、教育学学習者として教育制度や経営の具体的事項を理解するにあたり、また、教育の実務家として諸活動を遂行する場合、いかなる法規がそれに関連しているのかを把握することが必要となる。ぜひとも、手元に法規集をおいて法規を参照する習慣をつけていただきたい。

　本章では、まず法制度についての基本事項である法規の体系と区分について整理する。そのうえで日本国憲法の規定から教育法規の根本原理として「教育を受ける権利」と「教育の機会均等」があることを示す。さらに、これら教育法規の根本原理が教育基本法や学校教育法の具体的規定とどのような連関があるのかを学習する。

1　教育法規の体系と区分

(1) 教育行政の法律主義

　現在、我が国における教育に関する行政事務は法律に基づいて執行される。これを教育行政の法律主義と呼ぶ。このことは、教育基本法第16条の「教育は、不当な支配に服することなく、この法律及び他の法律の定めるところにより行われるべきものであり、教育行政は、国と地方公共団体との適切な役割分担及び相互の協力の下、公正かつ適正に行われなければならない」（傍点筆者）とい

う規定からも読み取ることができる。

　教育行政の法律主義は、その対概念である教育行政の勅令主義について理解することで明確に理解することができよう。勅令とは天皇が発した命令を指す。近代日本が成立した明治以後、教育に関する法規の多くは勅令という形式で発せられた。たとえば、1886（明治19）年に公布された学校令（帝国大学令、師範学校令、中学校令、小学校令）は、実際には文部大臣森有礼が中心となって制定したものではあるが、形式的には勅令として公布されている。教育に関する法規が勅令の形式で発せられることは大日本帝国憲法のもとで1890（明治23）年に帝国議会が開設された後も同様であった。それは、一つには大日本帝国憲法には日本国憲法にあるような教育に関する直接の規定が存在しなかったためであり、また一つには教育に関する行政が公共の安寧秩序の保持と臣民の幸福の増進のためのものと捉えられ、それに対する必要な命令を発することは天皇大権に位置づくとする規定（大日本帝国憲法第9条）が設けられていたためである。

　勅令は、その制定にあたって実態としては内閣が起草していたとしても、国民の代表者である国会議員の関与が排されるという点において民主的なものではなかった。それに対して戦後の日本国憲法下では教育基本法に示されるように教育に関する行政は法律によるものとされた。したがって、その制定・改廃には国民の代表者である国会議員が関与することとなり、民主的な定めに従って教育行政が執行される体制となった。

（2）形式的体系による区分

　法規は多様であり、かつ数も多い。したがって、ただ羅列的に法規を理解しようと試みてもそれは困難なことである。そこで、法規を一定の基準で区分・分類することが法規の体系的な理解には有効である。

　法規は異なる二つの視点から分類・体系化することができる。その一方が「形式的体系」による区分と呼ばれるもので、法規の法源に注目した分類である。ここでいう法源とは、法規の制定や改正主体や適用範囲の相違を指す。他方は「実質的体系」による法規区分と呼ばれるもので、法規の内容による区分方法である。

第1章　教育の法制度

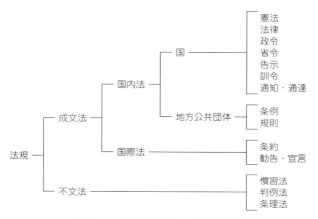

図1-1　形式的体系による法規区分

　形式的体系に従って法規を区分する場合，我が国では図1-1に示されるように分類されることが多い。すなわち，法規は国会等の権限を有する機関によって制定される成文法とそれ以外である不文法に大別される。そのうえで，成文法は国内法と国際法に区分され，さらに国内法は国によって制定される法規と地方公共団体によって制定される法規に分類することができる。

① 国による法規：憲法・法律

　多くの国で憲法は当該国の最高法規として位置づけられている。周知の通り，我が国が有する憲法は「日本国憲法」という名称である。日本国憲法の最高法規としての位置づけは第98条1項において「この憲法は，国の最高法規であつて，その条規に反する法律，命令，詔勅及び国務に関するその他の行為の全部又は一部はその効力を有しない」と定められている。

　法律は憲法に次ぐ上位法規であり，「国権の最高機関であつて，国の唯一の立法機関」（憲法第41条）である国会で制定される。憲法では，特別の定のある場合を除いては，法律案が衆議院と参議院の「両議院で可決したとき法律となる」（憲法第59条1項）とされている。現在，教育に関する法律としては，教育基本法や学校教育法，地方教育行政の組織及び運営に関する法律，教育職員免許法，学校保健安全法等多数の法律が制定されている。

3

② 国による法規：行政立法

　法律には基本的な事項や枠組みのみを規定する場合が多い。そこで，法律の範囲内において行政にいかなる権限が付与され，その権限が執行されるのかを具体的に定めておくことが必要となる。また，行政が専門化している現代においては，これら具体的内容のすべてを立法府で定めることは現実的ではない。以上の理由から，行政に対して法律の範囲内での立法行為が委任されることとなる。このような行政によって策定された法規を行政立法と呼ぶ。

　行政立法のうち，内閣が制定するものが政令である。政令の制定は，憲法第73条6号を根拠にして憲法及び法律の規定を実施するために内閣に与えられた権限である。政令が効力を発するためには主任の国務大臣の署名とともに内閣総理大臣の連署が必要とされている（憲法第74条）ことからわかるように，政令とは内閣全体の決定として制定されたものと位置づけられる。

　一方，省令は法律や政令を施行するため，または，法律や政令の委任に基づいて発するものと位置づけられる（国家行政組織法第12条）。政令とは異なり省令は各省大臣によって発せられるものであり，形式的には制定にあたって他省庁との連携や調整を行う必要はないとされる。

　一般的に，法律・政令・省令は一連のものとして制定されている例が多く，名称についても法律は「〜法」，政令は「〜施行令」，そして省令は「〜施行規則」とされることが多い。たとえば，学校教育法（法律）のもとに学校教育法施行令（政令）と学校教育法施行規則（省令）が制定されるという構造である。もちろん，全ての法律のもとに政令や省令があるわけではなく，行政事務の執行の必要性に応じて政令や省令が制定されることが原則である。名称についても全てが「〜施行令」や「〜施行規則」となっている訳ではなく，たとえば「小学校設置基準」という名称の省令も存在する。

　政令と省令は総称して法規命令と呼ばれる。法規命令とは，行政機関によって定められる法規のうち一般国民に対する直接の拘束性を有するものであり，この点において後述する行政規則とは異なる性格をもつものである。

　法律，政令，省令のさらなる細目的な定めとして告示，訓令，通知・通達がある。これらを総称して行政規則という。行政規則は法律や政令，省令に基づ

いて適切迅速に行政事務を遂行するために発せられるものであり，形式的には，行政機関内部にのみ適用されるものであって，国民や住民に対する直接の拘束力はないものとされる。しかしながら，行政機関は行政規則に基づき行政活動を行っているので，結果的には国民や住民に対する拘束性を有することとなる。

　告示とは，当該行政機関の所掌事務について公示を必要とする際に大臣が発するものである。たとえば，教育に関連する告示として，学習指導要領を挙げることができる。学習指導要領は，教育課程に関する事項は文部科学大臣が定めるとする学校教育法の規定（第33条）を受けて定められた「小学校の教育課程については，（中略）教育課程の基準として文部科学大臣が別に公示する小学校学習指導要領によるものとする」（学校教育法施行規則第52条）を根拠として制定されるものである。したがって，学習指導要領は教育課程の基準として教育委員会や学校，教員に対して法的拘束力を有するものと解される。

　訓令とは，上級官庁が所管機関や所属職員に発する命令を指す。文部科学省と教育委員会の関係でいえば，一方が他方の上級官庁であるという関係ではなく両者が対等な関係と位置づけられているため，文部科学省から教育委員会に対して訓令が発せられることはない。それに対して，通知・通達は上級官庁から所管機関や所属職員に対する示達と位置づけられており，指導・助言の一部とされている。そのため，文部科学省から教育委員会に対して通知や通達が発せられることは多くある。

③　地方公共団体による法規

　地方公共団体は法令に反しない限りにおいて条例を制定することができる（地方自治法第14条1項）。条例とは当該地方公共団体内においてのみ有効な法規である。地方自治法では条例を制定する主体を「普通地方公共団体」としているが，これは条例が地方公共団体の議会の議決を経て制定されることを指している。教育に関する条例としては，学校設置に関する条例や教職員の定数，給与等処遇に関する条例等がある。

　規則もまた法令に反しない限りにおいて制定される当該地方公共団体内においてのみ有効な法規である（地方自治法第15条1項）。地方自治法では規則を制

定する主体は「地方公共団体の長」としている。したがって，一般行政においては執行機関としての都道府県知事や市町村長が「地方公共団体の長」として規則を制定することとなる。しかしながら，教育行政に関しては，執行機関として教育委員会を設置することとが定められており（地方自治法第180条の8），教育委員会が都道府県知事や市町村長から独立して行政事務を執行することとなっている。これを前提に，地方教育行政の組織及び運営に関する法律第15条では，教育に関する規則は教育委員会に制定の権限があると規定される。教育委員会によって制定される規則を教育委員会規則と呼び，たとえば，教育委員会会議規則や教職員の勤務に関する規則，学校の物品管理に関する規則等がある。

④ 国際法としての法規

国家間または国家と国際機関との間で締結される協定を条約という。日本国憲法では，条約の締結は内閣の職務権限の一つに挙げられている（憲法第73条）。憲法では条約締結の事前または事後の国会承認が求められているが，一般的には内閣が条約を締結した後に国会での承認を得る順が多く，これによって条約が批准されたとみなされる。また，条約は法律と同等以上の効力があるとされるため，条約の内容に合致する方向に国内法が修正される。教育に関する条約には，たとえば，「児童の権利に関する条約」や「国際連合教育科学文化機関憲章（ユネスコ憲章）」などがある。

他方，国際的な勧告や宣言も広い意味で国際法と考えることができる。ただし，勧告や宣言は締結国（批准国）に対して法的拘束力を有するものではなく，履行についての責任を求めるにとどまる。教育に関する勧告や宣言としては，たとえば「教員の地位に関する勧告」や「世界人権宣言」等がある。

⑤ 不文法としての法規

法治国家における行政事務はあらかじめ定められた法規に従う成文法主義をとるが，起こりうるあらゆる事象を完全に網羅しておくことは実際には困難である。その場合は成文法以外に判断を求めることとなる。

慣習法とは，事実たる慣習に基づいて成立していると広く判断される法のことである。また，判例法とは裁判所によって示された判決の集積（判例）からなる法体系である。裁判所は法的安定性の見地から類似の事案に対しては同様の判決を下す可能性が高い。したがって，判例は事実上の法規としての性格を強く有しているといえる。

裁判において適用される成文法や先例となる判例が存在しない場合でも民事裁判では被告・原告のいずれかを勝たせるために何らかを根拠とした判断を下す必要がある。条理とは，裁判官が合理的な判断を導き出すための道理や筋道のことであり，判決の最終的な拠り所となるものである。条理もまた判決を通じて法規としての性格を有するため，条理法と総称される。

（2）実質的体系による区分

以上は法規の形式的な側面に着目した区分である。他方「実質的体系」による区分とは法規の内容に従った区分方法である。実質的体系による法規区分を知ることは内容の面において他の法規との関連を理解するために有効となる。また，実際の教育事象は複数の法律にまたがっていることも多く，実務的な場面で法的アプローチによる解決が必要な場合には，実質的な体系区分によって法規を把握しておくことが有効となる。

実質的体系によって法規を区分する場合，たとえば，学校教育法と学校給食法，義務教育諸学校の教科用図書の無償措置に関する法律等を「学校教育に関する法律」，地方公務員法と教育公務員特例法，教育職員免許法等を「教員に関する法規」と区分することが可能である。ただし，実質的体系による法規の区分には絶対的な基準があるわけではなく，論者や法規集によって相違があることに留意する必要がある。

2 憲法と教育法制度の根本原理

（1）教育を受ける権利

日本国憲法は第26条に教育に関する直接的な規定を有する。その第1項では

「すべて国民は、法律の定めるところにより、その能力に応じて、ひとしく教育を受ける権利を有する」と規定し、国民が教育を受ける権利を有することが示されている。また、日本国憲法では、「国民は、すべての基本的人権の享有を妨げられない。この憲法が国民に保障する基本的人権は、侵すことのできない永久の権利として、現在及び将来の国民に与へられる」（第11条）として基本的人権の尊重を定めている。これら二つを併せて解釈することで、基本的人権の一つに教育を受ける権利が位置付くことを理解することができる。教育を受ける権利は教育法制における根本原理の一つであり、多くの教育法規において教育を受ける権利を保障するための方策が定められている。

ところで、人間が生まれながらにしてもっている権利としての基本的人権という概念は、近代国家が成立する過程において欧米諸国において出現し、発展した。基本的人権に関する概念の発展過程はおおよそ次の通りである。すなわち、当初の基本的人権は、いずれの人間も自己の表現や決定には国家からの干渉や制約を受けないという自由権的基本権が主たるものであった。この考え方に基づく権利としては、表現の自由や集会・結社の自由、信教の自由、職業選択の自由等を挙げることができる。ところが、社会が発展するに従って自由権的基本権のみを保障するだけでは不十分であるとの認識が拡大することとなり、生存権や社会権といった社会権的基本権についての思想が共有されることとなる。これは、人間は国家による干渉からの自由のみでは必ずしも十分な生活をおくることはできず、貧困や障害によって十分な生活を営むことができない場合もあり得る。そのような際には、国家が積極的に関与することによって社会を適切に機能させることが望ましいとする思想である。このように基本的人権についての思想が拡大するなかで、教育を受ける権利もまた国家が積極的に関与をすべき社会権的基本権の一つとして認識されることとなった。

（2）教育の機会均等

憲法第26条１項のうち、「その能力に応じて、ひとしく」という部分に着目して導き出される原理が教育の機会均等である。教育の機会均等は、能力以外の要因によって教育を受けるチャンスが制限されることは不当であり不正義で

あるという考え方である。教育を受ける権利と同様に教育の機会均等もまた教育法制の根本原理の一つである。

教育の機会均等については教育基本法にも同様の規定がみられる。具体的には「すべて国民は，ひとしく，その能力に応じた教育を受ける機会を与えられなければならず，人種，信条，性別，社会的身分，経済的地位又は門地によって，教育上差別されない」（教育基本法第4条1項）と定められる。さらに教育基本法は「国及び地方公共団体は，障害のある者が，その障害の状態に応じ，十分な教育を受けられるよう，教育上必要な支援を講じなければならない」（教育基本法第4条2項）や「国及び地方公共団体は，能力があるにもかかわらず，経済的理由によって就学が困難な者に対して，奨学の措置を講じなければならない」（教育基本法第4条3項）と規定し，障害や経済的困難を理由とする教育機会の不平等を是正するために国や地方公共団体が積極的な役割を果たすことを求めている。これらは，特別支援教育に関する諸政策や奨学金の充実，教材費や学用品，修学旅行費の補助といった政策へと具体化されている。

（3）義 務 教 育

義務教育とは，誰もが身に付けるべき基礎的な知識や技能を国民全てが享受することを制度的に実現することを通じて，教育を受ける権利や教育の機会均等を保障しようとするものである。憲法では，第26条2項において「すべて国民は，法律の定めるところにより，その保護する子女に普通教育を受けさせる義務を負ふ。義務教育は，これを無償とする」と定めている。

この条文から第一に着目されることは，義務教育の義務主体についてである。憲法の規定から明らかなように，義務教育とは保護する子女に普通教育を受けさせる義務を国民に対して課したものであって，学校に通わなければならないという義務を子どもに課したものではない。子どもについては教育を受ける権利を有する主体であると解されている。義務教育に関する同様の規定は教育基本法にもあり，そこでも保護者による就学義務が謳われている（教育基本法第5条1項）。ただ，保護者に義務を課しただけでは義務教育を実現させることは困難であるため，国や地方公共団体にも義務教育実施の責任が課されること

なる。義務教育実現に対する国や地方公共団体の責任については教育基本法第5条3項に「国及び地方公共団体は，義務教育の機会を保障し，その水準を確保するため，適切な役割分担及び相互の協力の下，その実施に責任を負う」と規定されている。この規定は，国や地方公共団体が学校の建設や教職員の確保，学習指導要領の制定などさまざまなかたちで教育に関与することの根拠の一つとなっている。

　第二に着目されることは，義務教育の無償性である。義務教育無償性とは義務教育にかかる費用を公費負担とし個人負担を免ずることにより経済的理由による就学困難をなくし，それをもって教育を受ける権利と教育の機会均等を保障しようとするものである。そこで政策上は，義務教育にかかる費用のうち公費負担とする範囲をどの程度とすることが適切であるかについての判断が求められることとなる。現在，法的には，憲法で保障される無償の範囲は授業料のみとされている。したがって，必要な教材にかかる経費は無償の範囲外とされており，諸費や教材費といった名目で各家庭から徴収されている。ただし，家庭の経済状況に応じて市町村教育委員会による減免措置が採られている。同様に，近年，学校統廃合によってバス通学を必要とする児童が増加しているが，その際の通学費（バス代金）も法的には各家庭の負担が原則とされる。そのうえで市町村教育委員会の政策上の判断として減免や還付といった負担軽減策が講じられている。

　教科書についても，現在，義務教育諸学校では国が学校の設置者に対して無償で給付したものが使用されているが，戦後しばらくは各家庭が準備するものとされていた。教科書の無償給付制度は，1963（昭和38）年に義務教育の無償性を定めた憲法の精神を実現するために「義務教育諸学校の教科用図書の無償措置に関する法律」が制定され，国庫負担制度として確立したものである。

3　主な教育法規の内容

(1) 教育基本法

　現行の教育基本法は，1947（昭和22）年に制定された教育基本法（旧法）を

全面改正し，2006（平成18）年に成立した。

　旧教育基本法は，「人格の完成」と「平和的な国家及び社会の形成者として，真理と正義を愛し，個人の価値をたつとび，勤労と責任を重んじ，自主的精神に充ちた心身ともに健康な国民の育成」を教育の目的とするものであった。旧教育基本法は，GHQ（連合国軍最高司令官総司令部）のもとで民主主義社会の実現を目指した当時の政治・社会状況を背景に，日本国憲法の制定とも同調して制定されたものであった。

　現行の教育基本法でも教育の目的は「教育は，人格の完成を目指し，平和で民主的な国家及び社会の形成者として必要な資質を備えた心身ともに健康な国民の育成を期して行われなければならない」（第1条）と定めており，旧教育基本法の内容を引き継いだものとなっている。旧教育基本法の制定から60年近く経過した改正時においてもその理念が継承されたということは，本規定に表現される内容が教育の目的として極めて高い普遍性を有するものであるいうことができよう。

　また，旧教育基本法から引き継がれたものとして教育の中立性に関する項目がある。現行の教育基本法では第14条に政治教育，第15条に宗教教育についての規定を確認することができる。両規定とも第1項において，「良識ある公民として必要な政治的教養」や「宗教に関する寛容の態度，宗教に関する一般的教養及び宗教の社会生活における地位」について学習するという一般的な政治教育や宗教教育を尊重することが義務づけられている。そのうえで，第2項で，「特定の政党を支持し，又はこれに反対するための政治教育その他政治的活動をしてはならない」や「特定の宗教のための宗教教育その他宗教的活動をしてはならない」との規定を設けることで学校における特定の政治教育や宗教教育を禁止し，教育の中立性の実現を図っている。ただし，特定の政治教育が禁止される主体が「法律に定める学校」であることに対して特定の宗教教育を禁止される主体が「国及び地方公共団体が設置する学校」となっている点には留意する必要がある。この相違により，私立学校においては特定の宗教や宗派に従った教育を行うことが認められている。具体的には私立学校では「道徳」を「宗教」に替えて実施することや，宗教的儀式や作法をとりいれた学校行事を

行うことが認められている。

　この他にも現行の教育基本法には教育の機会均等（第4条），義務教育（第5条），学校教育（第6条），社会教育（第12条）といった旧教育基本法の内容を引き継いだ条文が多く存在する。

　一方で，現行の教育基本法には新たに付加された項目がいくつかある。その一つは前文の記述に見出すことができる。旧教育基本法と現行教育基本法の前文は，民主的で文化的な国家を建設・発展させることや世界の平和と人類の福祉の向上に貢献するという理想を掲げる点では同じである。そして，そのような理想を実現するために「個人の尊厳を重んじ，真理と平和を希求する人間の育成」を行おうとすることも共通している。しかしながら，現行教育基本法では，これに「公共の精神を尊び，豊かな人間性と創造性を備えた人間の育成」が加えられ，旧教育基本法には記述のなかった「公共の精神」という価値が法律のなかに付加された。

　また，教育の目標（第2条）にも新たな項目を見出すことができる。現行の教育基本法第2条には教育の目標として5つが規定されている。そのうち，第1号から第3号は旧教育基本法の第1条と第2条に規定されていた内容を再編したものである。それに対して，「生命を尊び，自然を大切にし，環境の保全に寄与する態度を養うこと」（第4号）と「伝統と文化を尊重し，それらをはぐくんできた我が国と郷土を愛するとともに，他国を尊重し，国際社会の平和と発展に寄与する態度を養うこと」（第5号）は新たに加えられた項目である。教育基本法改正の過程において，この「我が国と郷土を愛する」という文言を指して愛国心を煽ることになるのではないかという懸念も示されたが，規定全体を見れば概ね普遍性のあるものということができよう。

　他にも，教育行政に関する規定（第16条）では，旧教育基本法で論争となった「不当な支配」を明確に示すために，「教育は，不当な支配に服することなく，この法律及び他の法律の定めるところにより行われるべきであり（後略）」と規定することで，法律に従って執行される行政行為が「不当な行為」に含まれないことを示した。また，旧教育基本法では「教育行政は，（中略）教育の目的を遂行するのに必要な諸条件の整備確立を行わなければならない」と大綱

的に規定されていた教育行政の役割を「②国は，全国的な教育機会の均等と教育水準の維持向上を図るため，教育に関する施策を総合的に策定し，実施しなければならない。③地方公共団体は，その地域における教育の振興を図るため，その実情に応じた教育に関する施策を策定し，実施しなければならない。④国及び地方公共団体は，教育が円滑かつ継続的に実施されるよう，必要な財政上の措置を講じなければならない」(第16条2項，3項，4項) と規定し直すことによって教育行政の役割をより明確にした。

(2) 学校教育法

　学校教育法は1947 (昭和22) 年に旧教育基本法と同時に成立した法律である。学校教育法が制定された意義は，第一に，教育基本法によって民主主義社会実現の手段の一つに教育を位置づけたなかで，学校にもその主要な役割を期待したことであった。また第二に，複線型であった戦前の学校制度を6－3－3－4制を基本とする単線型の学校制度へと転換したことであった。学校教育法は，学校教育に関する基本的事項が総合的・体系的に規定されており，各章の内容は順に，総則，義務教育，幼稚園，小学校，中学校，高等学校，中等教育学校，特別支援学校，大学，高等専門学校，専修学校，雑則，そして，罰則となっている。

① 学校の範囲

　学校教育法の規定は多岐にわたっているが，そのなかでも注目すべきものの一つが学校の範囲に関する規定である。学校教育法第1条は「この法律で，学校とは，幼稚園，小学校，中学校，義務教育学校，高等学校，中等教育学校，特別支援学校，大学及び高等専門学校とする」と定め，法律上の学校を9校種に限定する。ただし，短期大学と大学院は大学に含むものと解されている。

　これら9校種は「一条校」とも呼ばれ，教育基本法第6条によって「公の性質」があるものとされる。これにより，学校は国や地方公共団体から一定程度の関与を受けるものとの解釈が導き出される。ここでいう国や地方公共団体からの関与とは，学校教育にかかる経費の一部を公費負担とすることや教育課程

の基準として学習指導要領を定めること，教員の資質の維持・向上のために養成制度を整備したり研修を実施するなどさまざまなものがある。これら公の関与は先に挙げた「教育を受ける権利」や「教育の機会均等」を具現化するために行われるものでもある。

　ところで，学校教育法第1条に規定される9校種以外の施設はその形態や運営に学校との共通性や類似性がみられるとしても法律上の学校には位置づけられない。たとえば，保育所は幼稚園と類似の教育や保育を提供している一面もあるが，設置根拠となる法律は「児童福祉法」であり，学校ではなく児童福祉施設として位置づけられる。また，防衛大学校や警察学校といった学校も各省庁の設置法を根拠とするものであり，学校教育法に位置づく法律上の学校の範囲外となる。

② 学校の設置者
　教育基本法第6条において学校の設置者は，国，地方公共団体，そして法律に定める法人に限定される。同様の規定は学校教育法にも見出すことができ，学校は国，地方公共団体，私立学校法第3条に規定する学校法人のみが設置することができると規定される（第2条）。また，学校の管理や経費の負担は学校の設置者が行うという原則も示されている（第5条）。

　学校の設置者をこれら3者に限定している理由は学校が公の性質を有するものであって，一般の経済活動とは性質を異にするものであると認識されるためである。そのため，私立学校法では，私立学校が公の性質を棄損しないためにも，学校を設置する法人に対して運営に必要な資産を保有することや理事会の適切な運営を行うことなどさまざまな要件を課している。

　ただし，学校の設置者の例外として構造改革特区における株式会社立の学校がある。これは，構造改革特別区域法を根拠として，地方公共団体が適切かつ効果的であると認めて，内閣総理大臣からの認定を受けた場合に限り当該区域内に株式会社が学校を設置することができるとするものである（構造改革特別区域法第12条）。また，宗教法人等が学校を設置することを認める特例規定も存在する。学校教育法附則第6条にある私立幼稚園の設置者の特例に関する規定

表 1-1 義務教育の目標

一　学校内外における社会的活動を促進し，自主，自律及び協同の精神，規範意識，公正な判断力並びに公共の精神に基づき主体的に社会の形成に参画し，その発展に寄与する態度を養うこと。
二　学校内外における自然体験活動を促進し，生命及び自然を尊重する精神並びに環境の保全に寄与する態度を養うこと。
三　我が国と郷土の現状と歴史について，正しい理解に導き，伝統と文化を尊重し，それらをはぐくんできた我が国と郷土を愛する態度を養うとともに，進んで外国の文化の理解を通じて，他国を尊重し，国際社会の平和と発展に寄与する態度を養うこと。
四　家族と家庭の役割，生活に必要な衣，食，住，情報，産業その他の事項について基礎的な理解と技能を養うこと。
五　読書に親しませ，生活に必要な国語を正しく理解し，使用する基礎的な能力を養うこと。
六　生活に必要な数量的な関係を正しく理解し，処理する基礎的な能力を養うこと。
七　生活にかかわる自然現象について，観察及び実験を通じて，科学的に理解し，処理する基礎的な能力を養うこと。
八　健康，安全で幸福な生活のために必要な習慣を養うとともに，運動を通じて体力を養い，心身の調和的発達を図ること。
九　生活を明るく豊かにする音楽，美術，文芸その他の芸術について基礎的な理解と技能を養うこと。
十　職業についての基礎的な知識と技能，勤労を重んずる態度及び個性に応じて将来の進路を選択する能力を養うこと。

（出典）　学校教育法第21条より。

で，「私立の幼稚園は，第二条第一項の規定にかかわらず，当分の間，学校法人によつて設置されることを要しない」がそれである。

③ 義　務　教　育

　義務教育については既述の通り憲法や教育基本法にも規定を見出すことができる。教育基本法第5条2項では「義務教育として行われる普通教育は，各個人の有する能力を伸ばしつつ社会の形成者として必要とされる基本的な資質を養うことを目的として行われるものとする」という規定を設け，義務教育の目的を謳っている。

　教育基本法で規定された義務教育の目的を実現するために学校教育法では表1-1の通り10の義務教育の目標を定めている（第21条）。ここで挙げられた義務教育の目標は，義務教育諸学校での教育を通じて具体化されることとなる。したがって，学校教育法に定める小学校教育の目標（第30条）や中学校教育の

目標（第46条），義務教育学校の目標（第49条の6）は本条と連関させた規定となっている。

　また，学校教育法第16条では「保護者は（中略），次条に定めるところにより，子に九年の普通教育を受けさせる義務を負う」と規定している。義務教育について，憲法と教育基本法では具体的な期間を明記していなかったが，学校教育法の規定によって9年間という年限を定めている。さらに，第17条において，保護者は子が6歳から12歳までの間は小学校，義務教育学校の前期課程または特別支援学校の小学部に，小学校，義務教育学校の前期課程または特別支援学校の小学部の課程が修了した後から15歳までの間は中学校，義務教育学校の後期課程，中等教育学校の前期課程または特別支援学校の中学部に就学させる義務を負うことが定められている。つまり，学校教育法第16条と第17条によって，子に普通教育を受けさせる義務とは6歳から15歳までの間，子を学校に「就学」させる義務であることが示されたこととなる。ただし，就学義務については，学校教育法に「病弱，発育不完全その他やむを得ない事由のため，就学困難と認められる者の保護者に対しては，市町村の教育委員会は，文部科学大臣の定めるところにより，（中略）義務を猶予又は免除することができる」（第18条）との規定も存在し，猶予や免除も認められている。

④ 教科書と補助教材

　学校教育法では，「小学校においては，文部科学大臣の検定を経た教科用図書又は文部科学省が著作の名義を有する教科用図書を使用しなければならない」（第34条1項）との規定を設け，各教科の授業にあたっては検定済み教科書を使用する義務を課している。教科書検定制度は，民間の創意工夫を生かした多種類の教科書の提供を図りながら，公教育における教育の機会均等の保障，適切な教育内容の確保，教育水準の維持向上を図ることにより，教育を受ける権利を保障する点に意義がある。

　教科書の採択は，「義務教育諸学校の教科用図書の無償措置に関する法律」に従って公立の義務教育諸学校については教育委員会によって，国立・私立学校についてはそれぞれの学校長によって行われる。また，公立高等学校につい

ては所管する教育委員会，国立・私立学校についてはそれぞれの学校長によって行われる。

　教科書以外の教材を補助教材という。学校教育法では補助教材の使用について「有益適切なものは，これを使用することができる」と定めている（第34条2項）。実際の学校現場において使用される教材は，学習ドリルや地図帳といった市販のものから教員が独自に工夫して作成したものまで多岐にわたる。なお，地方教育行政の組織及び運営に関する法律には，補助教材について「教育委員会は，学校における教科書以外の教材の使用について，あらかじめ，教育委員会に届け出させ，又は教育委員会の承認を受けさせることとする定を設けるものとする」（第33条2項）との規定がある。したがって，教育委員会規則で届け出が求められている教材については，学校は事前に届け出を行う必要がある。

⑤　懲　戒

　「懲戒」とは児童等本人に対する教育上の必要や学校の秩序維持のために課する制裁である。懲戒は事実行為としてのものと法的効果を伴うものとの二つに分類することができる。事実行為としての懲戒とは叱責や居残り，短時間の起立等，日常行為として行われうる事実行為（法的な効果を伴わない行為）を指す。他方，法的効果を伴う懲戒とは，退学や停学のように，学校で授業を受けることができる法的な地位（ここでいう「授業を受けることができる法的地位」とは校長によって入学が認められ，当該学校で授業を受けることができる権利を得たことを指す）を有するはずの生徒が懲戒によってその地位に変動を加えられることを指す。学校教育法施行規則では，退学，停学，訓告の処分については校長が行うこととされている（第26条）。

　懲戒のうち体罰が禁止されていることは周知の通りである。学校教育法で「校長及び教員は，教育上必要があると認めるときは，文部科学大臣の定めるところにより，児童，生徒及び学生に懲戒を加えることができる。ただし，体罰を加えることはできない」（第11条）と規定し，体罰を禁止している。

　懲戒と体罰の区分については多くの見解が政府や裁判所によって示されてき

た。たとえば，1948（昭和23）年12月22日付け法務庁法務調査意見長官回答「児童懲戒権の限界について」では，体罰に該当するものを（1）身体に対する侵害を内容とする懲戒（なぐる・ける等）と（2）被罰者に肉体的苦痛を与えるような懲戒（端座・直立等特定の姿勢を長時間にわたって保持させる行為）とした。近年では，2013（平成25）年3月に文部科学省初等中等教育局長，スポーツ・青少年局長によって出された「体罰の禁止及び児童生徒理解に基づく指導の徹底について（通知）」のなかで懲戒・体罰に関する解釈と運用が示された。同通知では，懲戒の具体例として，退学，停学，訓告のほか，注意，叱責，居残り，別室指導，起立，宿題，清掃，学校当番の割り当て，文書指導などを例示した。また，懲戒と体罰の区分については，当該児童生徒の心身の発達状況や懲戒の態様等の諸条件を総合的に考え，個々の事案毎に判断する必要性を謳っているが，懲戒の内容が殴る蹴る等の身体に対する侵害を内容とするものや長時間の正座・起立等の肉体的苦痛を与えるものは体罰に該当すると示した。

⑥ 出席停止

　学校教育法には出席停止についての規定がある。出席停止とは，学齢児童生徒が性行不良であって他の児童の教育に妨げがあると認められる場合に市町村の教育委員会がその児童の保護者に対して児童の出席停止を命ずることである（第35条1項）。

　出席停止は，高等学校以上で行われる懲戒としての停学とは異なり，他の児童生徒の教育を受ける権利を保障するための措置として執行されるものである。近年では，いじめを受けた児童生徒やその他の児童生徒が安心して教育を受けるために，いじめを行った児童生徒の保護者に対して出席停止を含めた必要な措置を講ずることが求められるようにもなった（いじめ防止対策推進法第26条）。

　一方で，学校教育法では，出席停止となった児童生徒の教育を受ける権利を保障することも求めており，市町村教育委員会に対して児童生徒の出席停止の期間中にも学習に対する支援その他教育上必要な措置を講ずることを義務づけている（第35条4項）。

4　教育法制の課題

　教育法制は，憲法に謳われる「教育を受ける権利」と「教育の機会均等」を基本原則として，さまざまな法規を通じてこれを具体化するという構造となっている。本章で扱った法規は教育基本法と学校教育法が中心であったが，義務教育費国庫負担法や高等学校等就学支援金の支給に関する法律など，この二つの原則に基づく法規は他にも見いだすことができる。

　このような構造をもつ教育法制にも課題が指摘されている。とりわけ，近年，大きく取り上げられる課題の一つが就学義務についての法的な位置づけである。すでに述べたように，就学義務とは，保護者が保護する子女を6歳から15歳の間，「学校」に就学させ，教育を受けさせる義務をいう。そして，ここでいう「学校」とは学校教育法第1条に定められる学校を指す。

　現在，さまざまな理由によって小学校や中学校に通えない子どもが多数存在する。2013（平成25）年度「児童生徒の問題行動等生徒指導上の諸問題に関する調査」によれば，不登校児童生徒の数は小学校と中学校を併せて約12万人と報告されている。このような児童生徒に対して学校に代わって学習の機会を提供する施設として，教育委員会が運営する適応指導教室や民間教育施設であるフリースクールがある。これまでも，不登校児童生徒に対する支援の一環として，不登校児童生徒が適応指導教室やフリースクールで学習指導を受けており，それが一定の要件を満たしていると校長や教育委員会が判断した場合には，指導を受けた日数を本来在籍する小学校（中学校）に出席した日数として扱うことが認められてきた。しかしながら，適応指導教室やフリースクールは学校教育法上の学校の範囲外と解されているため，それらに通わせたことをもって義務教育を受けさせたとみなすことは現行法制のもとでは限界もあることが一部では指摘されてきた。また，校長や教育委員会の判断によってフリースクールでの学習を在籍校での出席と認めるという仕組みであるため，その判断次第では在籍校での出席が認められないことになり，さらには，保護者の就学義務の履行が認められないこともあり得た。

これに対応するため，2015（平成27）年に超党派の国会議員によって「義務教育の段階に相当する普通教育の多様な機会の確保に関する法律案（多様な教育機会確保法案）」がとりまとめられた。同法案は，保護者が「個別学習計画」を作成し，それが市町村教育委員会から認定されれば，「個別学習計画」にしたがった教育を受けさせることで子を学校に通わせなくても就学義務を履行したものとみなすことを内容とするもので，これにより学校以外の多様な教育機会を認め，教育を受ける権利を保障しようとするものである。同法案は2015年中の国会提出は見送られたものの，今後の動向が注目される。

参考文献
古賀一博編（2014）『教育行財政・学校経営』協同出版.
髙妻紳二郎編（2014）『新・教育制度論――教育制度を考える15の論点』ミネルヴァ書房.
河野和清編（2014）『新しい教育行政学』ミネルヴァ書房.
佐藤晴雄監修，学校運営実務研究会編集（2007）『教育法規解体新書』東洋館出版社.
菱村幸彦（2015）『やさしい教育法規の読み方（新訂第5版）』教育開発研究所.

（市田敏之）

第2章

学校教育の制度

　「学校」は，私たちにとってあまりにも身近で，おそらく皆さんも「何らかの勉強をする所」という具合に認識していることだろう。また，「行かなければならない所」といったような義務感を連想するかもしれない。しかし，もし学校が存在しなかったら，みなさんはどうやって成長してきただろうか。学校以外の日常生活だけを成長の拠り所にするとすれば，そのための学習経験は偶発的なものとなるだろう。学校は効率的・効果的に学習経験を積み重ね成長していくためのカリキュラムが，意図的・計画的に仕組まれた場所なのである。

　誰もが当たり前のように通った学校は，現在大きな変化を求められている。公教育の範囲をどこまで広げるべきか，公教育の担い手は国・地方公共団体・学校法人だけに留めるべきか，公教育の使命とは何か。

　本章では，まず学校の起源から学校が公教育制度へと発展してきた歴史を概観した上で，公教育の制度原理と機能を理解する。そして，現在我が国の公教育がどのような課題に直面しているのかを捉える。

1 公教育と学校

（1）学校の起源

　学校を意味する英単語，スクール（school）の語源は，「閑暇」を意味する古代ギリシャ語のスコレー（σχολή）であるといわれている。すなわち，学校とは元来「労働から解放されて閑暇を費やす場所」である。古代ギリシャの都市国家アテネでは，16歳に達した男子は，国立の体育場（ギムナシオン）で市民になるための教育を受けた。プラトンが創設したアカデメイア，アリストテレスがアカデメイアに対抗して創設したリュケイオンも，古代ギリシャにおける学

校では，社会で理想化された「市民」に必要な資質と能力を育成することが目的とされた。

　中世ヨーロッパにおいては，キリスト教カトリック教会が，聖職者を育成するために司教学校や修道院学校を創設した。また，世俗権力においても，カロリング朝カール大帝が宮廷内に創設した宮廷アカデミーのように，役人に必要な実務的知識を教えるなど，学校は特定の職業に就くための「職業教育」の場として機能した。

　さらに，12世紀頃ヨーロッパにおいて大学が誕生した。現在，世界最古の大学といわれているのは，パリ大学とボローニャ大学であるが，これらの大学の誕生は自然発生的であったといわれている。都市に居住する高名な学者のもとに，教えを請いにヨーロッパ全土から学生が集い，そこで教師と学生の共同体が構成された。あたかも，親方のもとで修業を積む徒弟が資格証明書を得て一人前の職人となるがごとく，教師の課す課題を達成した学生には学位が与えられた。このように，当時の職能団体（ギルド）における徒弟制度を模倣する形で始まった学者と学生の共同体は，ラテン語で「組合」を意味する「ウニフェルシタス」(universitas)といわれ，現在のユニバーシティ(university)の語源になっている。大学はその後もヨーロッパ各地に作られたが，学生たちはそこで法学，神学，医学を究め，法律家や聖職者，医師などの専門職となっていった。

　一方，我が国において「学校」といえる教育組織は，古くは古代律令体制における大学寮，国学がある。これらは律令国家を支える貴族階級の子弟のための機関で，役人の養成を目的としていた。また，寺社も古代より僧侶・神職という特権的身分を与えられた者達によって，文字文化が集積された場だった。武士が台頭し権力をもった中世においては，武士が領国経営に有益な学問を身につける必要性が出てきたが，その知的教養の基盤が寺社の教育機能に委ねられていた。武家社会のなかで創設された代表的な教育機関としては，足利学校，金沢文庫などが知られている。さらに，江戸時代幕藩体制下においては，昌平坂学問所が幕府直轄の学問所とされ，朱子学を正統の学問とし，幕臣に役人としての知識と教養を伝授した。昌平坂学問所が，次第に幕臣以外の武士階級の

子弟の入学を認めるようになると、そこで学んだ者たちが各藩の藩校において教師を務め、藩士の育成にあたるようになった。藩校もまた、当時の支配階級である武士のための教育機関であった。

このように、我が国においても古代から中世、近世に至るまで、「学校」は基本的に支配階級のための人材育成の場であり、特定の身分や階級に属する者たちにしか開かれていなかった。これに対し、庶民の教育はかなり後発的に発展した。江戸時代、幕府がその支配体制を盤石なものにするべく、庶民に基礎的な読み書き能力の習得を求めたことから、手習い塾、いわゆる寺子屋が普及した。しかし、寺子屋は入門する年齢も修業年限も定められておらず、師匠の用意した手本を習得すればそれで終わりであった。寺子屋の師匠の教養レベルも一定ではなく、教える者としての公的資格も存在しなかった。また、現在のように義務教育ではなく、庶民のなかでも比較的裕福な者しか通えなかった。

現代を生きる私たちにとって身近な「学校」の直接の契機は、これらの古くからある教育機関・機能ではなく、明治維新によって西洋から持ち込まれた、近代的な公教育制度であった。ただ、近代的な公教育制度にあっても、藩校の名前を冠した学校が現在も存在するなど、かつての精神が継承されている部分もある。身近なところで、あるいはもしかしたら自分の出身校において、そうした精神文化が受け継がれているかもしれない。みなさんも機会があれば、是非探訪してみてほしい。

（2）下構型学校系統と上構型学校系統

明治期に我が国に導入された公教育制度は、ヨーロッパにおいて形成され、発展したものである。私たちも公教育制度の恩恵を受けているわけだが、その公教育制度を理解するには、形成過程に着目する必要がある。

中世ヨーロッパにおいて誕生した大学では、ヨーロッパ全土から学生を受け入れるがゆえに、次第に専門教育を行う上での問題も抱えるようになった。当時の大学において学術用語、共通語として使用されたのがラテン語である。大学で本格的な専門教育を受ける前に、ラテン語の習得が不可欠であった。しかし、学生のラテン語能力は一定ではなく、講義についていけない者もいた。そ

こで，大学準備教育を施す学校が設けられ，発展していった。グラマー・スクール（英），コレージュ（仏），ギムナジウム（独）などがそれであるが，これらの学校では，卒業とともに大学入学資格が与えられるようになった。そのため，19世紀後半になると，大学卒業後の高い社会的地位を求める中産階級以上の者にとって，これらの大学準備教育を施す学校は必須の教育段階となり，これらの学校のさらに下にも準備教育を行う学校が作られていった。こうして，大学を起点として，そこに至る準備教育を目的に下向きに形成されていった学校系統を「下構型学校系統」という。

それに対し，庶民のための学校は，実際生活に必要な読み・書き・算数（3R's）等の基礎教育から始まった。宗教改革期に，ルター（Martin Luther）の影響を強く受けたドイツのザクセン・ゴータ公国では，領民を良きキリスト教徒にすることを企図して，保護者に一定期間の就学義務を課した。その後，プロイセンのフリードリヒ大王（Friedrich der Grosse）が，富国強兵・殖産興業政策のもと，国家・君主にとって有為な人材となることを国民に求め，教育を義務づけた。教育を受ける場所も国家が認可した学校とされ，保護者に就学義務が課された。このように，義務教育は，宗教的動機，政治的動機から教育内容を国家が定め，国家が認可した学校へ国民を就学させ，それを学ばせる形で始まったのである。

一方，フランス革命期，コンドルセ（Marie-Jean-Antoine-Nicolas Caritat, marquisde Condorcet）によって提示された義務教育の概念は，これと異なっていた。すべての人間は理性を開発するための教育を受ける権利を有し，親は自然的血縁関係に基づき，理性が開発されていないわが子を教育する権利と義務を有する。しかし，親はその義務を果たすための時間，能力，経済力を必ずしも充分にもたない。そこで，国家には子どもの教育を受ける権利を保障すること，親にはその責任を果たさせることを，法によって義務づける必要が出てくる。すなわち，子どもの教育を受ける権利の保障を，親も含めた国家社会全体に義務づける形の義務教育である。同時に，学校は，親のわが子を教育する権利・義務という「私事」を，共同で果たす場とされた。

もちろん西洋においても，庶民のための教育は必ずしも強大な政治権力を背

景に整備されたわけではなかった。キリスト教系の慈善団体・任意団体は，貧民の救済とキリスト教道徳の普及を目的として慈善学校を設立していった。ただ，政治権力にせよ任意団体にせよ，庶民に与えられた教育に共通していたのは，あくまでも3R'sを中心とした基礎教育であったという点である。近代化が進み，各国において富国強兵・殖産興業政策が進められると，庶民にもこうした基礎教育を施すことで産業生産力を高めること，また国民意識の涵養のために，全国民に共通の教育内容の習得が求められるようになった。すなわち，「普通教育」である。かくして，近代国家は初等普通教育の整備を国民教育政策として進めることになった。学校への国庫補助を開始し保護者に就学義務を課すなど，国家関与が行われるようになったのである。そしてその後，次第に国民の教育要求の高まりから，初等普通教育修了後に職業教育等を施す学校も設置されていった。このように，初等普通教育の上に職業教育を積み重ねる形で発展した学校系統を「上構型学校系統」という。

こうして，近代社会においては国家によって管理され，公費によって維持されると同時に，国民全体に開放された公教育制度が整備されたのである。また，他の章で詳しく解説されているのでここでは敢えて言及しないが，国家によって管理されるのは，国民に提供される教育内容ばかりではない。公教育を担う教師もまた，教員養成制度や免許状等の資格制度の整備などを通して，国家関与が行われることになったのである。

（3）公教育の制度原理と機能

子どもの教育を受ける権利は，我が国では憲法第26条1項において規定されており，これに準じて，教育基本法（以下，教基法とする）第4条には教育機会均等の理念が謳われている。では，子どもの教育を受ける権利を保障する公教育制度は，どのような制度原理で成り立っているのだろうか。これについては，義務性，無償性，中立性の観点から捉える必要がある。

「すべて国民は，法律の定めるところにより，その保護する子女に普通教育を受けさせる義務を負ふ。義務教育は，これを無償とする」（憲法第26条2項）と規定されるように，まず保護者には教育義務が課され，かつ学校教育法（以

下，学教法とする）の第17条に基づき就学義務が課されている。また，国および地方公共団体には，憲法第26条２項，教基法第５条４項を受け，国・公立の義務教育諸学校における授業料の不徴収（学教法第６条），経済的理由によって就学困難と認められる学齢児童・生徒の保護者に対する就学援助（学教法第19条）などの就学保障義務が，市町村には小学校，中学校の設置義務が課されている（学教法第38条，第49条）。さらに，学齢子女使用者には，原則として学齢児童・生徒を使用することが禁じられており（労働基準法第56条），「学齢児童又は生徒を使用する者は，その使用によって，学齢児童又は学齢生徒が義務教育を受けることを妨げてはならない」（学教法第20条）と規定されるように，避止義務が課されている。このように，子どもの教育を受ける権利は，保護者も含めて社会全体が各々に課せられた義務を果たすことで保障されている。

　一方，教育を受ける権利が謳われても，個人の経済的地位によって教育機会に差ができるようでは意味をなさない。そこで，教育機会均等の理念を実質的に保障しようとするのが，無償性の原理である。すでに述べたように，国・公立の義務教育諸学校については授業料が徴収されない。また，教育活動に必要不可欠な教科用図書についても，「義務教育諸学校の教科用図書の無償に関する法律」(1962年制定)，「義務教育諸学校の教科用図書の無償措置に関する法律」(1963年制定)によって，現在無償給与されている。

　そして，教育のより本質的な面を考えれば，何より子どもの将来にわたる自由な人間形成が保障される必要がある。そのために必要なのが中立性原理であり，政治的中立性と宗教的中立性の観点から捉えることができる。教基法においては，良識ある公民として必要な政治的教養の尊重と，国・公・私立を問わず，学校での党派的教育の禁止が規定されている（教基法第14条）。しかし，将来の主権者として必要な政治教育は，当然必要である。つまり，政治的中立性とは，政治教育を行わないことではなく，不偏不党であることを求めたものである。

　一方，宗教的中立性については，同じく教基法において，宗教に関する寛容の態度と一般的な教養，宗教の社会的生活における地位の尊重が規定されている（教基法第15条）。宗教のもつ社会的機能やその果たしてきた歴史的役割を知

ること，そしてさまざまな宗教についての一般的理解を目的とした教育は必要である。ただし，特定の宗教・宗派の教義に基づく教育は，政教分離の原則（憲法第20条）に則り，国・公立学校では禁止されている。これに対し私立学校は，戦前期より私人の自由な意思に基づき設立され，独自のミッションや理念を掲げて運営されてきた。こうした私学の自主性を尊重し，私立学校では特定の宗教教育が認められており，小学校・中学校においては「宗教」をもって「特別の教科である道徳」に替えることができる（学校法規則第50条2項）。

　ところで，みなさんは「公教育」というと即座に国・公立学校をイメージすることだろう。また，そのなかでもより限定的に小学校と中学校という義務教育段階をイメージするかもしれない。もちろんこれは間違いではないが，「公教育」の定義としては狭義である。

　では，ここで公教育の「公」とは何を意味するのかを考えてみよう。学校の設置者や経費負担に着目すれば，「公教育＝国・公立学校」となる。しかし，学校教育の性質に着目すればどうだろうか。身分や出自，年齢，性別に関係なく，必要としているあらゆる者に対し教育機会を提供し，広く通用性をもった教育を行う。そして，そこで教育を受けた者が社会に大きく貢献をしていく。つまり，学校の教育活動そのものが，公共性をもつというということになる。実際，教基法第6条に「法律に定める学校は，公の性質を有するものであって，国，地方公共団体及び法律に定める学校法人のみが，これを設置することができる」と規定されているように，公の性質をもつ学校とは，国・公立学校だけでなく私立学校も含まれる。また，公の性質ということであれば，範囲を拡大して社会教育など学校教育以外の教育活動も，公教育の概念に含めることができる。

　さらに，公教育制度を機能面から考えてみよう。公教育制度は，近代社会になり整備され発展してきた。そこで提供されるのは，国家的要請から「国民」となるためのカリキュラムである。そして，「国民」となるための教育を受けた者によって構成される社会こそが，国民国家である。このように，公教育制度は国民国家を維持するため，当該国民国家の構成員となるにふさわしい知識や態度・行動，精神性を与えてきた。すなわち，「社会化」の機能である。

　一方，公教育制度は選抜・選別の機能も果たしてきた。公教育制度は，すべ

ての国民に平等に教育を受ける機会を保障すると同時に，各人は能力や適性に応じて大学準備教育や職業教育など目的別の教育へと移行していくことになる。身分や階級によって受けられる教育が固定されていた近代以前とは異なり，学業成績や入学試験等によって公的資格や学歴が与えられ，それに応じた社会的地位を獲得できるようになったのである。そして国家の側も，社会にとって有用な人材を選抜したり，適材適所に人材を選別することができるようになったのである。

2 学校を捉える視点

(1) 3つの学校体系

　それぞれの国がどのような歴史的経緯をたどって公教育制度を発展させてきたのか，それを如実に物語るのが学校系統図である。一方，それら学校系統図に示された各種の学校がどのような目的のもとに設置され，また相互にどのような関係性にあるのか，その全体としての特徴を捉えようとする概念が学校体系である。そして学校体系は，その特徴に応じて複線型，分岐型（フォーク型），単線型の3類型に大別される。

　下構型学校系統と上構型学校系統とが相互に関係をもたないまま併存する形態をとる学校体系を，複線型学校体系という。この2つの学校系統は形成された経緯が異なるため，同じ年齢・発達段階を対象とした学校であっても，教育の目的・内容が大きく異なっていた。ヨーロッパ各国においては，この複線型学校体系が形成され，身分・階級社会を維持する装置として機能することになった。しかし，受ける教育が身分・階級と密接に結びつくことは，すべての国民に平等な権利を保障しようとする近代国家において，是正されるべき事態である。また，国民意識を統一し，国民国家として諸外国と渡り合っていく上でも，共通の教育内容の習得が求められた。その結果，20世紀初頭にはヨーロッパ各国において統一学校運動が展開され，まずは基礎教育に相当する初等教育段階の単線化が行われるようになった。これにより，初等教育段階においてはすべての国民に共通の初等普通教育を施すとともに，その後は大学進学へとつ

ながる普通教育系統と，早期に職業生活に入るための職業教育系統とに分岐する形態へと修正された。この複線型学校体系の修正型を，分岐型学校体系という。

　一方，単線型学校体系は，国家としての歴史が比較的浅いアメリカにおいて最初に構成されたといわれる。多種多様な政治的・宗教的・道徳的価値観によって構成されるアメリカ社会において，諸民族を「アメリカ国民」として統合していく必要があった。その結果，読み・書き・算数に加え，憲法，歴史，キリスト教道徳などの教育内容をすべての子どもに伝達するコモン・スクール（common school）が成立した。そして，コモン・スクール卒業者に対してはハイ・スクールへの進学が，ハイ・スクールの卒業者には州立大学への進学機会が保障されるという具合に，教育段階を積み上げる形で発展した。こうしてアメリカでは，19世紀後半に身分や階級の制約を受けることなく，大学までの経路が単一の教育系統で構成されたのである。我が国においては，戦前・戦時中は国家主義を背景として分岐型学校体系を成していたが，戦後はアメリカにならい単線型学校体系を構築した。

（2）アーティキュレーションとインテグレーション

　先に述べた学校体系は，縦の次元（段階性）と横の次元（系統性）の二次元で表される。初等教育・中等教育・高等教育や，小学校・中学校・高等学校など，各教育段階・学校段階の相互の接続を図ることをアーティキュレーション（articulation）という。

　初等教育とは，将来国家社会の有用な成員となるために必要な基礎的・基本的な知識・技能・態度を習得し，知性，道徳性，身体能力，情操において全体的な発達を促す教育である。すなわち，特定の職業や専門に特化せず，すべての子どもにとって普遍的に必要とされる教育である。我が国においては，現在小学校，義務教育学校の前期課程，特別支援学校の小学部で行われており，広義には幼稚園も初等教育に含まれる。

　中等教育とは，初等教育と高等教育の間に位置づけられる教育段階であり，普通教育と職業教育・専門教育とが併存しているのが一般的な特徴である。20世紀に入り，各国で初等教育終了後のすべての子どもに教育機会を保障しよう

という運動が展開された。その際，高等教育への準備教育・普通教育（下構型学校系統）と初等教育終了後の完成教育・職業教育（上構型学校系統）とを両立させた結果，これらを括った概念として定着していった。中等教育は，通常前期と後期に区分され，前期は義務教育としての普通教育を行い，後期は大学進学等を企図した普通教育と，職業生活への準備を企図した職業教育とに分岐する形態をとる。我が国では中学校，義務教育学校後期課程，高等学校，中等教育学校，特別支援学校中学部・高等部，専修学校高等課程が中等教育段階に相当する。

　高等教育は，中等教育の上に続く段階の教育を指す。ユネスコは，高等教育を①入学基礎資格が中等教育の修了であること，②通常入学年齢がほぼ18歳であること，③教育課程が所定の特典（学位称号，免許状または高等研究に従事した資格証明書）の授与に通じるものであることと定義している。我が国では大学，短期大学，高等専門学校，大学院，専修学校専門課程がこれに相当する。

　一方，アーティキュレーションとは異なり，普通教育・職業教育・障害児教育など，教育の目的に応じて存在する教育系統の統合を図ることを，インテグレーション（integration）という。普通教育は，すでに述べたように国民に必要とされる共通の基礎教育を指すが，源流はスイスの教育学者ペスタロッチ（Johann Heinrich Pestalozzi）が示した人間のもつ諸能力，すなわち「心（道徳性）」「頭（知性）」「手（技術）」の調和的発達を目指すための，万人にとって等しく共通に必要とされる教育の概念である。それに対し，職業教育は何らかの職業に就くために必要な技能に特化した教育である。

　すべての者に平等に教育機会を提供するには，初等教育から中等教育，高等教育に至るまで，学習者の発達段階に応じる形で普通教育を一貫して提供する必要がある。中等教育が普通教育と職業教育を併せ持つ概念であることはすでに述べたが，元来，高等教育へと通じる普通教育系統（下構型学校系統）と早期に職業生活へ入るための職業教育系統（上構型学校系統）の存在は，そのまま身分や階級を反映したものでもあった。こうした歴史的経緯からも，インテグレーションは，階級社会の克服という重要なテーマとともに扱われてきた。その一方で，教育を受ける者の意欲や適性に応じ，いずれかのタイミングで職

第 2 章　学校教育の制度

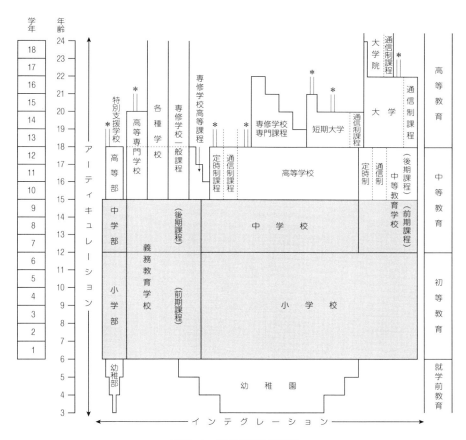

図 2-1　日本の学校系統図

（出典）　文部科学省「教育指標の国際比較」（平成25年版）より作成。
（注）（1）　□部分は義務教育を示す。
　　（2）　＊印は専攻科を示す。
　　（3）　高等学校，中等教育学校後期課程，大学，短期大学，特別支援学校高等部には修業年限1年以上の別科を置くことができる。

業教育に分岐させていくこともまた必要である。つまり，平等を追求しつつ多様性も実現していかなければならないのである。また，「障害」のある子どもの教育が普通教育と接点をもたずに展開されてきたことが，障害者差別へとつながってきたという側面もある。インテグレーションは，かねてより特に障害児教育の分野で「統合教育」というテーマで扱われてきた問題でもある。

3 我が国の学校体系

(1) 一条校

学教法第1条に，「この法律で，学校とは，幼稚園，小学校，中学校，義務教育学校，高等学校，中等教育学校，特別支援学校，大学及び高等専門学校とする」と規定されている。この中で，幼稚園や小学校，中学校，高等学校などはみなさんにとってなじみ深いかもしれないが，「中等教育学校」や「義務教育学校」についてはこれまで身近に感じることがなかったり，初めて耳にするものだったりするかもしれない。ここでは，まず学教法第1条に規定されたこれらの「一条校」がどのような経緯，目的で設置されているのかを見てみる。

幼稚園は，「義務教育及びその後の教育の基礎を培うものとして，幼児を保育し，幼児の健やかな成長のために適当な環境を与えて，その心身の発達を助長することを目的とする」（学教法第22条）と規定されており，満3歳から入園でき，小学校就学前までの期間，教育を受ける学校である（学教法第26条）。幼児教育制度について別途章が設けられているので，幼稚園の詳細はそちらを参照していただきたいが，フレーベル主義の教育は，1876（明治9）年に東京女子師範学校に敷設された「幼稚園」において初めて実践され，その後全国各地に普及していった。1900（明治33）年の小学校令改正以来，幼稚園の教育は小学校教育との接続性が意識されてきたが，戦後に制定された学教法により，幼稚園は改めて「学校」と定義された。現在，幼稚園は義務教育の準備段階と位置づけられ，教科課程その他の保育内容についても文部科学大臣の定める「幼稚園教育要領」に基づき設定される（学教法第25条）。

小学校は，「心身の発達に応じて，義務教育として行われる普通教育のうち

基礎的なものを施すこと」を目的とし（学教法第29条），満6歳から満12歳の児童が6年間，教育を受ける（学教法第32条）。我が国の小学校の歴史は，1872（明治5）年の「学制」に始まるが，当初は尋常小学校4年（義務教育），高等小学校4年で構成されていた。その後，1900（明治33）年の義務教育無償制，1907（明治40）年の義務教育6年制の実現によって，現在の原型が作られた。太平洋戦争中，「国民学校令」によって小学校は「国民学校」に名称を改め，「皇国民の錬成」を目的として極端な軍国主義教育を行った時期もあったが，その後学教法が制定されたことで再び「小学校」の名称に戻り，教育の目的は「心身の発達に応じた初等普通教育」（学教法制定当時）とされた。

中学校は，「小学校における教育の基礎の上に，心身の発達に応じて，義務教育として行われる普通教育を施すこと」（学教法第45条）を目的としており，小学校の課程を修了した，満12歳から満15歳までの学齢生徒を対象とする（学教法第47条）。中学校は，戦後の教育改革のなかで，それまでの義務教育6年制を見なおし，3年間延長する意図をもって新たに設けられた教育段階である。戦前期，小学校卒業後の進路は，旧制中学校（男子のみ・5年制），高等女学校（5年制）等の中等教育機関に進学する教育系統と，早期に職業生活に入る者を対象とした高等小学校や小学校高等科（戦時中は国民学校高等科・2年制），勤労青年に職業教育を施す青年学校などの職業教育系統が存在した。大学教育へとつながる旧制中学校に進学できたのは，学力・経済力ともに選ばれし者であり，それ以外の多くの者は，尋常小学校卒業後に職業生活に入るか，高等小学校または小学校高等科において尋常小学校（小学校初等科）と大差ない内容や農業，工業，商業，水産といった実業教育を受けていた。戦後は，小学校高等科を母体にして新制中学校が発足し，教員は小学校高等科だけでなく廃止となった青年学校からも確保された。しかし，教育機会均等の実現，すなわち新制高等学校への進学を保障するべく，カリキュラムは「中等普通教育」（学級法制定当時）へと大幅に塗り替えられた。こうして，全国民に共通の普通教育を小学校教育の上に積み上げることを企図して再編・誕生したのが，新制中学校，すなわち現在の中学校である。

高等学校は，中学校卒業をもって入学資格とされ，修業年限は3年（定時制

は3年以上）であり，「中学校における教育の基礎の上に，心身の発達及び進路に応じて，高度な普通教育及び専門教育を施すこと」（学教法第50条，第56条）を目的としている。高等学校は，戦前期の旧制中学校，高等女学校，実業学校の校地，校舎，生徒，教員を継承しながらも，学教法において新たに「高等学校」と定義される形で出発した。また，教育機会均等の理念にのっとり，「総合制」「男女共学」「小学区制」の高校三原則が示された。これにより，「高等普通教育」と「職業教育」は単一の総合制高等学校のなかで併置され，大学進学を目指す普通教育は女子にも開放されることになった。とはいえ，実態としては旧制の伝統を受け継ぐ形で，普通科高校と職業高校とが別個に置かれ，定着することになった。戦後においても高等学校は新設されてきたが，読者の中には歴史の古い高等学校を卒業した者もいるだろう。そうした高等学校は，沿革を見てみるとかつての旧制中学校や高等女学校，実業学校が前身であるかもしれない。調べてみれば，興味ぶかい発見があるだろう。

　大学は，「学術の中心として，広く知識を授けるとともに，深く専門の学芸を教授研究し，知的，道徳的及び応用的能力を展開させること」（学教法第83条）を目的としており，原則として高等学校，中等教育学校を卒業した者が，4年間（医学部・歯学部・薬学部・獣医学部は6年）修業する。我が国の大学の起源は，幕末期に洋書研究のために幕府が設置した蕃書調所（のちの東京開成学校）と，西洋医学所（のちの東京医学校）が合併し，1877（明治10）年に東京大学として発足したことにある。その後，1886（明治19）年に「帝国大学令」が公布され，東京大学は東京帝国大学になり，以後，京都，東北，九州，北海道，大阪，名古屋の順に帝国大学が設置された。帝国大学は，「国家ノ須要ニ応ズル学術技芸ヲ教授シ及ビ其蘊奥ヲ攻究」（帝国大学令第1条）することを目的としたもので，そこに進学する資格をもっていたのは，旧制中学校を経て難関の入学試験を突破し旧制高等学校に進学した男子のみであった。戦後は教基法において教育機会均等，男女平等が謳われたことを受け，「一府県一大学の原則」のもとに官立の旧制高等学校，教員養成機関である師範学校や高等師範学校，専門学校等が全て4年制の新制大学として再編された。そして，新制高校から大学へと進学することが可能となったことで，女子にも大学教育の

門戸が開かれた。

　これらの学校は，戦前期からの歴史がありながらも，戦後の教育改革のなかで学教法が制定されたことにより，基本的にはすべての者に小学校から大学までの進学を保障する仕組み，すなわち単線型学校体系を構成してきた。一方，高等専門学校や中等教育学校，特別支援学校は，それぞれが創設された経緯から異なる事情を有している。高等専門学校は，「深く専門の学芸を教授し，職業に必要な能力を育成すること」（学教法第115条）を目的としており，高等学校と同様に中学校卒業が入学資格とされるが，修業年限は5年間（商船は5年半）である（学教法第117条）。1960年代の高度経済成長期において，産業界からの強い要請もあり第一線で活躍する技術者の育成を目指して創設されたのが，工業高等専門学校（1962〔昭和37〕年創設）と商船高等専門学校（1967〔昭和42〕年創設）である。これにより中学校卒業後の進路は，高等学校－大学という教育系統に加え，基本的には大学進学を前提としない専門教育を行う教育系統ができた。

　また，中等教育学校制度は，個性重視の教育と多様化の促進という1980年代以降の教育改革路線のなかで，1998（平成10）年に学教法が改正され，2001（平成13）年度から創設された。中等教育学校は，「小学校における教育の基礎の上に，心身の発達及び進路に応じて，義務教育として行われる普通教育並びに高度な普通教育及び専門教育を一貫して施すこと」（学教法第63条）を目的としている。以前より，高校入試の存在によって中学校の教育が受験偏重に陥り，かつ中等教育が分断されるという問題が指摘されてきた。こうしたなか，1997（平成9）年の中央教育審議会第2次答申「21世紀を展望した我が国の教育の在り方について」において，高校入試がなく一貫した中等教育を提供する学校を導入すること，その新たな学校は児童・生徒と保護者に多様な選択肢を確保するとともに，自治体の実情に応じるため選択的に導入することが提言された。中等教育学校制度はこの答申を受ける形で創設され，実施形態については導入する地域の実情に応じて，①中等教育学校（一つの学校として一体的に中高一貫教育を行うタイプ），②併設型（同一の設置者が中学校と高等学校を運営し接続を図るタイプ），③連携型（市町村立中学校と都道府県立高等学校が教育内容，教職員，生徒同士の交流において連携を図るタイプ）の3種類とされている。

特別支援学校は,「視覚障害者, 聴覚障害者, 知的障害者, 肢体不自由者又は病弱者（身体虚弱者を含む。以下同じ。）に対して, 幼稚園, 小学校, 中学校又は高等学校に準ずる教育を施すとともに, 障害による学習上又は生活上の困難を克服し自立を図るために必要な知識技能を授けること」（学教法第72条）を目的としている。我が国における障害児教育は, 以前は非「障害児」との分離別学を前提に展開されてきた。しかし, 1960年代, 70年代以降, 国際的に「障害」の捉え方が大きく変化したことに加え,「障害」の重複化・多様化という実情を受け, 新たに「特別支援教育」という理念が提示された。そして, 2007（平成19）年の学教法改正により, 盲・聾・養護学校は, 法令上「特別支援学校」に統一されたのである。

　このほか, 義務教育学校については後に詳述するが, これまで見たように, 一条校は教育機会均等の理念に基づき, 単線型学校体系を構成しつつも,「能力・適性」, 多様な教育ニーズに対応するべく, 新たな学校制度の導入も行ってきたといえる。

（2）一条校以外の教育機関

　現在, 多種多様な教育ニーズに応えるべく, さまざまな教育施設が設置運営されているが, 一条校以外に「学校教育に類する教育を行うもの」は, 各種学校と位置づけられている（学教法第134条）。職業に直結する技術教育を行うさまざまな学校は戦前期から存在したが, 戦後の学教法制定により, 経済的窮乏の中で急速にその数を増やしていった。なかでも, 服飾系, 調理師, 理・美容師, 保母（現在の保育士）や幼稚園教諭, 医療系の職業資格（理学・作業療法士や鍼灸師など）の需要は高かった。また, 学教法制定当時は認可基準が極めて簡素であったことも, 各種学校の量的発展を支える一因となった。

　一方, これらの各種学校においては教育水準にかなりの差異が見られ, 次第に各種学校関係者から法整備の改善を望む声が上がるようになった。その結果, 1976（昭和51）年に学教法が改正され, 各種学校のうち修業年限が1年以上, かつ授業時数が文部科学大臣の定める授業時数（800時間）以上, 教育を受ける者が常時40人以上であるといった条件を満たしているものについては, 特に

専修学校として区別されることになった。専修学校は、「職業若しくは実際生活に必要な能力を育成し、又は教養の向上を図ること」（学教法第124条）を目的としており、工業、農業、医療、衛生、教育・社会福祉、商業実務、家政、文化・教養の8分野で構成される。また、入学資格に応じて高等課程（高等専修学校）、専門課程（専門学校）、一般課程の3課程に分かれている。

　ちなみに、毎年高い競争倍率で注目される宝塚音楽学校は、現在も各種学校に位置づけられている。また、各種学校の制度を語る上で欠かせないのが、外国人学校の存在であろう。外国人学校についての法的な定義は存在しない。ただ、一般的には特定の民族・国籍の子どもを対象とする「民族学校（ナショナル・スクール）」（韓国学校、朝鮮学校、中華学校、ブラジル人学校など）と、民族や国籍にかかわらず外国籍の子どもを対象とし、英語による授業を行う「国際学校（インターナショナル・スクール）」をまとめて、「外国人学校」と呼ぶ。外国人学校のなかには、京都国際中学校・高等学校（旧京都韓国中学）のように、まれに一条校として認可され、設置者も学校法人となっている学校もある。その場合は日本の学習指導要領に準拠し、検定教科書を使用し、日本の教員免許状を有する教員を採用する形で運営されている。しかしほとんどの場合、外国人学校は各種学校として運営されており、認可基準を満たさないものについては、私塾として運営されている。

　その他には、文部科学省以外が所管する大学校が存在する。具体的には、海上保安大学校（海上保安庁）、防衛大学校（防衛省）、気象大学校（気象庁）、航空保安大学校（国土交通省）、水産大学校（農林水産省）などがそれである。これらは大学ではないが、ともに高等教育機関として位置づけられている。

4　学校教育をめぐる今日的課題

（1）義務教育学校の制度化

　2015（平成27）年7月に学教法が改正されたことで、これまで述べた一条校に新たな学校種が加わった。それが義務教育学校であり、「心身の発達に応じて、義務教育として行われる普通教育を基礎的なものから一貫して施すこと」

（学教法第49条の2）を目的としている。義務教育学校の制度は，2016（平成28）年度から施行されている。その設置は自治体の判断に委ねられることになっているが，教育上有益かつ適切であると認められる場合は，小学校・中学校の代わりに義務教育学校を設置することができる（学教法第38条，第49条）。

　学教法改正に先立つこと10年前の2005（平成17）年，中央教育審議会答申「新しい時代の義務教育を創造する」において，設置者の判断によって9年一貫の小中一貫教育を施す学校を設置できるよう提言がなされた。一方，2006（平成18）年12月には教基法が改正され，義務教育の目的（教基法第5条2項）が明示された。これを受け，翌2007（平成19）年に改正された学教法においては，小学校・中学校の目的が「初等普通教育」と「中等普通教育」から「義務教育として行われる普通教育」へと変更され，義務教育の目標も詳細に規定された。この一連の流れは，義務教育という概念を強く意識したものである。

　小中一貫教育は，かねてより文部科学省の研究開発校等における先駆的な取組みで話題となり，特に「中1ギャップ」の解消に有効であることが示されてきた。小学校から中学校へと環境が変化することで，子どもの情緒面や人間関係が不安定になること，初等教育から中等教育への移行に適応できず，学力不振につながるケースがあること，これらのことが複合的に重なりいじめ等の問題に発展することなどが指摘されてきた。こうした問題に対し，小学校と中学校の円滑な連携・接続を促進することが課題とされてきたのである。小学校と中学校の垣根を取り払うことで，小学校（初等教育）と中学校（前期中等教育）のカリキュラムを，9年間という枠組みのなかで柔軟に組み立てることができ，これにより初等教育から中等教育へとゆるやかに移行していくことが期待できる。義務教育学校は，こうした小中一貫教育の制度化であり，アーティキュレーションを意識した新たな学校制度である。

　しかし，義務教育学校については，「中1ギャップ」の代わりに新たに「高1ギャップ」をもたらすといった批判的な意見もある。また，各学校段階のスムーズな移行は重要だとしても，小学校から中学校へと環境が変化することにより，むしろ児童・生徒に成長を実感させたり，気分を一新したりする側面があることも否定できない。いずれにせよ，今後の展開と成果の検証が注目される。

（2）外国籍の子どもの教育

　公教育制度は，現在，転換を迫られている大きな問題がある。その一つは，外国籍の子どもの教育についてである。

　我が国は，1979（昭和54）年に「国際人権規約」を，1994（平成6）年には「子どもの権利条約」（政府の正式な訳は「児童の権利に関する条約」）を批准した。これらの国際条約には，締約国は初等教育を義務教育としてすべての者に対し無償で提供すること，種々の形態の中等教育の利用を支援すること，能力に応じて高等教育を利用できるようにすること等が規定されている（社会権規約第13条，子どもの権利条約第28条）。つまり，国籍や保護者の法的地位に関わらず，国は日本に在住するすべての子どもに対し，初等教育を無償の義務教育として保障しなければならないのである。しかし，現実にはいくつかの困難な問題が横たわっている。

　まず，憲法に謳われている「教育を受ける権利」の主体が日本の「国民」であること，憲法第26条2項，教基法第5条，学教法第17条に明記される保護者の教育義務・就学義務規定についても，「国民」を対象としていることである。そのため，外国籍の子どもの保護者に対する就学指導は任意であり，在籍する学校で児童・生徒が長期間欠席している場合の保護者に対する督促（学教法施行令第20条，第21条）も，日本人の保護者に対するそれとは異なり，適用されない。その結果，日本に在住する外国籍の子どもの不就学，いじめや学力不振に起因する不登校が放置されるなど，問題が指摘されてきた。

　その一方で，保護者に就学義務を課し，外国籍の子どもに対し日本の義務教育への適応を求めることが，当人たちの母語や母文化を否定し日本社会への同化を強いることにつながるリスクもある。現在，自治体によっては日本語指導のための教室を設け，外国籍の子どもが小学校や中学校に入学する際に一定期間通わせたり，通学中も「取り出し指導」を施すことで，学校の授業を理解できるようにするなどの対応がなされている。しかし，これらは日本社会への「同化」を前提とした取り組みであり，日本語教師の確保，母語の喪失などさまざまな限界性や問題も指摘されている。

　外国籍の子どものなかでも，母語・母文化の保持を望む者や，将来的に母国

の高等教育機関等への進学を希望する者にとって，外国人学校は有効な受け皿として機能してきた。しかし，その多くは各種学校として運営されており，運営に伴う諸経費は授業料収入によって賄われるため，多額の授業料を支払える者しか利用できない。また，当然のことながら，通常は日本の学習指導要領に準拠した教育が行われない。そのため，生徒が日本の高等学校や大学などに進学を希望する際は，並行して通信制高校で学んだり，大学入学資格検定を受検して大学入学資格を得るなど，入試においても不利な立場に置かれてきた。

　かつての植民地政策の名残だけでなく，就労や技能訓練・修学など，今や日本人だけでなくさまざまな国籍・母語・母文化をもつ者によって，日本社会が構成されている。その認識に立てば，公教育制度はこうしたすべての者にとって利用可能なものにしていく必要がある。一方で，日本人のなかにはわが子を外国人学校に就学させ，「国際バカロレア」等の国際基準に合致した教育を受けさせることを望む声もある。これらの教育ニーズに応え，学校で提供される教育内容を国際基準に適合させようとした場合，「国民の育成」という従来からの学校の役割，公教育観から脱却していく必要性があるといえる。

（3）不登校問題

　公教育制度の転換が求められているもう一つの問題は，不登校である。これまで，保護者の教育義務は「子どもを学校に行かせる義務」として読み替えられてきた。しかし，子どもの教育を受ける権利は，必ずしも「就学」を意味しないことが，近年の不登校問題から明らかになってきたのである。そんななか，1992（平成4）年に旧文部省初等中等教育局長通知「登校拒否問題への対応について」が出されて以降，不登校児童・生徒が，適応指導教室や学校外の機関において指導等を受ける場合，一定要件を満たしていれば，校長は指導要録上「出席扱い」とすることができるようになった。また，2005（平成17）年の文部科学省初等中等教育局長通知においても，不登校児童・生徒が，自宅において教育委員会，学校，学校外の公的機関や民間団体が提供するIT等を活用した学習活動を行った場合，校長は指導要録上出席と見なし，学習成果を評価に反映できるとされた。さらには，2005（平成17）年の学教法施行規則の改正によ

り，小学校，中学校，高等学校，中等教育学校において，不登校児童・生徒等の実態に配慮し，必要と認められる場合には，学習指導要領の基準によらない特別な教育課程を編成できるようになった（学教法規則第56条）。

　これらの措置は，児童・生徒が学校に通っていなくても，フリースクールやホームエデュケーションなどの手段により代替的に相当の教育を受ければ，本来籍を置く小学校や中学校を卒業したと認めるものである。換言すれば，学校は多種多様な公教育形態の一つへと変化しつつあるということである。

　近代以降，学校はすべての国民の「教育を受ける権利」を保障するとともに，国家社会の発展に大いに寄与してきた。こうした公教育制度＝学校が果たしてきた役割については，歴史的に正当な評価を行うべきであろう。しかし，現在のグローバル社会にあって，公教育制度＝学校には「国民の育成」を越えて国際的に通用性のある教育が求められている。一方で不登校問題に目を向けたとき，学校中心の公教育観からの脱却を求められてもいる。私たちは今，公教育とは何か，学校とはどうあるべきか，その再定義を求められているのである。

参考文献

内田糺・森隆夫（1979）『学校の歴史第3巻　中学校・高等学校の歴史』第一法規出版株式会社.

寺崎昌男・成田克矢（1979）『学校の歴史第4巻　大学の歴史』第一法規出版株式会社.

仲新・持田栄一（1979）『学校の歴史第1巻　学校史要説』第一法規出版株式会社.

永田佳之（2005）『オルタナティブ教育――国際比較に見る21世紀の学校づくり』新評論.

朴三石（2008）『外国人学校』中公新書.

宮島喬・太田晴雄（2012）『外国人の子どもと日本の教育――不就学問題と多文化共生の課題』東京大学出版会.

山本正身（2014）『日本教育史――教育の「今」を歴史から考える』慶應義塾大学出版会.

（三山　緑）

第3章

学校経営の基礎

　みなさんは，学校経営にどのようなイメージをもっているだろうか。校長や一部のリーダー層の教職員が行うものというイメージかもしれない。しかし，学校経営とは，学校の教育目標の達成を目指して遂行する教育活動にとって重要な営みということができる。学校の教職員すべてが主人公となって，主体的に営んでいかなければならない。
　本章では，その学校経営についての理解を深めるために，学校経営に関する基礎的事項として，学校経営の必要性や定義，内容，校内組織体制の重要性について確認し，学校経営をめぐる重要な諸点である学校評価システムや，学校と家庭，地域との連携・協働を促す施策の諸点について論じる。最後に，児童・生徒だけでなく，教職員や保護者，地域住民を含む誰もが行きたい学校づくりに資する学校経営の在り方について考察する。

1　教育活動における学校経営という視座

（1）教育活動における学校経営の必要性

　ゆとりのない社会のなかで，児童・生徒の学力や体力の低下，規範意識の欠如や問題行動等生徒指導上の諸問題の増加などが社会問題として指摘されて久しい。このような時代にあって，我が国の未来を担う児童・生徒には，1996（平成8）年7月の中央教育審議会「21世紀を展望した我が国の教育の在り方について（第一次答申）」で提唱された「確かな学力」「豊かな人間性」「健康・体力」から構成される「生きる力」を育むことが求められている。また，そうした社会の変化に学校だけでなく，家庭を含む地域社会とともに児童・生徒を

育てていくための「開かれた学校づくり」が目指されている。

　このような社会からの要請に対して，各学校は，児童・生徒の「生きる力」の育成にとって必要な教育のねらいとして学校教育目標を設定する。そこには，教育基本法や学校教育法等の学校教育を支える教育法規や，地域社会及びその学校の実態等を基盤に，それらの教育要求や教育課題等を踏まえることが求められる。さらに，設定した学校教育目標の達成に向け，教職員の職務遂行上の方向性や経営方針を示した学校経営目標を設定し，ある一定期間にわたる学校の経営組織あるいは運営の在り方等，学校経営の諸活動についての総合的かつ具体的な計画である学校経営計画を策定する（表3-1）。それらに基づいて教育課程の編成や指導計画の作成を行い，教育活動を遂行する。

　その教育活動の遂行にあたって，学校には，一定期間内にその教育目標を達成するため，ミッションやビジョンを明確にし，人的（教職員等）・物的（施設や設備等）・財的（予算等）な教育資源等をどのように活用していくかが求められており，その組織的かつ持続的な営みが学校経営である。

　今日の学校に求められる学校経営の在り方として次のことを指摘できる。各学校では，有する人的・物的・財的な教育資源や所在地の地域特性等の条件性を背景とした自校の現実を踏まえ，現実から中長期的な視野で理想像として目指そうとしている学校のミッションを明らかにし，そのためのビジョンを描く。そして，現実から理想像に少しずつ近づけていくための経営方略を策定し，短期的・中長期的に目的を達成していくことが学校経営には求められている。

　とりわけ，現実から理想像を目指していく過程において，短期的な目的を確実に達成していく自立的な学校は，児童・生徒だけでなく，教職員や保護者，地域住民を含む誰もが行きたい学校であるといえる。この誰もが行きたい学校づくりには，学校が組織として目指す方向性を見据え，教職員個々の専門性や個性を生かして各自の役割を遂行できる教職員集団の協働を可能とするために学校内を開いていく視点と，学校の自己満足的な取り組みに終始することがないよう家庭や地域，関係諸機関と連携・協働する学校外に開かれた視点という2つが重要である。各学校は，これら2つの視点のもと，誰もが行きたい学校づくりの推進に向けて，学校経営にあたる必要がある。

表3-1　学校

平成26年度　　**A** 市立 **A** 小学校

学校教育目標	「現在をよりよく生き，未来を力強く切り拓いていこうとする力の基礎を培
目指す学校像	個人の尊厳を重んじ，真理と平和を希求し，社会の発展に主体的に貢献でき保護者，地域と一体となって教育活動の推進・充実に努める学校。（安心し

領域	中期経営目標	短期経営目標	具体的方策
学力向上	学力向上	言語活動の充実と基礎・基本の着実な定着 理科・生活科教育の充実	平成23年度から3年間，算数を研究教科にし，「言語活動を通して，表現力を高める」（副題）研究に取り組んできた。授業の終末部分で求める子どもの姿を明確にしたうえで授業構成をする「逆向きの授業設計」を意識した授業が数多く展開されるようになり，その結果，表現したいこと，伝えたいことが豊富に存在する算数の授業が実現され，研究主題に近づくことができた。算数的活動を通して蓄積された豊かな体験を自ら言語化し，それを他者に表現し伝えるというプロセスが授業の中で明確に位置づけられた。これは，理科・生活科が求めている，実感を伴った，具体的な活動や体験を通した学習でも同様に展開できる。 　そこで，これまでの算数科の取組を生かし，児童が生き生きと活動し，日常生活のあらゆる場面において言語に関する能力を高めていく「言語活動の充実」に取り組み，理科・生活科を通して本校児童の「思考力」「判断力」「表現力」を育んでいきたいと考えた。そのために，問題の理解→予想→実験・観察→考察という授業スタイルを中心に取り組みたい。評価基準を明確にし，求める子どもの思考や姿を予想し，理科では問題解決の能力を育て，生活科では気付きの質を高めることができる授業を展開していきたい。また，児童の科学的な思考力・表現力を育成するために，ノートやワークシートに自分の考えを書いたり，小集団で話し合ったりするなど，児童が自分の考えを伝え合う場を設定し，実感を伴った具体的な活動や体験が数多くある工夫した授業づくりに取り組みたい。 　　　　　　　　　　　　　　　　　　　　今年度重点目標

（2）学校経営において取り扱う内容

　では，学校経営においてはどのような内容をめぐって，学校づくりが進められるのであろうか。児島邦宏（2002）を参考にすると，次のような9つの主要な内容を指摘することができる。

① 学校の教育目標や経営方針の策定，それに基づく学校教育計画や学校経営計画の設定を中心として，学校をいずれの方向に導き，どのような児童・生徒像を求めて行くかを見定めて，実践していくこと。

② 教育課程の編成や，その展開過程を軸にした学校文化の経営に関する側面を中心として，顕在的文化と潜在的文化の両面から，学校の個性や特色

第3章 学校経営の基礎

経営計画の例

学校経営計画

う」―「仰高」から「卓越」へ―
る人間の育成を目指す学校。
て通える学校，地域の教育センター的機能を持つ学校)

評価指標・評価基準	
努力指標	成果指標
4　自分の考えを書いたり伝えあったりする場面を設定した授業ができたと答えた教員の割合が８０％以上。	4　ノートやワークシートなどに書いたり，友達と伝え合ったりすることで，自分の考えを表現できたと答えた児童の割合が，９０％以上。
3　自分の考えを書いたり伝えあったりする場面を設定した授業ができたと答えた教員の割合が７０％以上。	3　ノートやワークシートなどに書いたり，友達と伝え合ったりすることで，自分の考えを表現できたと答えた児童の割合が，８０％以上。
2　自分の考えを書いたり伝えあったりする場面を設定した授業ができたと答えた教員の割合が６０％以上。	2　ノートやワークシートなどに書いたり，友達と伝え合ったりすることで，自分の考えを表現できたと答えた児童の割合が７０％以上。
1　自分の考えを書いたり伝えあったりする場面を設定した授業ができたと答えた教員の割合が６０％未満。	1　ノートやワークシートなどに書いたり，友達と伝え合ったりすることで，自分の考えを表現できたと答えた児童の割合が，７０％未満。

　　ある学校づくりを進めていくこと。

③ 教職員組織の組織構造や，児童・生徒組織あるいは教育組織等の在り方を検討して，学校組織を整えて教育活動を遂行していくこと。

④ 職員会議における教職員の経営参加や学校の意思形成過程の在り方を検討して，校長や主任層等が適切にリーダーシップを発揮していくこと。

⑤ 学校の改善過程を分析・検討し，学校改善に向けて，改善の促進と経営行動等を分析して，それに基づいて教育実践や校内研修を進めていくこと。

⑥ 学校内外の物的環境を中心として，教室環境，学校環境，地域環境の見直しと再編を進め，学校・家庭・地域の連携・協働を推進していくこと。

⑦ 教職員の在り方や力量形成を中心として，研修等を創意工夫し，教職員の力量形成を図っていくこと。
⑧ 学校内外の児童・生徒の実態把握と社会的自立の支援を中心として，校則をはじめとする指導体制や，児童・生徒管理，校外における生徒指導・健全育成の在り方を模索していくこと。
⑨ 学校評価あるいは学校経営診断を中心に，どのような経営方策をとった時に，どのような経営効果が現れるかを予測・評価して，最善の経営方策を選択し，意思決定していくこと。

以上のように，教育活動を遂行する上で，学校経営において取り扱う内容は複雑で広範囲にわたっていることがわかる。

（3）学校経営における校内組織体制の重要性

さて，誰もが行きたい学校づくりを推進するためには，学校内を開いていく視点の基盤を確かなものとするため，校務分掌をはじめとする校内組織体制の重要性に着目する必要がある。学校を運営していく上で必要な一切の仕事を校務という。校務には，学校内における教育内容，教職員の人事管理，児童・生徒の管理，施設・設備の保全管理などに関する事務内容がある。

これらの校務を処理するために，教職員に校務を分担させることを校務分掌という。小学校を例に，校務分掌について規定している法令をみると，学校教育法第37条で校長，教頭，教諭，養護教諭及び事務職員を置くことが定められ，同法第37条第2項の規定により，必要に応じて副校長，主幹教諭，指導教諭，栄養教諭その他必要な職員を置くことができる。同法第37条第4項に「校長は，校務をつかさどり，所属職員を監督する」と，校長の校務掌理権が規定されている。校務分掌は，校長の職務の補助執行の一形態なので，分掌された校務の責任も最終的には校長に帰する。

また，学校教育法施行規則第43条では，「小学校においては，調和のとれた学校運営が行われるためにふさわしい校務分掌の仕組みを整えるものとする」と定めている。この他に，同法施行規則第44条，第45条，第46条，第47条にお

第3章　学校経営の基礎

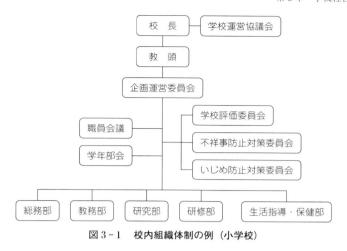

図3-1　校内組織体制の例（小学校）

いて各種主任（教務主任や学年主任，保健主事等）を置くことが規定され，必要に応じて校務を分担する主任等をおくことができると定められている。たとえば，教務主任は校長の監督を受け，①年間指導計画に係わる評価規準・基準とシラバス等に関する資料の整備，②教育課程と学校行事等の立案・推進，③日課，通知表，指導要録等諸帳簿の整理・保管，④時間割の総合的調整，⑤教科書・教材の取り扱い等についての連絡・調整及び指導・助言などの校務に当たっている。なお，本章では，小学校を例に関連する教育法規（教育基本法や学校教育法，学校教育施行規則等）を示しており，幼稚園，中学校，高等学校，中等教育学校，特別支援学校にもそれぞれ準用される場合がある。

　校務を教職員に分担・遂行させるための組織は校務分掌組織と呼ばれ，その実態・形態は学校種や各学校によってさまざまである。たとえば，教育課程の編成・実施にかかわる教育事務など，教務に関する事務を遂行する組織や，庶務，会計，施設・設備の管理事務など，教務外の事務を遂行する組織が校務分掌組織などである。これに，学習指導，生活指導，保健安全など，教育活動を遂行する組織や，各種委員会，職員会議，学年会など，教職員間の意見交換や意思疎通を行う運営組織，自校の課題を解決するための教育研究や教員研修を企画・運営する組織なども加わって校内組織体制が構築されている。

校内組織体制の具体例（図3-1）を示すと，たとえば，校長は，学校運営全般にわたり，自らの意思決定の補助のため校内に企画運営委員会を設置する。企画運営委員会は，校長が主宰し，校務の重要事項，学校運営に必要な事項並びに緊急な事項，教育活動に関する方針等について協議・調整する。総務部では，学校の予算執行，学校施設の保全管理，保護者や地域住民等の外部との連絡・交渉を行っている。教務部は，教務主任が中心となり，教育課程の編成，年間指導計画の策定等の学校教育内容に関する業務を取り仕切っている。この他に，各種委員会を設け，たとえば，いじめ防止対策委員会では，いじめ問題への対応並びにいじめ防止対策について協議・検討している。

　また，学校経営にあって職員会議の果たす役割は大きい。職員会議は，2000（平成12）年1月の学校教育法施行規則の改正により，同法施行規則第48条において，小学校には，設置者の定めるところにより，校長の職務の円滑な執行に資するため，職員会議を置くことができると初めて法的に規定された。この職員会議は，校長が主宰し，校長の補助機関と位置づけられ，学校内外からの連絡事項や通知等を伝達し，教職員間で意見交換や情報共有を行い，意思疎通を図り，学校としての意識を形成する機能を有している。

　このような校内組織体制にあって，校長のリーダーシップのもと，教職員には，自分自身の役割を校内組織体制全体のなかに位置づけて協働する必要がある。それにより，教職員一人一人が個々の専門性や個性を生かし，各自の学級等における教育実践を学校全体の教育活動に連動したものとして認識することができ，学校内を開いていくことを可能にする。

（4）学校経営におけるマネジメント・サイクルの循環

　ところで，学校が学校教育目標の達成に向けて組織的に学校経営を営む上で，どのような経営過程を経ているのだろうか。青木薫（1973）を参考にすると，経営学では，ギューリック（Luther Gulick）により，Planning（計画），Organizing（組織化），Staffing（要員配置），Directing（指揮），Coordinating（調整），Reporting（報告），Budgeting（予算作成）という7つの基本的な要素に分類され，その頭文字をとったPOSDCoRB（ポスドコルブ）という考え方

が有名である。また，シアーズ（Jesse B. Sears）は，それまで停滞傾向にあった学校の経営過程の把握を多面的かつ動的に行うために POSDCoRB の考え方等を参考にしながら，教育組織の経営過程を Planning（計画），Organizing（組織化），Directing（指揮），Coordinating（調整），Controlling（統制）という5つの要素に分類している。

　学校現場では，より単純化された経営過程として Plan（計画）→ Do（実施）→ See（評価）という PDS サイクルが取り入れられた。さらに，後述する学校評価システムの導入に伴い，評価によって得られた成果と課題を次なる取り組みへの改善に生かすことを意識化させるために See（評価）を Check（評価）と Action（改善）に細分化し，Plan（計画）→ Do（実施）→ Check（評価）→ Action（改善）という PDCA サイクルを循環させた学校経営が行われている。PDS サイクルや PDCA サイクルはマネジメント・サイクルと呼ばれ，計画から実施を経て評価，改善の段階にいたる過程を単発的に捉えるのではなく，マネジメント・サイクルの各段階を有機的に循環させ，継続的に学校を運営しようとするものである。

　このマネジメント・サイクルの各段階を日常生活場面で起こりそうな具体例で考えると次のようになる。中学生や高校生時代の定期試験の経験を思い出してほしい。

　「計画」の段階では，「これまでの勉強の成果を発揮する」や「定期試験でよい成績を得る」といった目的の達成に向けて，定期試験の試験科目（範囲）や日程を考慮しながら定期試験当日までの勉強の計画を作成する。「実施」の段階では，作成した計画に基づいて，計画的に勉強を進め，定期試験に臨む。人によっては，さまざまな誘惑もあり，計画通りには勉強を進められず，定期試験に臨むこともあるだろう。「評価」の段階では，自身の行った勉強を通じて，設定した目標をどの程度達成することができたかを定期試験の得点などのエビデンスをもとに評価し，その成果と課題を明らかにする。「改善」の段階では，「評価」の段階で得られた成果や課題を分析し，その結果をもとに，次の定期試験でよい成績を得るための方策や課題を解決するための方策を考え，必要に応じて，次の計画に生かしていく。

このように，マネジメント・サイクルは日常的な場面でも循環しているのである。

2 学校改善に資する学校評価システム

（1）学校評価に関する法的基盤

　学校の裁量が拡大し，自主性・自律性が高まる上で，その教育活動等の成果を検証し，必要な支援・改善を行うことにより，児童・生徒がよりよい教育活動等を享受できるよう学校経営の改善と発展を目指し，教育の水準の向上と保証を図ることが重要である。また，学校教育の質に対する保護者や地域住民等の関心が高まるなかで，学校には，適切にアカウンタビリティ（説明責任）を果たすとともに，保護者や地域住民等と学校の状況に関する共通理解をもつことにより，相互の連携・協働の促進を図ることが期待されている。

　これらのことから，学校の教育活動その他の学校経営の状況について評価を行い，その結果に基づき学校及び設置者等が学校経営の改善を図ること，及び，評価結果等を広く保護者等に公表していくことが求められている。

　今日の学校評価システム導入の契機は，小・中学校設置基準旧第2条（2002（平成14）年3月）の自己点検評価と結果の公表に関する努力規定にある。その後，学校の説明責任を求める社会的要請がさらに高まり，2007（平成19）年6月に改正された学校教育法において，学校の評価及び情報の提供に関する義務規定が設けられた。

　評価については，小学校を例にすると「文部科学大臣の定めるところにより当該小学校の教育活動その他の学校運営の状況について評価を行い，その結果に基づき学校運営の改善を図るため必要な措置を講ずることにより，その教育水準の向上に努めなければならない」（学校教育法第42条）とされ，学校評価の実施は努力規定から義務規定となり，評価の実施にとどまらず，評価結果に基づいて改善に向けて必要な措置を講ずることが求められている。なお，「文部科学大臣の定めるところ」とは，①当該小学校の教育活動その他の学校運営の状況について，自ら評価を行い，その結果を公表すること（学校教育法施行規則

第66条)，②当該小学校の児童の保護者その他の当該小学校の関係者による評価を行い，その結果を公表するよう努めること（同法施行規則第67条），③自ら行った評価の結果及び保護者その他の関係者による評価を行った場合はその結果を，当該小学校の設置者に報告すること（同法施行規則第68条）の規定のことである。

情報の提供については「小学校は，当該小学校に関する保護者及び地域住民その他の関係者の理解を深めるとともに，これらの者との連携及び協力の推進に資するため，当該小学校の教育活動その他の学校運営の状況に関する情報を積極的に提供するものとする。」（同法第43条）となっている。

また，文部科学省は，学校評価の推進を図るため，2006（平成18）年に義務教育諸学校を対象とした「義務教育諸学校における学校評価ガイドライン」を，2008（平成20）年に高等学校を対象に加えた「学校評価ガイドライン〔改訂〕」を作成した。2010（平成22）年には「学校評価ガイドライン〔平成22年改訂〕」に改訂した。

(2) 学校評価の目的と実施形態

その「学校評価ガイドライン〔平成22年改訂〕」には，学校評価の目的として次の３点が挙げられている。

① 各学校が，自らの教育活動その他の学校運営について，目指すべき目標を設定し，その達成状況や達成に向けた取組の適切さ等について評価することにより，学校として組織的・継続的な改善を図ること。

② 各学校が，自己評価及び保護者など学校関係者等による評価の実施とその結果の公表・説明により，適切に説明責任を果たすとともに，保護者，地域住民等から理解と参画を得て，学校・家庭・地域の連携協力による学校づくりを進めること。

③ 各学校の設置者等が，学校評価の結果に応じて，学校に対する支援や条件整備等の改善措置を講じることにより，一定水準の教育の質を保証し，その向上を図ること。

これにより児童・生徒がよりよい教育活動等を享受できるよう学校教育運営の改善と発展を目指している。
　また，学校評価は，自己評価，学校関係者評価，第三者評価の3つの形態によって実施されている。
　自己評価とは，各学校の教職員が行う評価形態のことである。自己評価は，学校評価の最も基本となるものであり，校長のリーダーシップのもとで，当該学校の全教職員が参加し，設定した目標や具体的計画等に照らして，その達成状況や達成に向けた取り組みの適切さ等について評価を行う。自己評価を行う上では，児童・生徒や保護者，地域住民を対象とするアンケートによる評価等を通じて，授業の理解度や児童・生徒，保護者，地域住民がどのような意見や要望をもっているかを把握することが重要となる。
　学校関係者評価とは，保護者，学校評議員，地域住民，青少年健全育成関係団体の関係者，接続する学校の教職員等の学校関係者などにより構成された評価委員会等が行う評価形態のことである。学校関係者評価は，評価委員会等が，その学校の教育活動の観察や意見交換等を通じて，自己評価の結果について評価することを基本として行う。この学校関係者評価は，実施・公表とも努力義務の規定となっているが（学校教育法施行規則第67条），得られる学校関係者からの意見は教職員による自己評価の結果を再考し，学校経営の改善を図る上で不可欠なものである。なお，市町村によっては学校管理規則において，義務規定としているところもある。
　第三者評価とは，学校とその設置者が実施者となり，学校運営に関する外部の専門家を中心とした評価者が行う評価形態のことである。第三者評価は，自己評価や学校関係者評価の実施状況も踏まえつつ，教育活動その他の学校運営の状況について，専門的視点から評価を行う。なお，第三者評価は，実施者の責任のもとで第三者評価が必要であると判断した場合に行うものであり，法令上，実施の義務も実施の努力義務も明記されていない。しかしながら，この第三者評価は，自校で実施した自己評価や学校関係者評価の客観性・妥当性を担保するためにも重要であり，学校とその設置者には積極的に活用することが求められる。

第3章 学校経営の基礎

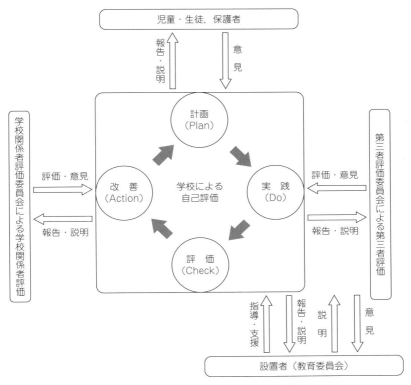

図3-2 学校評価システムのイメージ

以上のことを踏まえ，各学校は実態に応じてそれぞれに異なる特徴を有する学校評価の3つの形態を有機的かつ一体的に位置づけて運用する必要がある。

(3) 学校評価のプロセス

具体的に学校評価はどのように行われるのだろうか。以下，学校評価システムのイメージ（図3-2）を参考に，学校評価のプロセスを説明する。

各学校は，組織した学校評価委員会を中心に，目指す学校像に基づき学校経営目標を設定し，児童・生徒や保護者の意見も取り入れながら，その目標達成に向けた具体的な方策（計画：Plan）を策定して教育活動（実践：Do）を行い，その達成状況を努力指標や成果指標に基づいた自己評価（評価：Check）によ

53

表3-2 学校評価結果（最終評

平成26年度　　A市立A小学校　　学校評価

領域	中期経営目標	短期経営目標	具体的方策		努力指標	教員による評価	最終評価
学力向上	学力向上	言語活動の充実と基礎・基本の着実な定着	昨年度までの算数科を中心とした取組の成果を生かし，引き続き，理科・生活科を通した「思考力・判断力・表現力」の育成と，「言語活動の充実」に重点を置いた取組を展開する。	4	自分の考えを書いたり伝えあったりする場面を設定した授業ができたと答えた教員の割合が80％以上。	言語活動を位置づけた授業作りに関すること 平均3.5	3
				3	自分の考えを書いたり伝えあったりする場面を設定した授業ができたと答えた教員の割合が70％以上。		
		理科・生活科教育の充実	言語活動の充実のために，ノートやワークシートに自分の気付きや考えを書き，それをもとに小集団で伝え合う活動を授業に位置づけるようにする。 また，評価基準を明確にし，求める子供の思考や姿を予想したうえで，「問題の理解→予想→実験・観察」のスタイルで授業を行うことを通して，理科では問題解決能力を，生活科では気付きの質を高めていく。そのために，実感を伴う具体的な活動や体験が数多くある授業の工夫をする。	2	自分の考えを書いたり伝えあったりする場面を設定した授業ができたと答えた教員の割合が60％以上。	具体的な活動や体験を作り位置づけた授業づくりに関すること 平均3.4	
				1	自分の考えを書いたり伝えあったりする場面を設定した授業ができたと答えた教員の割合が60％未満。		
まちぐるみ教育の推進	まちぐるみ教育の推進	積極的な情報交換	学校の情報を，学校便り，学年通信，保健便り，給食便り，ホームページ，安心ネット等で広く地域・保護者へ伝える。	4	学校便りと学年便りを毎月発行し，Webページを学年で月2回以上更新する。	情報公開に関すること 平均3.5	4
				3	学校便りと学年便りを毎月発行し，Webページを学年で月2回以上更新できなかった。		
				2	Webページを学年で月2回以上更新したが，学校便りと学年便りを毎月発行できなかった。		
				1	Webページを学年で月2回以上更新と，学校便りと学年便りを毎月発行がともにできなかった。		

（今年度重点目標）

って確認し，その結果に基づく改善案（改善：Action）を作成する。

　さらに，自己評価の客観性を高めるため，自己評価結果と改善案を学校関係者評価委員会に報告・説明し，学校の授業や学校行事の観察および意見交換等を通じて，学校関係者から自己評価結果と改善案について評価・意見を受ける。

　また，学校とその設置者は，必要に応じて，第三者評価委員会を設置し，専門家による学習指導や学校のマネジメント等に関する専門的視点から第三者評価を実施するとともに，学校や第三者評価から評価結果の提出を受け，それを

価）報告書の例（一部抜粋）

結果（最終評価）について

	成果指標	児童・保護者評価	最終評価	学校関係者評価
4	ノートやワークシートなどに書いたり，友達と伝え合ったりすることで，自分の考えを表現できたと答えた児童の割合が，90％以上。	言語活動を位置づけた授業作りに関すること 1・2年年 91.4％ 3～6年 89.6％ 平均90.5％	4	理科・生活科を研究教科としたことは，子供を取り巻く環境から考えても大変価値あることととらえる。どんな授業が展開されているのか興味深い。 昨年度までの取組の成果が生かされた理科・生活科の授業が展開されており，実験結果等の根拠に基づいて，考えたことや思ったことを自己表現する子供が育ってきている。 児童・保護者の肯定的評価が高いことも，成果の表れととらえる。 来年度に向けて，A小学校が目指す授業のさらなる充実を目指して，先生方には，よりよい研修を行って取組を推進されるよう期待する。
3	ノートやワークシートなどに書いたり，友達と伝え合ったりすることで，自分の考えを表現できたと答えた児童の割合が，80％以上。			
2	ノートやワークシートなどに書いたり，友達と伝え合ったりすることで，自分の考えを表現できたと答えた児童の割合が，70％以上。	具体的な活動や体験を位置づけた授業づくりに関すること 1・2年 96.5％ 3～6年 96.4％ 平均96.5％		
1	ノートやワークシートなどに書いたり，友達と伝え合ったりすることで，自分の考えを表現できたと答えた児童の割合が，70％未満。			
4	学校からの情報発信についての，保護者の肯定的評価が80％以上。	保護者アンケート 全学年98.2％	4	学校からの情報発信については，HPの更新回数も閲覧回数もかなり増えた。保護者からも高い肯定的評価を得ることができている。 地域では，平成25年12月より学校施設を使用して「小学校であそぼう」という日を設けている。保護者や子供達にさらに関心をもってもらいたい。また，地域行事に，多くの子どもたちが参加するよう，連携を図っていきたい。
3	学校からの情報発信についての，保護者の肯定的評価が70％以上。			
2	学校からの情報発信についての，保護者の肯定的評価が60％以上。			
1	学校からの情報発信についての，保護者の肯定的評価が60％未満。			

踏まえた予算措置等の学校の支援・改善を行う。

　これらの一連の評価の過程に基づいて，各学校は，学校経営の改善（改善：Action）を図り，評価結果や改善策を表3-2のような報告書等によって保護者や地域住民に公表するとともに，授業等の教育活動を通して児童・生徒に還元し，より質の高い教育活動の実施に貢献することができる。

　この他に，学校評価を実施する際には，自己申告書を用いた教員個人の目標管理により実施される教員評価と連動させることにより，教員個々が達成をめ

ざす自己目標と学校が達成しようとする教育目標を連鎖させることが大切である。教員評価は，教員個々の意欲と力量を向上させるためのシステムであるが，同時に学校経営目標の達成に向けて教員の意識や行動に共通の方向性を与えるシステムとなる。

　以上のように，先述したマネジメント・サイクルを循環させ，学校経営を円滑に営むための装置として期待されるのが学校評価システムである。学校評価システムを活用することで，家庭や地域といった学校外に開かれた教育活動の展開が可能となるとともに，教職員集団で取り組んできた教育活動の成果と課題を確認することで校内組織体制の見直しといった学校内を開いていくことも可能となる。

（4）学校評価システムの果たす役割

　学校評価システムにおいては，自校の有する人的・物的・財的な教育資源や学校・家庭・地域の願いを明確にし，学校教育目標や学校教育計画，教育課程への具体化に生かす視点をもつことが重要である。学校評価システムの果たす役割として，次の点を指摘できる。

　まず，自己評価や学校関係者評価の結果を通して，学校の抱える問題点を抽出し，その分析を通じて学校全体で取り組むべき課題の明確化・共有化を図り，学校の改善を進めることと，学校のもつ「よさ」を再発見し，その「よさ」をより一層生かすための学校改革を進めることができる。

　つづいて，自校の教育目標の達成に向けた校内組織体制づくりにおける達成状況に関する情報を獲得することができるため，校内組織体制の再構築や，学校外の人々，関係諸機関（公民館や図書館，社会教育施設，大学等）との連携・協働に向けた体制を構築することができる。

　最後に，学校評価を通じて得られる情報は，学校の教育活動やその成果についての透明性を高め，その質的向上に資する生きた情報である。この生きた情報をもとに，教職員・保護者・地域住民等の学校関係者間によるデータに基づく建設的な対話を通じて，学校関係者相互のコミュニケーションを促進することができる。これにより，保護者や地域住民から学校の教育活動に対する興

味・関心や信頼を獲得できるとともに，学校・家庭・地域の三者が教育活動を推進する上で共有すべき意思を形成することができる。さらに，設置者に根拠をもって支援の要求をすることもできる。

以上のことから，各学校には，現実から理想像に近づいてくための短期的・中長期的に目指す目的の達成の確実な進展に学校評価システムを活用していくことが期待される。すなわち，自校の学校づくりに対する説明責任を果たす手段であり，その構築・運用にあたっては，「評価」のためだけの学校評価ではなく，教育の質向上に向けた「改善」や「改革」のための学校評価としていくことを強く意識する必要がある。

3 学校と家庭，地域との連携・協働を促す施策の動向

(1) 学校と家庭，地域との連携・協働の必要性

教育活動は，当然，学校や教職員だけで行えるわけではない。また，学校の自己満足的な取り組みに終始することがあってはならない。したがって，学校外に開かれた学校づくりの視点をもつことが大切であり，家庭や地域，関係諸機関と連携・協働する必要がある。2006（平成18）年12月に改正された教育基本法第13条「学校，家庭及び地域住民等の相互の連携協力」においても，「学校，家庭及び地域住民その他の関係者は，教育におけるそれぞれの役割と責任を自覚するとともに，相互の連携及び協力に努めるものとする」と規定された。先述したように，小学校は，保護者及び地域住民その他の関係者の理解を深めるとともに，これらの者との連携及び協力の推進に資するため，当該小学校の教育活動その他の学校運営の状況に関する情報を積極的に提供することが定められている（学校教育法第43条）。それを受けて，2008（平成20）年7月に閣議決定された教育振興基本計画では，「地域ぐるみで学校を支援し子どもたちをはぐくむ活動の推進」，「家庭・地域と一体になった学校の活性化」等，学校と地域の連携施策を推進していくことが提言されている。また，現行の学習指導要領解説　総則編においても，各学校の教育方針や特色ある教育活動，児童・生徒の状況などについて家庭や地域の人々に説明し理解や協力を求めるとともに，

家庭や地域の人々の学校運営などに対する意見を的確に把握し，自校の教育活動に生かすことの重要性が示されるなど，家庭，地域との連携・協働に関する記載が明記されている。さらに，2011（平成23）年7月の学校運営の改善の在り方等に関する調査研究協力者会議の「子どもの豊かな学びを創造し，地域の絆をつなぐ〜地域とともにある学校づくりの推進方策〜」では，「子どもの学びの場」としての学校にとどまらず，新たな視点として，「大人の学びの場」となる学校と「地域づくりの核」となる学校という2つの視点を踏まえた「地域とともにある学校づくり」を促進することが指摘されている。

　このように，今日では，学校が学校教育目標を達成するために，学校と家庭，地域との連携・協働が不可欠であり，三者がともに児童・生徒の学びを支えていくことがより一層重視されている。ここでは，学校経営を展開する上で取り入れられた施策のなかでも，学校と家庭，地域との連携・協働の在り方に大きな影響を与えた学校評議員制度と学校運営協議会を取り上げる。

（2）学校評議員制度について

　学校評議員制度は，1998（平成10）年9月の中央教育審議会「我が国の地方教育行政の今後の在り方について（答申）」で提言され，2000（平成12）年1月に改正された学校教育法施行規則第49条で「小学校には，設置者の定めるところにより，学校評議員を置くことができる」とされた。学校評議員は，当該校の職員以外の者で教育に関する理解及び識見を有するもののうちから，校長の推薦により，当該校の設置者により委嘱され，校長の求めに応じて，学校運営に関し意見を述べることができる。校長には，学校評議員の視野の広い事実に基づいた率直な意見を傾聴することによって，地域に「開かれた学校づくり」を展開することが期待されている。

　学校評議員制度は，学校経営に学校外部の人の意見を取り入れるという画期的な制度であり，全国の学校で取り組まれている。しかしながら，学校評議員の適材の確保ができず，意見に偏りのあるメンバーで構成され，学校評議員の意見を学校経営に実質的に生かすことができないなどの課題も指摘されている。

(3) 学校運営協議会制度について

　学校評議員は，「校長の求めに応じて学校運営に関する意見を個人として述べる」（学校教育法施行規則第49条2項）ものであり，学校の運営に地域の住民や保護者等の意向等を反映させる制度といえる。それに対して，学校運営協議会は，「学校運営，教職員人事について関与する一定の権限を有する合議制の機関であるなど，その役割が異なるもの」（2004（平成16）年6月文科初429事務次官通達）として，2004（平成16）年6月の地方教育行政の組織及び運営に関する法律の一部改正により，同法第47条の5の各項において学校運営協議会の規定が整備され，導入された制度である。

　この学校運営協議会は，教育委員会がその所管に属する学校のうち，教育委員会規則で定めるところにより指定される学校（指定学校）の運営に関して協議する機関である。学校運営協議会の委員は，当該指定学校の所在する地域の住民や児童・生徒の保護者，その他教育委員会が必要と認める者について教育委員会により任命される。学校運営協議会には，当該指定学校の校長が作成する「教育課程の編成その他教育委員会規則で定める事項についての基本的な方針」を承認する役割があり，当該指定学校の運営に関する事項や教職員の任用に関する事項について教育委員会又は校長に対して意見を述べることができる。

　このような学校運営協議会を設置する学校は「コミュニティ・スクール」（図3-3）と呼ばれ，2015（平成27）年4月時点で指定校数は2,389校である。コミュニティ・スクールでは，学校運営協議会における多くの当事者（教職員，保護者，地域住民等）による「熟慮」と「討議」を重ねながら，学校や地域の課題を共有し，課題解決を目指す対話である「熟議」を通じた学校・家庭・地域の連携・協働によるさまざまな取り組みが行われている。たとえば，学校運営協議会が中核となり，地域のNPO法人や近隣の大学と連携・協働して，学校支援ボランティアによる放課後・休日における子どもたちの学びの活動を支援する取り組みを実施している事例がある。また，学校運営協議会が橋渡し役となり，児童・生徒が地域の行事や福祉施設等に学校支援ボランティアとして参画し，地域を支える学校づくりに取り組んでいる事例もある。この他に，学校運営協議会を設置し，地域を巻き込んで小中一貫教育のカリキュラム開発を

図3-3　コミュニティ・スクールのイメージ

（出典）　文部科学省HP。

行っている事例がある。

　このように，コミュニティ・スクールに指定された学校では，学校と地域との情報共有の促進や，地域と連携した組織的な取り組みの充実といった地域との連携・協働に関する成果のみならず，教職員の意識改革や，児童・生徒の学力向上・生徒指導の課題解決においても，一定の成果が報告されている（文部科学省，2015）。また，2015（平成27）年12月の中央教育審議会「新しい時代の教育や地方創生の実現に向けた学校と地域の連携・協働の在り方と今後の推進方策について（答申）」では，これからのコミュニティ・スクールの仕組みの在り方が検討され，総合的な推進方策が示されており，コミュニティ・スクールの一層の推進を図ることが期待されている。

（4）学校と家庭，地域との連携・協働による可能性

　この他にも，学校を支援するため，学校が必要とする活動（通学の見守り活動や学校行事，総合的な学習の時間等）について地域住民が学校支援ボランティアとして協力する「学校支援地域本部」や，小学校の余裕教室等を活用して，地域住民の参画を得て，児童・生徒とともに行う学習やスポーツ・文化活動等の取り組みを行う「放課後子供教室」といった組織や事業が創設されている。学校評議員制度や学校運営協議会制度をはじめとするこれらは，いわば保護者

を含む地域住民によってつくられた学校の応援団であるといえる。また，上述の中央教育審議会答申では，学校支援地域本部，放課後子供教室等の活動を基盤に，「支援」から「連携・協働」，個別の活動から総合化・ネットワーク化を目指す新たな体制としての「地域学校協働本部」へと発展させていくことを提言している。これらにより，地域住民等と目標やビジョンを共有し，地域と一体となって児童・生徒を育む「地域とともにある学校」への転換を図り，地域のさまざまな機関や団体等がネットワーク化を図りながら，学校，家庭及び地域が相互に協力し，地域全体で学びを展開していく「子供も大人も学び合い育ち合う教育体制」を構築することが求められる。

　学校には，家庭や地域，関係諸機関と連携・協働するという学校外に開かれた視点をもつことで，保護者や地域住民の教育活動への参画が促進されることが期待される。それにより，児童・生徒たちだけでなく，保護者や地域住民も他者に認められることを実感できる。さらに，世代間交流活動が共有され，地域の仲間意識が育ち，家庭や地域から信頼を得ることができる。このように，家庭や地域から信頼を得ることで，児童・生徒だけでなく，教職員や保護者，地域住民を含む誰もが行きたい学校となることを可能とする。

4　誰もが行きたい学校づくりを推進する学校経営の在り方

　今後も社会は激しく変化し続け，学校が抱えるさまざまな教育課題もより一層複雑になり，教職員だけで対応することは質的にも量的にもますます困難となることが予想される。そのようななか，2015（平成27）年12月の中央教育審議会「チームとしての学校の在り方と今後の改善方策について（答申）」では，児童・生徒たちに求められる力を身に付けさせるためには，教職員が心理や福祉などの専門家や関係諸機関，地域と連携し，チームとして課題解決に取り組む体制を整備する必要性を指摘している。さらに，校長のリーダーシップのもと，カリキュラム，日々の教育活動，学校の資源が一体的にマネジメントされ，教職員や学校内の多様な人材かがそれぞれの専門性を生かして能力を発揮し，児童・生徒たちに必要な資質・能力を確実に身に付けさせることができる学校，

すなわち「チームとしての学校」という新しい学校の在り方も模索されている。
　そのようななか，教職員には，一人一人が学校組織の一員として学校経営を担っているという経営的な感覚，すなわちマネジメント・マインドをもって，誰もが行きたいと思える学校づくりを進めていくことが今まで以上に不可欠となる。そこで，誰もが行きたい学校づくりを推進する学校経営の在り方を検討していく上で必要となる4つのポイントを述べたい。
　1つ目のポイントは，学校で行われる教育活動を一過性のものではなく，継続性・連続性を有するものとして位置づけることである。そこで，学校全体の教育活動だけでなく，教職員一人一人の教育活動においても，Plan（計画）→ Do（実施）→ Check（評価）→ Action（改善）というマネジメント・サイクルを循環させることが重要である。たとえば，学級で教職員一人一人が行う1時間の授業においても，マネジメント・サイクルを循環させることにより，個人が自己改善・自己成長することができるだけでなく，学校組織としても絶えず自己改善・自己成長を続けることができる。
　2つ目のポイントは，マネジメント・サイクルを循環させるために，校長のリーダーシップのもと，学校内を開いていくことである。教職員組織のリーダーである校長がリーダーシップを発揮し，教職員一人一人の専門性や個性を的確に捉え，適材適所に配置し，校務分掌組織をはじめとする校内組織をマネジメントしていく必要がある。これにより，学校全体の教育課題を明確化するとともに，ミッションを確認し，ビジョンを共有することで，自校の学校教育目標の達成のために邁進することができる。
　3つ目のポイントは，教職員一人一人の個が光り，かつ集団としてまとまっている教職員組織を構築することである。個のみが際立ち，まとまりのない組織や，組織としてまとまっていても，個が消された組織では学校経営を営むことはできない。教職員一人一人の個が光り，かつ集団としてまとまっている教職員組織では，各教職員が専門性を発揮し，全教職員が教育目標を共有し，参画意識をもって，組織的に教育活動に取り組むことができる。そのような教職員組織には，開放的で一体的な雰囲気と成長的で挑戦的な雰囲気が醸成される。
　4つ目のポイントは，児童・生徒の学びを支える保護者や地域住民をパート

ナーとするために，学校を学校外に開かれた存在にしていくことである。たとえば，学校運営協議会等を通じて，保護者や地域住民に学校が掲げるゴールを明確にするとともに，その価値を共有し，やっていることを理解してもらい，三者間でネットワークを構築することが重要である。これにより，自校の有する人的・物的・財的な教育資源や学校・家庭・地域それぞれの願いに応じた仕組みを整えることができる。

以上，4つのポイントは従前から学校現場において大切にされてきたことである。学校の在り方が問われている今こそ，各学校には，これらを踏まえ，自校が児童・生徒の学びの場となるだけでなく，家庭，地域との連携・協働により，保護者や地域住民の教育活動への参画を促すことで，教職員や保護者，地域住民にとっても学びの場となるような，誰もが行きたい学校づくりを推進していく学校経営を営むことが期待される。

参考文献

青木薫（1973）「学校経営における POSDCORB の意義と限界」『千葉大学教育学部研究紀要』，第1部22巻．

児島邦宏（2002）「学校経営」安彦忠彦・新井郁男・飯長喜一郎・井口磯夫・木原孝博・児島邦宏・堀口秀嗣編『新版現代学校教育大事典1』ぎょうせい．

林孝（2009）「マネジメント」石井眞治・井上弥・沖林洋平・栗原慎二・神山貴弥編著『児童・生徒のための学校環境適応ガイドブック――学校適応の理論と実践』協同出版．

林孝（2012）「学校と地域との連携における校長のマネジメント」『日本教育経営学会紀要』，第54号．

広島市学校評価システム第三者評価検討会議（2008年）『広島市学校評価システム第三者評価検討会議最終報告書』．

文部科学省（2015）『コミュニティ・スクール2015――地域とともにある学校づくりのために』．

（米沢　崇）

第 4 章

学級と教育内容・方法に関する制度

　21世紀に入りすでに十数年が経った。今の子どもたちが成人し，社会で活躍する頃には，生産年齢人口はさらに減少するとともに，グローバル化の進展や技術革新等によって，社会や職業の在り方そのものが大きく変化しているといわれる。みなさんはそのような時代を，次代を担う若者を育てる教師として生きていくことになる。

　そもそも教育を取り巻く状況は常に変化し，それに応ずるかたちで学校もまた変わることを絶えず求められてきたわけだが，おそらく今後10年の変容は，かなり大きなものになるだろう。変化の激しいこれからの時代を，子どもたちが自律した人間として，しかし他者と協働しながら主体的，創造的に生きていくように導いていくのは他でもない，みなさんである。

　さて，学校における教育活動の大部分は，「学級」を舞台に展開される。本章は学級と教育内容・方法を制度的に述べていくものである。第1節では，学級に関する法規定をみていく。次いで第2節では，歴史的記述を交えながら，「学級」概念の導入過程について紹介する。以上を踏まえ第3節では，新しい学習指導要領で重視されることになる教育の方向性や指導方法等を取り扱う。最後に第4節では，今日的課題を2点取り上げクリティカル（批判的）に論じる。教室の前方に立つ教師としての自分をイメージしながら読み進めてほしい。

1 「学級」という制度

（1）「40人学級」の意味

　「この学級は元気がいい」「この学級はよくまとまっている」といった言葉を

よく見聞きする。おそらく，みなさんも同様の言葉を耳にし，また口にしたことがあるのではないだろうか。擬人的な形容によって快活さや凝集性が期待される存在，それが「学級」であるといってよいだろう。

　国語や算数の授業，朝の会や学級会など，小・中学校の教育活動のほとんどは，この学級を単位として行われている。さらに学級は，生活集団としての基盤にもなっている。それだけに学級のもつ意味は大きい。4月はじめのクラス発表は，期待と不安のなかで行われるが，それは，前年度の慣れ親しんだ学級に別れを告げ，今後1年間の所属先となる新たな共同体へと身を置く前の，大きな区切りを意味する瞬間でもある。

　さて，学級は原則として，同学年の児童・生徒で編制することになっている。ただし，児童・生徒の数が著しく少ない場合などは，数学年の児童・生徒を1学級に編制することもできる。同学年の児童・生徒で編制された学級を「単式学級」，複数学年の児童・生徒で編制された学級を「複式学級」と呼ぶ。

　教育関係の法令は一定数の児童・生徒を単位とする学級を編制することを前提として，1学級の基準となる児童・生徒数を定めている。小学校，中学校，高等学校のいずれの設置基準も1学級を40人以下としている。これは，国公私立に共通の規準であるが，さらに公立の小・中学校の場合は，「公立義務教育諸学校の学級編制及び教職員定数の標準に関する法律」に従わなければならない。同法によれば，小・中学校の同学年で編制する1学級あたりの児童・生徒数は40人を標準として（小学校第1学年は35人）各都道府県の教育委員会がその規準を定め，それに基づいて市町村の教育委員会が学級編制を行うことになっている。公立の高等学校の場合も，「公立高等学校の適正配置及び教職員定数の標準等に関する法律」によって40人が標準とされている。なお，公立学校における「標準」は，事実上，1学級あたりの「上限」を意味している。

　以上により，いわゆる「40人学級」が成り立っているわけであるが，もちろん，すべての学級が40人というわけではない。32人の学級もあれば，小学5年生と6年生とを合わせた7人からなる複式学級もある。逆に40人を超える学級も存在する。40人の学級に年度途中で転入生が加わって41人となっているようなケースがそうである。特別な事情があり，教育上支障がなければ，40人を超

えることも認められている。実は40人を超える学級は，私立中学校ではめずらしいものではない。文部科学省が毎年実施している「学校基本調査」によれば，私立中学校の学級で41人以上は，全体の４分の１を占めている（平成26年度）。

なお，文部科学省は2015（平成27）年１月，「公立小学校・中学校の適正規模・適正配置等に関する手引」を策定した。そこでは複式学級の解消，そして，小学校では１学年２学級以上，中学校では全校で９学級以上の確保が望ましいとされた。これに満たない学校については，学校統廃合等により適正規模に近づけることの適否を速やかに検討する必要があることも述べられている。この手引以外に，近年の小・中連携の推進，義務教育学校の創設，中学校区内の小・中学校における一体的な学校運営協議会の設置などの動きを考え合わせれば，今後は学校の統廃合が促され，私たちが抱く「地域」概念も小学校区を基盤にしたものから中学校区に移っていくものと思われる。

（２）学級規模の弾力化

小・中学校の学級定員は，戦後，1959年度（昭和34年度）以降，数度にわたる改善計画によって，50人，45人，そして40人へと順次引き下げられていった。その都度学級は小規模化し，「すし詰め学級」という言葉も過去のものになった。ただし，40人学級への移行が始まったのは1980年，そしてその完成は1991年のことであり，それ以後は小学１年の35人学級化（2011年度施行）を除けば，全国的な学級定員の引き下げは行われていない。

しかし，引き下げが完全に止まってしまったわけではない。文部科学省は，2001年度（平成13年度）から，特に必要と認められる場合には，各都道府県教育委員会の判断により，特例的に国の標準を下回る少人数の学級編制基準を設けることを可能にした。2003年度には，各都道府県の判断により，学年などを限定する場合に限らず，40人を下回る一般的な基準（たとえば県内一律の38人学級編制）を定めることも可能とする弾力化を図った。さらに2004年度からは，各都道府県の判断で少人数学級編制を行う場合には，教育指導の改善に関する特別な研究が行われているものとして，国庫負担対象となる加配定数を活用した「加配教職員定数」の運用を認めている。

加配教職員定数とは，少人数指導を行う場合やいじめ・不登校など指導上特別な配慮が必要な場合など，学校や地域の諸課題に即して，標準となる基礎定数に加算される教職員定数のことである。たとえば山口県はこの加配定数を活用することで公立小・中学校の全学年をすべて35人以下の学級にしている。さらに山口市は，教員免許状をもつ補助教員を市独自に配置し，学習につまずいている児童・生徒への対応など授業におけるサポートを行っている。

　さて，一般的には児童・生徒数が少ない学級が支持される傾向にあるようだが，ことはそう簡単ではない。たとえば，40人よりも30人，30人よりも20人の方がよく学べる，学力は高くなるとは必ずしもいえないし，いじめが発生しなくなるわけでもない。逆に，ある程度の人数がいる方が，よい意味での競争心が生まれ取り組みや活動の幅も広がるといった意見もある。子どもの数が減り，1学年1クラスになってくると，「せめてクラス替えができる程度であってほしい」という声が保護者の側からもあがってくる。学校は，単なる個人学習の集合体ではなく，児童・生徒が集団のなかで多様な考えに触れ，互いに認め，協力し合い，切磋琢磨することを通じて，一人ひとりの資質・能力を伸ばしていくことが重視される場である。だからこそ，小・中学校では一定の集団規模が確保されることが望まれている。なお，法令上，「学校規模」の標準は，学級数によって設定されており，小・中学校ともに12学級以上18学級以下が標準とされているのだが（学校教育法施行規則），地域の実態その他により特別の事情のあるときはこの限りではないとされる。この標準内に入っている学校は，小・中学校とも3割ほどでしかない。

　小学3年生が全部で38人の学校の場合，「40人学級」を上限とする制度のもとでは38人で1クラス（つまり3年生は1クラスのみ）となるわけだが，「35人学級」を上限とする制度のもとでは19人と19人の2クラス編制となる。19人学級の方がよさそうだが，38人を1クラスとしてそこに2人の教員を配置し，ティーム・ティーチングなどによる指導体制の充実をはかるという方法もある。児童・生徒数を少なくして教師1人が指導するのがよいのか，それとも児童・生徒数はそのままで教師2人体制にするのがよいのか。クラスをどう分け，教員をどう配置するかはなかなかに難問なのである。

身分は市町村にありながらも，市町村立学校職員給与負担法によって県費でその給与をまかなわれている教職員（県費負担教職員）については，義務教育費国庫負担法により，その給与の3分の1は国庫から支出される。その際，県費負担教職員の都道府県ごとの総数は学級数を基準に算定される。40人という標準を事実上の上限としているのは，地域間で学級規模や学級数，教職員の給与水準に格差を生じさせないための配慮によるものであり，平等性重視のあらわれである。しかし，そうしたなかで，ある程度の弾力的運用が認められるとともに，市によっては単独で補助教員を配置するということも行われているわけである。

2 「学級」概念の誕生

(1)「学級」以前

　我々に馴染みのある「学級」であるが，それはおよそ明治20年代から用いられるようになった言葉である。それ以前は，学級という概念は基本的には存在していなかった。

　明治前期の児童たちは年2回実施される試験によって「等級」，すなわち学力の序列階梯（下等八級から上等一級）を上がっていった。これは書道や武道の「級」のようなものである。学校には教室（教場）がひとつしかない，教師も一人しかいない，という小規模なものが多かったので，等級ごとに別々の教室を設けることは多くの学校で叶わなかったし，またその必要もなかった。そこで行われていたのは，さまざまな等級の者が混在する教室で教え，そして学ぶという「合級教授」であった。

　等級というのは今でいえば学年に相当するものだが，さまざまな学年の者が混在するなかで教える，という状況を想像してみてほしい。たとえば書道塾なら，基本的には，やる気のある者だけが集まり，お手本を参考に自ら進んで字を書いていく。いやな者はやめていくだろう。しかし，義務化した学校，しかも児童の急増期の学校には，それまで学校に通わなかった層の子どもたちが入学してくる。明治20年代から30年代は，大日本帝国憲法や教育勅語の公布，小

学校令・中学校令の改正などによって国家統治が進み，初等教育制度も整っていく時代である。加えて，国民国家の形成期にあたるこの時期の学校においては，児童の集団は，学力をつけるための単なる集まりではなく，疑似家族的な関係のなかで精神的訓練や心理的結びつきを育成していく「擬制的共同体」としての役割を担っていった。今の学級につながるエモーショナルなコミュニティ（感情面での結びつきを基盤とする仲間集団）は，この頃から形成されるようになったのである。

明治5年の学制により近代の学校として設けられた「小学校」は，江戸時代までの寺子屋とは制度上はまったく別ものではあったが，実際には，庄屋の広間などを利用し，一人の教師が子どもたちに指導することはめずらしくはなかった。寺子屋に「学年」はなく，子どもはめいめいが師匠から手ほどきをうけながら，手習いや算盤を学んだ。つまり個別学習，個別指導である。明治20年代の初めには5割程度であった小学校の就学率は明治39年には9割を超え，その翌年には義務教育年限（尋常小学校就業年限）は，4年から6年に延長されている。その頃までは，寺子屋的な前近代的スタイルの小学校がかなり存在していたのである。

（2）学級制の導入

1891年（明治24年），文部省はそれまでの等級制を廃止し，学年別の学級制を導入した。我が国で初めて出された「学級」に関する公式な規則は，同年の「学級編成等ニ関スル規則」である。それによると，学級は「一人ノ本科正教員ノ一教室ニ於テ同時ニ教授スベキ一団ノ児童ヲ指シタルモノ」と説明されている。その年には「小学校設備準則」も出されているが，そこには「全教室ハ一教員ノ同時ニ教授シ得ヘキ員数ノ生徒ヲ容ルルヨリ大ナルヘカラズ」とある。つまり一人の教師が同時に教えることのできる児童・生徒の一団が「学級」，それを教える場所が「教室」，そしてその教室は大きすぎてはいけないこととされたのである。このような説明が必要なほど，当時は「学級」という概念それ自体が新しかった。以後，大正初期にかけて学年別学級制が確立していくのであるが，その間のいわば過渡期には，児童の分団・区分をどうすればよいの

かがさかんに論じられている。

　児童を別々の教室に分けることなく、たとえ学年が違っても、一人の教師が教える場合、それを「単級学級」と呼んだ。すべての児童が学校に通うようになり学校建築もそれに見合うかたちで複数の教室をかかえた大規模なものになっていくと単級学級は姿を消していったが、それまでの間は過渡期であるがゆえに児童の配置、配列についてさまざまなことが試みられた。たとえば、ある本（『複式兼用　単級の教授及訓練』明治34年）には、ひとつの教室内にさまざまな学年の児童がいる場合に、同学年の児童を縦に並べるのがよいか、それとも横に並べるのがよいか、また教室内に男女がいる場合、男子の縦列と女子の縦列に区別するのがよいか、それとも縦に男・女・男・女その隣を女・男・女・男というように互い違いにするのがよいのか、といったことが書かれている。授業を行う時も、同時同教科同程度、同時同教科異程度、同時異教科異程度などを意識的に試みてもいたようで、修身は学年が異なっていても同じものを教えることはできるので同時同教科同程度が可能だが、算術（算数）はレベルごとに別の内容を教えるのがよいので同時同教科異程度がふさわしい、とある。異学年混合の授業を、あるときは一斉に、またあるときは児童を区分して行っていたのである。

　以上は、たしかに遠い明治時代のことではある。しかし、我々はその「距離」を縮めることができる。「現代」の学級を見つめ直してみてほしい。おそらく、意図的に男女の席を互い違いに配置している学級がかなりあるはずである。また、「異学年交流」も盛んに行われているであろう。それらの原初的な形態が、明治時代にはすでに存在していたわけである。

　それだけではない。教師が足りないとなると、「助手」に教師の手助けをさせるという発想も生まれてくる。教室内の「組」ごとに、学力に優れ品行方正な児童から助手を選び、授業中、適宜、その者に他の児童を教えさせた。これを児童助手と呼んだが、これなどはモニトリアル・システムとして知られるベル・ランカスター法にも似た手法である。

第4章　学級と教育内容・方法に関する制度

図 4-1　ランカスター・システム

（出典）　次の書籍より複写。Ellwood P. Cubberley, *The History of Education: Educational Practice and Progress Considered as a Phase of the Development and Spread of Western Civilization,* Houghton Mifflin, Boston, 1902, p. 626, Figure 186 The Lancasterian Model School in Borough Road, Southwark, London.

（3）助手による監視と「児童の自働」

　ベル・ランカスター法とは、ともにイギリス人であるベル（Andrew Bell）とランカスター（Joseph Lancaster）が19世紀前半に、一斉教授を導入、実施するために考案したものである。インドのマドラスに滞在し英国人兵士の孤児たちを教育する任務にあたっていたベルは、ヒンズー教徒の教育手法から一斉教授を思いつき、本国イギリスに帰国後もそれを実践したのであった。

　ただし、ここでいう一斉教授とは、いずれも大部屋において生徒を分団（グループ）化し、優秀な生徒を用いて他の生徒を教え、同時に監督・監視させるものであり、その意味では今日一般的にイメージされる一斉授業とは異なるものである。たとえばコメニウスは、1人の教師が100人程度の生徒を教えることは可能であるとし、100人を10のグループに分け、各グループに監督役の生徒を置き、その上にさらに上位の監督生徒を置くことを提案した。

　ランカスターのものも基本的にはこれと同じで、何百人という生徒が広い部屋に入っていても、その生徒を10人程度のグループに分け、各グループに学力の秀でた生徒を1人モニター（助教、監視役）としてつける。広い教室のなか

71

で教師はモニターを集め，まずモニターたちに教え，次にそのモニターは自分の担当するグループに戻り，グループ内の生徒に教えるというものである。ベル・ランカスター法は，モニトリアル・システム，助教法，あるいは生徒による相互学習法などとも呼ばれ，大量の学習者を1人の教師でも教えることができる経済効率性に富んだシステムであった。

　話を日本の明治時代に戻す。実は，我が国で「助手」になったのは児童だけではなかった。教員のなかにも助手になった者がいたのである。1879（明治12）年，小学校に「裁縫科」という授業が設けられ，単級学校には女子の裁縫科を教授する女性教員が配置された。その女性教員を裁縫の時間以外に助手として活用すれば，その効果は児童助手よりもはるかに優れるというわけである。これは一部にみられた事例ではあるが，ティーム・ティーチングの先駆けとみることもできるものである。

　もうひとつ注目すべきことがある。「児童の自働」という考え方が生まれ，それによって単級学級が正当化された点である。単級学級では，教師が与え過ぎないことによって，子どもたちが自ら進んで学ぶ，あるいは他の者を助けるといったことが期待できると考えられた。教師が一部の児童の指導に当たっている間，それ以外の児童は自分で学んでおいてもらわなければならないのであるから，それも当然であろう。「児童を自働せしむべし」というわけである。

　今，我々は後述するように「アクティブ・ラーニング」の時代にいる。教師や学校は，より主体的かつ協働的な学びを作り出していかねばならないが，それは児童・生徒が自らをアクティベート（主体化）するものでなければならない。「児童の自働」には，単級学級を正当化するための，やや強引な面もありはするのだが，しかし考えさせられるところはある。子どもたちに必要以上に支援を与えれば，かえって依存心は増し，自学自習は妨げられる。パッシブなアクティブ・ラーニング（つまり，児童・生徒・学生が受け身的で，やらされているだけの，形だけを追ったアクティブ・ラーニング）に堕してしまわないよう注意する必要がある。与え過ぎや過干渉は「自働」を妨げかねないことには自覚的であるべきだろう。

3 教育課程と学級経営

(1) 学校教育の性格と学習指導要領の変遷

　学校は意図的，組織的，計画的に教育活動を行う場である。教育には，無意図的なもの，非計画的なものもありはするが，学校教育はそれらとは基本的性格を異にしている。学校における教育活動は，各学校が編成する教育課程に基づいて実行される定型性（フォーマリティ）の高いものである。

　学校は，学校教育の目的や目標を達成するために，関係法令に従い，各教科，道徳，特別活動について，それぞれの目標を達成するよう学校の教育計画を立てる。これが教育課程であり，教育内容を子どもたちの心身の発達に応じ授業時間との関連において総合的に組織化してある。

　教育課程に関する法令にはさまざまなものがあり，それらをしっかりと理解しておく必要がある。教育を受けることが国民の権利であることを規定した日本国憲法第26条1項，教育の目的は人格の完成にあるとした教育基本法第1条，さらには教育の目標を定めた教育基本法第2条，義務教育の目的を定めた同法5条2項。義務教育の目標，小・中・高等学校など学校種ごとの教育目的は，学校教育法に規定されている。

　全国どの地域で教育を受けても一定水準の教育が受けられるようにするため，文部科学省は学校教育法などに基づいて教育課程を編成する際の基準を定めている。その基準が学習指導要領である。学習指導要領は，戦後すぐの昭和22(1947)年に「試案」というかたちで作られ，昭和33(1958)年からは文部大臣の告示となり，これまでほぼ10年毎に改訂がなされてきた。過去の改訂における主なねらいと特徴は次のとおりである。

〔昭和33〜35年改訂〕

　教育課程の基準としての性格の明確化（道徳の時間の新設，各教科・道徳・特別教育活動・学校行事による教育課程の編成，系統的な学習の重視，基礎学力の充実，科学技術教育の進行など）

〔昭和43～45年改訂〕
　教育内容の一層の向上（「教育内容の現代化」，各教科・道徳・特別活動による教育課程の編成，算数における集合の導入など時代の進展に対応した教育内容など））

〔昭和52～53年改訂〕
　小・中・高の教育内容の一貫性や内容を精選し，ゆとりのある充実した学校生活の実現＝学習負担の適正化

〔平成元年改訂〕
　社会の変化に自ら対応できる心豊かな人間の育成（生活科の新設，道徳教育の充実など）

〔平成10～11年改訂〕
　ゆとりのなかで基礎・基本を確実に身に付けさせ，自ら学び自ら考える力などの「生きる力」の育成（教育内容の厳選，「総合的な学習の時間」の新設など）

〔平成20～21年改訂〕
　変化の激しい社会を生きるために，確かな学力，豊かな心，健やかな体の知・徳・体をバランスよく育てる「生きる力」のいっそうの育成（外国語活動の充実，体験活動の充実，学校・家庭・地域の連携・協力の促進など）

　以上のことからもわかるように，学習指導要領は時代状況や社会的ニーズなどを反映して作成される。現在，中央教育審議会が次期学習指導要領の改訂に関わる審議を行っており，まもなく答申が出される。2016年度（平成28年度）には告示され，全面実施は東京オリンピックが開催される2020年とされている。

（2）道徳の教科化

　上記のように，これまでおよそ10年ごとに改訂されてきた学習指導要領であるが，今後は中間改訂という新たな動きが加わり，部分的な改訂が増える見通しである。すでに次期学習指導要領に先行するかたちで道徳教育の位置づけと扱いが変わったので紹介しよう。

これまでは，小学校，中学校，中等教育学校の前期課程に教科外活動（領域）として道徳の時間の授業があったが，2015年（平成27年）3月の学習指導要領の一部改正により，それまで教科外活動であった小学校・中学校の「道徳」は，「特別の教科　道徳」として，教科に格上げされた。小学校では2015年度〜2017年度の移行措置を経て2018年度から，また中学校では2015年度〜2018年度の移行措置を経て2019年度から完全実施される。

　なお，道徳の評価に関しては数値などによる評価は行わない点に変わりはないが，学習状況や道徳性に係る成長の様子を継続的に把握し，指導に生かすよう努める必要があることが示された。教師は，それぞれの時間における指導のねらいとの関わりにおいて，生徒の学習状況や道徳性に関する成長の様子をさまざまな方法で捉え，それによって自らの指導を評価するとともに，指導方法などの改善に努める必要がある。道徳科における評価においても，生徒自身による自己評価を生かして人間としてよりよく生きようとする努力を支援するとともに，生徒の道徳的なよさや道徳的成長に対する共感的な理解に基づいて指導計画や指導方法を評価し，その結果を指導の改善に生かしていくことが求められている。

　「特別の教科」とされた道徳であるが，その点についても説明しておこう。通常，「教科」は，中学校以上ではその教科の免許をもった教員が指導する，国の検定を受けた教科書（もしくは文部科学省が著作の名義を有する教科書）を使用する，5段階など数値も使って評価することとされているが，従来の道徳ではいずれも当てはまらなかった。新たに「特別の教科」となった道徳では，専門の免許は設けず，原則，学級担任が指導にあたる，検定教科書を作る，しかし評価は従来通り数値では行わないこととされている。

　道徳の教科化は過去にも議論されたことはあったが，いじめを苦に自殺した中学生の事件等が社会に衝撃を与えたこともあって，2013年，いじめ問題などへの対応策をまとめた政府の教育再生実行会議の提言で打ち出され，2014年10月に文部科学大臣の諮問機関である中央教育審議会が道徳を特別の教科とすることを答申したことを受けて実現した。こうした経緯から，文部科学省は，道徳で教える内容にいじめ防止を盛り込み，問題解決や体験的な学習なども取り

入れた「考え，議論する」道徳教育を目指している。特定の価値観を押し付けたり，主体性をもたず言われるままに行動するよう指導したりすることは，道徳教育が目指す方向の対極にあるとされ，「善悪の判断，自律，自由と責任」「向上心，個性の伸長」「思いやり，感謝」「友情，信頼」「公正，公平，社会正義」「生命の尊さ」といったキーワードをもとに，グループで話し合ったり，書く活動で考えを深めたりしながら内容を学ぶ。さらに，どの教科書にも「生命の尊厳，社会参画（中学校），自然，伝統と文化，先人の伝記，スポーツ，情報化への対応等の現代的な課題など」の題材が取り上げられる予定である。

（3）アクティブ・ラーニングの導入

　教科化された道徳もそうであるが，2020年のオリンピック・イヤーに完全実施が予定されている次期学習指導要領は，「何を知っているか」から，「知っていることを使ってどのように社会・世界と関わり，よりよい人生を送るか」へと，その資質・能力を引き上げることを目指すものになる。つまり，「知識・技能」はもとより「思考力・判断力・表現力」を育み，「主体的に学習に取り組む態度」をバランスよく育成しようというわけである。「活用力」が重視されてきているのも頷けるだろう。そこで採り入れられようとしているのが，課題の発見・解決に向けて主体的・協働的に学ぶ「アクティブ・ラーニング」である。

　もともとアクティブ・ラーニングは大学の授業についていわれるようになってきた学習形態である。我が国の大学教育は，1単位あたり45時間の「学修」を必要とする内容をもって構成することが標準とされている。大学の授業は，その多くが2単位時間連続（つまり90分間）で成り立っており，これを1コマと称してもいる。大学生諸君は当然知っているだろうが，大学における「学修」とは，授業時間内の学びだけでなく，予習や復習などを合わせたものである。簡単にいえば，講義の時間の2倍程度は自主的学習をする必要があるわけである。

　「アクティブ・ラーニング」とは，中央教育審議会の用語集（『新たな未来を築くための大学教育の質的転換に向けて』2012）によれば，教員による一方向的な

講義形式の教育とは異なり，学習者の能動的な学習への参加を取り入れた教授・学習法の総称である。学習者が能動的に学ぶことによって，認知的，倫理的，社会的能力，教養，知識，経験を含めた汎用的能力の育成を図る。発見学習，問題解決学習，体験学習，調査学習等が含まれるが，教室内でのグループ・ディスカッション，ディベート，グループ・ワーク等も有効なアクティブ・ラーニングの方法であるとされる。

　大学は，「授業に出席しなくても単位が取れる」とか，「勉強しなくても卒業できる」といった指摘がなされることがあった。しかし，人材養成の役割を担うことから，そうした指摘を受けることがないよう，学生に対して教育目標を明示し，その目標に向けた計画的な学修を可能とする環境を提供した上で，適切な成績評価・卒業認定を行うことにより，学生の卒業時における質の確保を図ることが，大学の社会的責務として求められている。すなわち学生の質保証，成績評価の厳格化による「学士力」の向上である。

　こうした単位制度のもとでは，大学は，単に大学の教室で授業を受けるだけでなく，教室外での自主的な学習を促し，それぞれの授業で単位数に応じた授業時間を適切に確保することが求められる。そのために，学生に対してシラバス等により授業スケジュールや毎回の講義内容を明示し，講義の前提として読んでおくべき文献を指示するなどして，学生の自主的学習を促しているわけである。ビデオ教材を作成し，事前にそれを視聴してきた上で授業を受けてもらう「反転授業」なども同様の動きとして捉えられる。

　教員から支援を得ながらも，あくまで学習者自身が問題や課題を発見し，解決に必要な手段や方法を検討したうえで，学習の成果を発表する。このプロセスを通じて論理的な思考力や課題設定力・問題解決力を獲得していくのがアクティブ・ラーニングである。大学で先行的に採り入れられたそのアクティブ・ラーニングを，今度は初等・中等教育段階にも導入しようとしているのである。

（4）学級を経営する

　経営とは，目標を達成するために方針を定め組織を整えて，継続的，計画的な意思決定を行い，事業を遂行することをいう。学級担任になったあなたは，

おそらく自分のクラスの子どもたちのことを考えて、一人一人のことを見つめながら学級経営をしようとするだろう。そのこと自体は間違いではないが、自分の学級のことだけを考えるということではいけない。

学級を経営する際に重要になるのが、教育関係法令、学習指導要領、市町村等の教育行政の方針、学校教育目標、目指す学校像・子ども像、学年経営目標などである。これらに基づいた学級経営目標を設定し、学級を育てるというマネジメントの視点がない者は学級担任になるべきではない。たしかに教育活動の多くは学級を単位として行われるし、児童・生徒が安心できる場所でなければならないが、学級は学校という組織の一部として機能しているものである。各学校は、学校教育目標を設定しており、さらにそれに基づき各学年単位で、学年としての経営目標が設定されている。学級担任はそれらを十分に踏まえたうえで、目指す学級イメージを描き、自分の学級経営案を立てなければならない。自分の学級を全体のなかに位置づけるわけである。

学級担任は、目指す学校像・子ども像を実現するために、自分の学級にふさわしい約束やルールを児童・生徒とともに設定し、子どもとの信頼関係、子ども同士の信頼関係を構築することを基盤として集団づくりを進め、そのプロセスを通して学習意欲や社会性を育むことを意識するであろう。担任としての考えや願いが学級経営に反映されることはよいことだが、それが自己中心的であるなら、学校や学年の目標やねらいからは達成できない。全体を見ながら自分のクラスを見つめる、学校・学年の教育目標との関連性を十分に意識しながら学級のマネジメントを行う。全体を鳥瞰したうえで自分の学級にフォーカスをあてる。ハーモニーを意識しつつ、自分なりのカラーを出す。そのようなイメージで捉えるとよいだろう。

(5)「チーム学校」

ここ数年、それまで教員が何でもこなしてきた学校組織を、専門家集団による「チーム学校」に変えていこうという方向性が示されるようになってきた。諸外国には、学校で働く教員以外の専門スタッフがかなりいるが、我が国の場合はそれが少ないことが指摘されている。たとえば、生徒指導担当の教員と教

科指導担当の教員を明確に分ける，プリントなどの印刷を教員ではない事務スタッフに担当させるなどしている。つまり「分業制」を敷いているのである。日本の場合は，逆に，教師がさまざまな職務に従事する体制が取られている。教科指導，学級担任としての仕事，部活動の顧問，学校運営・学年運営に関わる数々の職務，不登校児童の家庭訪問，保護者や地域対応まで，際限がない。

　実は，これは日本の学校が引き受けてきた「守備範囲」の広さとも大きく関係している。我が国の学校は，登下校，給食，掃除，夏休みの過ごし方など，あらゆるものを教育の機会と捉えてきた。そして，それはたしかによい効果も生んできた。しかし，これらを教育の対象外としている国は多い。登下校における児童・生徒の管理は保護者の責任，昼食は（食べ物を投げるなどはいけないが）スクールランチでも持参の弁当でも何をどのように食べるのも自由，日曜日に生徒が万引きをしても学校は一切関知しないといった具合である。

　もっとも「チーム学校」は，学校がこれまで担ってきた機能を縮小しようとするものではなく，教員を中心に，多様な専門性をもつスタッフを学校に配置し，学校の教育力や組織力を向上させようとするものである。校長のリーダーシップの下で，教職員やさまざまな専門スタッフがチームとして適切に役割分担を担うことで，教員に授業や生徒指導，学級経営など，子どもへのより直接的な指導に専念してもらうことが企図されてもいる。

　現在，教員が担っている仕事には，教員でなければできない業務もあるが，そうでないものもある。たとえば，事務業務，学校図書館業務，学校ICT化に関する業務，子どもの心理的サポートや家庭環境の福祉的なケア，放課後や土曜日などの学習補助業務などである。今後，教員以外の専門スタッフがより拡充していくと思われる。今は非常勤による巡回型が多いスクールカウンセラーやスクールソーシャルワーカー（SSW）が将来的には学校に常置される，「部活動支援員」（仮称）が新設され部活動の指導や引率を顧問教諭の同行なしに一人で行う，といったことが起こり得るだろう。コミュニティ・スクールの拡充も，このような「チーム学校」の動きと連動したものであるとみることもできる。「世界一忙しい」と言われる日本の教員に「子どもに向き合う時間」を増やしつつ，学校全体としての教育力が向上していくことが期待されている。

4 学級と教育内容・方法に関する制度の今日的課題

(1) アクティブであることを強いられる時代

「何を知っているか」が重視された時代，我々は学校で簡単な読み・書き・計算から始めて，英語，数学，物理など段階を踏んでより高度な内容を学んできた。「答え」を知っている教師が「発問」をし，児童・生徒はそれに応じてきた。時には「答え」を知らない振りをしながら，つまりは演じながら授業は展開してきたのではないだろうか。試験も，主として学んだことを答案用紙の上で再現する作業として実施されてきた。簡単な読み・書き・計算を「スリー・アールズ」(3R's)，また読み書き能力のことを「リテラシー」というが，21世紀に入り先進諸国が共通にみせている動向は，リテラシーからコンピテンシー重視への発展的変容である。

「コンピテンシー」とは，OECDのDeSeCoプロジェクトの定義によれば，特定の状況の中で技能や態度を含む心理的な資源を引き出し，それらを動員して，より複雑な状況に応じられる能力のことをいう。簡単にいえば，答えがないような状況にあっても，さまざまな知識や技能を活用しつつ，その局面を乗り越えられるだけの力のことである。つまり，「何ができるか」である。

考えてみると，答えを知っている人が知らない振りをして質問（発問）するという状況は，学校以外の社会ではあまりない。むしろ，「我が社の製品の売れ行きがよくない。その原因を探ってみてくれ」と，答えがわからないことを調べるよう求めることの方が多いだろう。もちろん「何を知っているか」から「何ができるか」への変化は，知識を獲得しなくてもよいということを意味するものではない。

グローバル化が進展し，高度に情報化が進んだ社会では「知識」が重要な価値をもつとされている。そのような社会は「知識基盤社会」(knowledge-based society)と呼ばれる。ただし，ここでいう知識は，単に知っていればよいという知識ではなく，課題や難局に挑み，打ち勝っていくために活用されてこそ意味のある知識，つまり「使うための知識」である。しかも，その「使う」場面

は，個人的な趣味の世界などではなく，グローバルな場面が意識されている。世界はフラット（平ら）になり，人，モノ，情報，サービスなどは国境を越えて流入してくる。「コンピテンシー」という用語が用いられるようになった背景には，世界的競争環境のなかで，答えがない課題に向き合い，自分自身が適切に問いを立て，さまざまな資源（リソース）を使って異質な集団，初めて会った人たちとも協力し合いながら解決をはかっていくことが重要になってきたからである。コンピテンシーとは，コンピート（競争）できる力という意味を含んだ言葉であることを忘れてはならない。

　こうしたコンテクスト（文脈）でアクティブ・ラーニングが今，小・中・高等学校に入ろうとしているのであるが，答えがあって，それを教えることに慣れてきた学校と教師にとって，答えがないものにも取り組むように子どもたちを方向づける，教師自身にもわからないことについて問いを立てさせるといったことは，かなり大きなチャレンジになっていくだろう。

　一方の子どもたちも，アクティブであることを強いられるようになるはずである。知識や情報，技術などを効果的に用いながら，何かを疑問に思い，適切に問いを立て，調べたり分析したりしながら，中・長期的な計画のなかで課題に取り組んでいくことが，今まで以上に求められるようになる。プロジェクト型学習（project-based learning: PBL）などが勢いを増してきているのも，同じ理由からであるが，教えられていないことを学ぶことがはたして万人に可能なのか，本当にすべての子どもがアクティブになれるのか，そして，そのことはそもそも望ましいことなのか。疑問がないわけでもない。読者のみなさんは，どう考えるだろうか。

（2）問われる「学級」の固定的性格

　我が国の学級は，固定的な性格を帯びている。クラス替えはあるが，それは1年に1度のことであり，以後は基本的にずっと同じメンバーで学ぶ。実は，「コンピテンシー」を構成する重要な要素には，アクティブであること，知識・技能・情報等を有効に活用できることの他にもうひとつある。何だと思うだろうか。

それは，異質な集団で交流できること，である。初めて会った人ときちんとあいさつができ，すぐさま良好な関係を作ることができる。互いを尊重し合いながら堂々と自らの意見を述べ，足りない点を補いつつ他者と協働できる。さまざまな背景をもった人たちが集まっているなかで，争いを処理し解決することができる。このような力が重要であるとされている。

　では，学級，そして学級を基本の単位とした学校での学びを見つめ直してみよう。1年間同じ集団で生活をしていくので，異質な集団との交流の機会は限られている。知らない人とすぐさま良好な関係を築き，物怖じせずに話したり，意見を述べ合ったりすることに慣れるチャンスはほとんどない。クラス替えが行われた当初は，たしかに「異質な集団」かもしれないが，それ以後は，そこを同質的な集団，お互いのことをよく知っている集団，関わり合いのある集団，まとまりのある集団へと変えていくことが1年をかけて行われる。先に述べた，まさにエモーショナルなコミュニティ（感情面での結びつきを基盤とする仲間集団）である。もちろん，そのことにも意味はあるだろう。しかし，学校教育のこのようなシステムが，初めて会ったよく知らない人と即座に良好な関係を作るのが苦手で自分の意見をなかなかいえないという状況を生み出しているとしたら，学校には構造的な問題があることになる。

　同質的で固定的な学級は，たしかに安心，安住，帰属の場にもなるが，反面，不安，孤独，不承認の場にもなりやすい。実は，戦後，日本の高等学校には，生徒移動型のシステムがアメリカから伝えられた。大学に似たかたちの，生徒が授業ごとに各教室を移動するものであり，選択式の授業を基本とし，生徒集団もそれぞれ異なるというものであった。それでは，アット・ホームな場所がないというので，特定の時間に意図的に設けられたのが，これもアメリカから伝わったホームルームである。しかし，移動型は日本では定着せず，「学級」で授業が行われ，ガイダンスなどを行う時間帯をホームルームという場所の名称で呼ぶようになった。やはり日本は移動型ではなく定住型だったのである。

　今，アメリカなどではさかんにハイブリッド・ラーニングが導入されつつある。ハイブリッドとは異種混合のことで，たとえば，ある生徒は国語や数学は通常の学級で学ぶが，社会科はPBLとして個別学習を行い必要に応じて教師

の指導を受けるというような学習形態である。あるいはまた,「ホームスクール」をやっている生徒は,国語や算数は家庭で勉強し,詳しく知りたい点はネットを通じて学校の教師に質問する。そして体育と音楽は学校に来て他の生徒と一緒に学ぶというかたちのものもある。学級や学校,学習スタイルが,従来の固定的なものではなくなってきているのである。

　我が国では今のところ固定的な学級を弾力的にしていくという行政施策は出ていないし,その発想もみられない。しかし,将来的にはハイブリッド・ラーニングが日本の学校に到来する可能性はある。その時,今の「学級」は,その意味やかたちを大きく変えることになるだろう。

参考文献
岡本徹・佐々木司編（2009）『新しい時代の教育制度と経営』ミネルヴァ書房。
黒田定治・大元茂一郎（1901）『複式兼用　単級の教授及訓練』目黒書店,（国立国会図書館近代デジタルライブラリー）。
松尾知明（2015）『21世紀型スキルとは何か――コンピテンシーに基づく教育改革の国際比較』明石書店。
溝上慎一（2014）『アクティブラーニングと教授学習パラダイムの転換』東信堂。

（佐々木司）

第5章

教師の力量形成のための制度

　かつて19世紀の国民教育制度の推進リーダーは,「教育は教師次第」(As is the teacher, so is the school!) のスローガンを掲げて教員養成の必要を力説した。この言葉の重要性は今なお変わることはない。学校教育の成否は教職員にかかっている。教師は,専門職として,力量形成をしながら,学習指導や生徒指導など日々の教育実践を充実化することが必要とされている。一方で,教師は,学校内のさまざまな教職員と連携しながら,いじめ,不登校など学校教育を巡るさまざまな課題への対応に取り組むことも求められているのである。

　本章では教師の力量形成のための諸制度について学ぶ。前述の力量形成の努力は,もちろん教師個々人によってもなされている。一方で,教師には,教師として働く前,すなわち教育職員免許状を取得する段階から始まり,教員として採用された後に至るまで,専門職として成長するためのさまざまな制度が整備されている。本章では,これら制度の全体像を把握するよう読み進めてほしい。

1　学校を支えているさまざまな教職員

　学校には,どのような教職員がいるだろうか？　学校には一定の資格を有する「校長及び相当数の教員を置かなければならない」ことになっている(学校教育法第7条)。各学校におかれる教職員の種類は,校種別に,学校教育法第27条(幼稚園),第37条(小学校,中学校は第49条及び義務教育学校は第49条の八の準用規定),第60条(高等学校),第69条(中等教育学校),などで定められている。

　小学校を例に挙げると,学校教育法第37条は,「校長,教頭,教諭,養護教

諭及び事務職員」(同条1項)の配置を義務づけ,「副校長,主幹教諭,指導教諭,栄養教諭その他必要な職員を置くことができる」(同条2項)と規定している。その他必要な職員には,助教諭,養護助教諭,講師,学校用務員,給食調理員,警備員などが挙げられる。以下,各職種について説明する。

(1) 校長・副校長・教頭の職務

「校長」は「校務をつかさどり,所属職員を監督する」(同条4項)と規定されている。すなわち,校長には,学校の管理職として,「校務掌理権」と「服務監督権」が賦与されている。ここで「校務」とは,教育課程編成や教職員の配置,児童・生徒の入学や卒業の認定,学校施設設備の修繕,管理など,学校運営上必要ないっさいの仕事であり,校長は,その「校務」について最終的な権限と責任を負っているのである。さらに校長は,教職員の「服務監督者」として,学校に勤務するすべての教職員に対して職務上および身分上の監督権を有している。

「副校長」は,「校長を助け,命を受けて校務をつかさどる」(同条5項)と規定され,校長の補佐権が与えられるとともに,校長から命を受けた範囲内で,校務の一部を自らの権限で処理することが認められている。また,「校長に事故があるときはその職務を代理し,校長が欠けたときはその職務を行う」(同条6項)として,校長の代理・代行の役割が規定されている。

「教頭」は,「校長(副校長を置く小学校にあつては,校長及び副校長)を助け,校務を整理し,及び必要に応じ児童の教育をつかさどる」(同条7項)として,職務として,①校長や副校長の補佐,②校務の整理,③児童・生徒の教育が挙げられている。さらに,「校長(副校長を置く小学校にあつては,校長及び副校長)に事故があるときは校長の職務を代理し,校長(副校長を置く小学校にあつては,校長及び副校長)が欠けたときは校長の職務を行う」(同条8項)とされている。

副校長と教頭の職務の関係については,副校長は,校長と教頭の間に置かれ,教頭の上司と位置づけられている。職務上も,副校長が「命を受けて校務をつかさどる」とあり,校務が円滑に進むようにするなど「校務を整理する」教頭

と比べても大きな権限を有しているといえる。副校長は設置が任意なのに対し，教頭は原則必置である。なお，副校長が置かれる場合には，教頭は置かないことができる。

（2）主幹教諭・指導教諭の職務

「主幹教諭」は，「校長（副校長を置く小学校にあつては，校長及び副校長）及び教頭を助け，命を受けて校務の一部を整理し，並びに児童の教育をつかさどる」（同条9項）とされ，校長の命を受けて，学校の管理運営や教務，保健，生徒指導や進路指導など担当する校務について一定の責任をもって取りまとめ，整理し，他の教諭等に対して指示することとなっている。

「指導教諭」は，「児童の教育をつかさどり，並びに教諭その他の職員に対して，教育指導の改善及び充実のために必要な指導及び助言を行う」（同条10項）とされ，児童・生徒の教育のほか，教諭・職員への指導や助言も行う。

副校長，主幹教諭及び指導教諭は，2007（平成19）年6月の学校教育法改正で創設された。校長を補佐し校務の一部を処理できる副校長をはじめとして，校長及び教頭を補佐して校務を整理するなどの一定の権限を持った主幹教諭が設置されることにより，校長を中心とした学校経営の充実が期待されている。

（3）教諭・養護教諭・栄養教諭等の職務

「教諭」は，「児童の教育をつかさどる」（同条11項）とされている。教諭は，授業を通して，児童・生徒に，学力の重要な要素である基礎的・基本的な知識・技能，そしてそれらを活用して課題を解決するために必要な思考力・判断力・表現力等を身に付けさせる他，生徒指導や進路指導も行う。また，学級担任として，朝の会や学級（ホームルーム）活動などを利用して，学級全体をまとめることも必要である。さらに，部活動の顧問としてその指導等を行うこともある。また，児童・生徒には見えないところで，職員会議への出席，分掌業務を担当するなどの学校運営への参加が求められる。

この他，「児童の養護をつかさどる」（同条12項）「養護教諭」は，児童・生徒の学校生活における疾病の予防や対応，健康診断等を通じて健康の保持増進を

職務とし，近年は，「いじめ」や「不登校」など心の問題への対応の面でも注目されている。また，「栄養教諭」は，「児童の栄養の指導及び管理をつかさどる」（同条13項）とされている。

　学校の専任の教職員ではないが，スクールカウンセラーとスクールソーシャルワーカーも配置されている。スクールカウンセラーは，いじめや不登校など，児童生徒の指導上困難な問題に対応するために，1995（平成7）年から学校に配置されているカウンセリングを担当する職員である。さらに，2008（平成20）年から，スクールソーシャルワーカーが，いじめ，不登校，暴力行為，児童虐待など生徒指導上の課題に対応するため，教育分野に関する知識に加えて，社会福祉等の専門的な知識・技術を用いて，児童・生徒の置かれたさまざまな環境に働き掛けて支援を行う職員として配置されている。

（4）教諭等による充当職

　学校の教職員組織には，管理職としての校長，副校長，教頭に加え，管理職を助ける立場から，教務や生徒指導などの担当事項に関する連絡調整および教職員に対する指導・助言を任務とする「主任」や「主事」が置かれる。これらの職は「教諭」などのように独立した職ではなく，学校の校務分掌組織のなかで，指導教諭または教諭等をもって充てる「充当職」である。1975年の学校教育法施行規則の改正で制定されて以降，学校内のミドルリーダー的位置づけがなされてきた。以下，主な「主任」や「主事」を紹介していく。

　「教務主任」は，校長の監督を受け，時間割の総合的調整，教科書・教材の取扱い等「教育計画の立案その他の教務に関する事項について連絡調整及び指導，助言に当たる。」（同施行規則第44条4項）

　「学年主任」は，校長の監督を受け，学年の経営方針の設定，学年行事の計画・実施等「当該学年の教育活動に関する事項について連絡調整及び指導，助言に当たる。」（同施行規則第44条5項）すなわち，当該学年の教育活動に関する事項について，当該学年の学級担任及び他の学年主任，教務主任，生徒指導主事等との連絡調整に当たるとともに，当該学年の学級担任に対する指導，助言に当たることになる。

「生徒指導主事」は，中学校，義務教育学校の後期課程，高等学校，中等教育学校に置かれ，校長の監督を受け，生徒指導計画の立案・実施，生徒指導に関する資料の整備，生徒指導に関する連絡・助言等「生徒指導に関する事項をつかさどり，当該事項について連絡調整及び指導，助言に当たる。」（同施行規則第70条4項）

　「進路指導主事」は，中学校，義務教育学校の後期課程，高等学校，中等教育学校に置かれ，校長の監督を受け，進路指導に関する学校の全体計画の立案，進路情報の収集，整理及び生徒の進路相談等「生徒の職業選択の指導その他の進路の指導に関する事項をつかさどり，当該事項について連絡調整緒及び指導，助言に当たる。」（同施行規則第71条第3項）

　「保健主事」は，指導教諭，教諭又は養護教諭によって充てられ，「校長の監督を受け，小学校における保健に関する事項の管理に当たる」（同施行規則第45条第4項）こととされている。1995（平成7）年の学校教育法施行規則の改正以降，保健主事は養護教諭をもって充てることができるようになった。

　なお，主任の担当する校務を整理する主幹教諭を置くときは，主任を置かないことができる。また，「主任」等ではないが，「学校図書館の専門的職務」をつかさどる司書教諭も，司書教諭の講習を修了した主幹教諭，指導教諭または教諭をもって充てられる充当職である（学校図書館法第5条）。

2　教育職員免許状制度と教員養成制度

　教員の専門性は，養成—採用—研修を通じて体系的に得られるべきとされている。教員になる者は，養成段階で専門性を身につけ，教育職員免許状を取得しなければならない。本節では，その仕組みについて概説する。

（1）教育職員免許状制度
　教員になるには，文部科学大臣による課程認定をうけた大学において教育職員免許状を取得することが必要である。我が国の教員養成は，「大学における養成」と「開放制」を基本理念としており，免許状を取得するのに必要な要件

を満たせば，教員養成大学・学部以外でも免許状が取得できるようになっている。

　教育職員免許状に関する基準を定め，教員の資質の保持と向上を図ることを目的として教育職員免許法が制定されている。「教育職員は，この法律により授与する各相当の免許を有する者でなければならない」（教育職員免許法第3条）と規定されている。教諭については，幼稚園，小学校，中学校，高等学校及び特別支援学校といった学校段階別の免許状が必要となる。養護教諭と栄養教諭として勤務する場合にもそれぞれ相当の免許状が求められる。なお，中等教育学校の教員には中学校教諭及び高等学校教諭の免許状が必要とされつつも，付則のなかで，中学校または高等学校教諭の免許状を有する者は，当分の間，「それぞれ中等教育学校の前期課程における教科又は後期課程における教科の教授又は実習を担任する主幹教諭，指導教諭，教諭又は講師となることができる」としている。さらに，義務教育学校の教員についても，小学校教諭及び中学校教諭の免許状が必要とされつつも，小学校又は中学校の教諭の免許状を有する者は，当分の間，「それぞれ義務教育学校の前期課程又は後期課程の主幹教諭，指導教諭，教諭又は講師となることができる」としている。

　教育職員免許状には，「普通免許状」「特別免許状」「臨時免許状」の3種類がある（同法第4条）。

　普通免許状は，教員の多くが所持する一般的な免許状であり，基礎資格に応じて，「専修免許状」（修士：大学院修了），「一種免許状」（学士：大学卒業），「二種免許状」（短期大学士：短大卒業）（幼・小・中・特のみ）に区分される。免許状は，所定の単位（同法第5条別表第一，第二，第二の二）を修得，または教育職員検定に合格した者に授与される。なお，「禁錮以上の刑に処された者」等，同法第5条に示された欠格事項に該当する場合には授与されない。普通免許状は，すべての都道府県で有効であり，有効期間は10年である。

　特別免許状は，優れた知識経験等を有する社会人等を教員として迎え入れることを意図して，教科に関する専門的な知識経験または技能，または，社会的信望があり，かつ，教員の職務を行うのに必要な熱意と識見を有している者で，教育職員検定に合格した者に授与される。免許状を授与した都道府県のみ有効

〈必修領域〉全ての受講者が受講する領域【6時間】	☆ 国の教育政策や世界の教育の動向（◆の内容から抽出して構成） ◎ 教員としての子ども観，教育観等についての省察 ◎ 子どもの発達に関する脳科学，心理学等における最新の知見（特別支援教育に関するものを含む。） ◎ 子どもの生活の変化を踏まえた課題	
〈選択必修領域〉受講者が所有する免許状の種類，勤務する学校の種類又は教育職員としての経験に応じ，選択して受講する領域【6時間】	◆ 学校を巡る近年の状況の変化 ◆ 学習指導要領の改訂の動向等 ◆ 法令改正及び国の審議会の状況等 ■ 様々な問題に対する組織的対応の必要性 ■ 学校における危機管理上の課題	現行の必修領域から位置付け変更
	○ 教育相談（いじめ・不登校への対応を含む。） ○ 進路指導及びキャリア教育 ○ 学校，家庭並びに地域の連携及び協働 ○ 道徳教育 ○ 英語教育 ○ 国際理解及び異文化理解教育 ○ 教育の情報化（情報通信技術を利用した指導及び情報教育（情報モラルを含む。）等）	現代的な教育課題として，選択必修領域に位置付け
〈選択領域〉受講者が任意に選択して受講する領域【18時間】	幼児，児童又は生徒に対する教科指導及び生徒指導上の課題 ※事項の定めなし。ただし，旧免許状所持者においては，その者の職（教諭，養護教諭又は栄養教諭の職）に応じた講習を受講する必要がある。また，新免許状所持者においては，その免許状の種類（教諭，養護教諭，又は栄養教諭免許状）に応じた講習を受講する必要があることは従前のとおり。	

図5-1　免許状更新講習の学習内容

であり，有効期間は10年である。

　臨時免許状は，普通免許状を有する者を採用することができない場合に限り，教育職員検定に合格した者に授与される。免許状を授与した都道府県のみ有効で，有効期間は3年である。

　普通免許状と特別免許状の有効期間は，更新講習を受講・修了することで更新することができる。更新の目的は，教員として必要な最新の知識技能を身に付けることである。免許状の有効期間満了までの2年間に，大学等で開設される30時間以上の免許状更新講習を受講・修了することが求められている。講習は，平成28年度以降，①必修領域（6時間）と②選択必修領域（6時間）③選択領域（18時間）で構成されることになった（学習内容については，図5-1を参照のこと）。受講対象者は，「教育職員」，「教員職に任命され，又は雇用されることになっている者」そして「教育委員会や学校法人などが作成した臨

時任用（または非常勤）教員リストに登載されている者」等となっている。

（2）教職大学院

　近年の教員養成改革のなかで注目されるのが，教職大学院の設置である。教職大学院は専門職大学院のひとつとして，「高度の専門的な能力及び優れた資質を有する教員の養成のための教育を行うことを目的」（専門職大学院設置基準第26条）として設置されている。修了要件は，大学院に2年以上在学し，45単位以上を修得することになっている。このなかには，高度の専門的な能力及び優れた資質を有する教員に係る実践的な能力を培うことを目的として小学校等その他の関係機関で行う実習に係る10単位を含むこととされている（専門職大学院設置基準第29条）。

　教職大学院には，教員の専門職性や実践性の向上を企図して，長期間の実習をはじめ，この他にも，実務家教員の割合を4割以上にするなど，理論と実践の融合が進められている。なお，教員として実務経験を有する者に対しては，10単位を超えない範囲で，実習で修得する単位を免除することができる。

（3）教育委員会による教師塾

　団塊世代の大量退職や若年教員の離職率の上昇に直面して，都道府県教育委員会には，実践的指導力のある教師を独自に養成する動きが広がっている。独立行政法人 教員研修センターの調べ（各教育委員会「教師塾等」の開催状況について）によると，2004（平成16）年の東京都を皮切りに，2014（平成26）年12月現在，22都道府県市が教師塾等を開催している。校種は小学校がすべての教師塾で開講されており，中学校と特別支援学校を開校しているところも多い。対象者は，教員を志望する学生や社会人としているところが多いが，茨城県のように，常勤講師や若手教員を含めているところもある。期間は，東京都のように1年間から北海道の5日間までさまざまであり，1週間から2週間のところが多い。東京都の「東京教師養成塾」は，平成26年度には，小学校と特別支援学校を対象として，特別教育実習40日以上，講義9回，ゼミナール18回，体験活動5日間で構成されている。東京都，横浜市，静岡市，京都府，大阪府，

大阪市，山口県では，教師塾の修了生を，教員採用試験における特別選考の対象としており，たとえば，東京教師養成塾を卒塾見込みの者は，選考試験は個人面接のみとなっている。

3 教員の任用（採用）・研修制度

教員になるには，教員採用選考試験に合格しなければならない。また採用後も，教員は研修を通じて専門性を高めていくことが求められる。ここでは，教員の採用や研修はどうように実施されるかについて学んでいく。

(1) 教員の任用（採用）制度

教員採用選考試験は，任命権者である都道府県・指定都市教育委員会が実施し，そこでは，教員として有すべき知識・技能を判断するための学力試験，および人物を判断するための面接試験などが課される。一般公務員が「競争試験」なのに対して，多様な方法による「選考試験」で特定の職に就く適格性を判別・確認する方法がとられている（教育公務員特例法第11条，地方教育行政の組織及び運営に関する法律第37条）。

また，採用された場合も，一般の地方公務員の場合，条件附き採用期間が6ヵ月（地方公務員法第22条1項）なのに対し，公立学校の教員は，初任者研修制度の導入にともない，特例として，条件附き採用期間が1年間となっている（教育公務員特例法第12条1項）。

(2) 教員の研修制度
① 教員に対する研修機会の保障

教師としての資質・能力・力量は，養成教育（教員養成）によって修得され，その後の現職教育（教員研修）においてさらなる職能成長が期待されている。教員研修は，一人ひとりの子どもの望ましい変容，つまり人間としての成長・発達を促すことを究極的なねらいとして現職の教師が行う資質・能力向上のための活動である。2012（平成24）年8月の中央教育審議会答申「教職生活の全

体を通じた教員の資質能力の総合的な向上方策について」においては，「教職生活全体を通じて学び続ける教員」像が示されている。

教育基本法は，私立学校を含む全ての学校の教員がその職責の遂行に努める上で，絶えず研究と修養，すなわち「研修」に励むよう求め（第9条1項），そのためにも「研修の充実」が図られなければならないとしている（同条2項）。

教員の研修の基本的事項は，教育公務員特例法に規定されている。同法第21条では，「教育公務員は，その職責を遂行するために，絶えず研究と修養に努めなければならない」として教育基本法を受けて研修の重要性を明記し，同条2項で，研修について，それに要する施設，研修を奨励するための方途その他研修に関する計画を樹立，実施に努めることは任命権者の義務であるとしている。さらに，第22条では，「教育公務員には，研修を受ける機会が与えられなければならない」として，教員に積極的に機会を保障しようとしている。そして同条2項で，「教員は，授業に支障のない限り，本属長の承認を受けて，勤務場所を離れて研修を行うことができる」として職務専念義務免除（職専免）研修を定め，さらに同条3項で「教育公務員は，任命権者の定めるところにより，現職のままで，長期にわたる研修を受けることができる」として，退職することなく現職のままで長期の研修を受けることを可能にしている。

長期にわたる研修として，教育公務員特例法は，第26条で大学院修学休業制度を定めている。すなわち，教員は，専修免許状の取得を目的として，「任命権者の許可を受けて，三年を超えない範囲内で年を単位として定める期間，大学の大学院の課程若しくは専攻科の課程又はこれらの課程に相当する外国の大学の課程に在学してその課程を履修するための休業をすることができる」としている。大学院修学休業をしている期間については，給与を支給しない（第27条2項）。

② 法定研修：初任者研修と10年経験者研修

教育公務員特例法は，法定研修として，初任者研修と十年経験者研修を定めている。

同法第23条は，「公立の小学校等の教諭等の任命権者は，当該教諭等（政令

で指定する者を除く。）に対して，その採用の日から一年間の教諭又は保育教諭の職務の遂行に必要な事項に関する実践的な研修」すなわち，「初任者研修」の実施を義務付けている。初任者の所属する学校の副校長，教頭，主幹教諭，指導教諭，教諭，講師などから，指導教員が命じられ，教諭又は保育教諭の職務の遂行に必要な事項について指導及び助言を行うものとされている。

　一方，同法第24条は，「公立の小学校等の教諭等の任命権者は，当該教諭等に対して，その在職期間（公立学校以外の小学校等の教諭等としての在職期間を含む。）が十年（特別の事情がある場合には，十年を標準として任命権者が定める年数）に達した後相当の期間内に，個々の能力，適性等に応じて，教諭等としての資質の向上を図るために必要な事項に関する研修」，すなわち十年経験者研修の実施を義務づけている。十年経験者研修は，一人ひとりのニーズに応じて，専門性の向上や得意分野の伸長をはかるなど，教員の実情に応じた研修であり，任命権者は「能力，適性等について評価を行い，その結果に基づき，当該者ごとに十年経験者研修に関する計画書を作成」することになっている。

　このように教育公務員特例法は，初任者研修や十年経験者研修を「教員の経験に応じて実施する体系的な研修の一環をなすものとして樹立」するよう求めている。都道府県や指定都市の教育委員会では，教員の「ライフステージ」に応じた研修として，たとえば，3年目，7年目，20年目などの経験年数による研修を実施している。

　なお，十年経験者研修については，2015（平成27）年12月21日の中央教育審議会「これからの学校教育を担う教員の資質能力の向上について〜学び合い，高め合う教員育成コミュニティの構築に向けて〜（答申）」において，教員免許更新制の意義や位置づけを踏まえつつ，10年が経過した時点で受講すべき研修から，学校内でミドルリーダーとなるべき人材を育成すべき研修に転換し，地域の実情に応じ任命権者が定める年数に達した後に受講できるよう実施時期を弾力化するよう求めている。

第 5 章　教師の力量形成のための制度

表 5-1　指導が不適切な教員の認定者数と処遇の内訳

認定者総数 (1+2+3)	うち, 平成25年度 新規認定者	1 平成25年度に研修を受けた者								2　研修受講予定者のうち，認定後，研修を受講することなく別の措置等がなされた者	3　平成26年度からの研修対象者
			(1)現場復帰	(2)依願退職	(3)分限免職	(4)分限休職	(5)転任	(6)研修継続	(7)その他		
137	(64)	77	37	16	2	3	1	15	3	10	50

（出典）　文部科学省「平成25年度公立学校教職員の人事行政の状況調査」。

③ 指導改善研修

　指導が不適切な教員が児童・生徒に与える影響は極めて大きく現在でも重要な課題となっている。教育公務員特例法は，指導が不適切な教員に対して「その能力，適性等に応じて，当該指導の改善を図るために必要な事項に関する研修」（指導改善研修）の実施を義務付けている（同法第25条の2）。たとえば，宮崎県では，校長の要請に応じて，指導が不適切と認められる教員に，①日常指導（授業参観等を通して，必要な指導助言を行う），②定期的な指導（当該教員の課題に応じた支援研修計画を作成し，課題解決に向けた具体的な指導を行う）を学校において実施している。なお，指導の改善が不十分でなお児童・生徒に対する指導を適切に行うことができないと認められる教員に対しては，「免職その他の必要な措置を講ずるものとする」（同法第25条の3）と規定している。表 5-1は，2013（平成25）年度に指導が不適切な教員として認定された教員の人数と，その処遇の内訳である。

4　教員管理の制度

　本節では，服務や懲戒，分限，教員評価などといった，教員管理の諸制度について学ぶ。

(1) 教員の服務

　服務とは，公務員たる地位に基づき，職務上または職務外において公務員が，その勤務に服することについてのあり方を指している。公立学校の教職員は，

```
宣 誓 書

私は，ここに主権が国民に存することを認め
る日本国憲法を尊重し，且つ，擁護すること
を固く誓います。
私は，地方自治の本旨を体するとともに公務
を民主的且つ，能率的に運営すべき責務を深
く自覚し，全体の奉仕者として誠実且つ公正
に職務を執行することを固く誓います。

　　　年　　　月　　　日
　　　　　　　　　　　氏　名
```

図5-2　服務の宣誓様式

「全体の奉仕者」として，教職員として守るべき義務が示されている。日本国憲法第15条2項は「すべて公務員は，全体の奉仕者であつて，一部の奉仕者ではない」ことを明記している。この規定を受けて，公務員としての身分を有する学校の教職員は，地方公務員法第30条で，「全体の奉仕者として公共の利益のために勤務し，且つ，職務の遂行に当つては，全力を挙げてこれに専念しなければならない」と規定されている。教員の服務は，大きく，職務上の服務と身分上の服務に分けられる。

まず，職務上の服務について説明する。

① 服務の宣誓：公立学校の教員は，服務の宣誓をすることが義務付けられている（地方公務員法第31条）。たとえば，大分県の服務宣誓の様式は，図5-2の通りである。

② 法令等及び上司の職務上の命令に従う義務：教員は，その職務を遂行する際には，教育基本法や学校教育法などの各種法律や当該都道府県や市町村の条例，地方公共団体の規則および地方公共団体の機関の定める規程を順守し，さらに，服務監督権を有する教育委員会や上司である校長，副校長，教頭などの職務上の命令に忠実に従わなければならない（地方公務員法第32条）。

③ 職務専念義務：教員は，その勤務時間及び職務上の注意力のすべてをその職責遂行のために用い，当該地方公共団体がなすべき責を有する職務にのみ従事しなければならない（地方公務員法第35条）。

次に，身分上の服務について説明する。

④ 信用失墜行為の禁止：教員は，その職の信用を傷つけ，または職員の職全体の不名誉となるような行為をしてはならない（地方公務員法第33条）。

⑤ 秘密を守る義務：教員は，職務上知り得た秘密については，それが個人的

な秘密，公的な秘密を問わず，在職中はもちろん，退職後もこれを漏らしてはならない（地方公務員法第34条）。

⑥ 政治的行為の制限：教員の政治的行為の制限については，教育公務員特例法で職務の特殊性から特に厳しく制限され，地方公務員法第36条の規定にかかわらず，国家公務員の例によるとされ，教員が，政治的目的のために，職名，職権またはその他の公私の影響力を利用すること等が禁じられている（教育公務員特例法第18条等）。なお，小・中学校等の義務教育段階の教員に対しては，義務教育の政治的中立性を確保するために，特定の政党を支持させる等の教育への教唆またはせん動が禁止されている（義務教育諸学校における教育の政治的中立の確保に関する臨時措置法第3条）。

⑦ 争議行為等の禁止：公立学校の教職員は，地方公共団体の住民全体に奉仕する公務員として，使用者としての住民に対して同盟罷業，怠業その他の争議行為をし，または地方公共団体の機関の活動能率を低下させる怠業的行為をしてはならない（地方公務員法第37条）。

⑧ 営利企業等の従事制限：地方公務員は，任命権者の許可を受けなければ，営利企業の役員を兼ねること，自ら営利企業を営むこと，または報酬を得て別の事業や事務に従事することはできない（地方公務員法第38条）。ただ，教員は，その能力や専門性を広く社会で活かせるよう，教育公務員特例法で，任命権者が本務の遂行に支障がないと認める場合には，教育に関する他の職を兼ね，または教育に関する他の事業若しくは事務に従事することができる（教育公務員特例法第17条）。

（2）教職員に対する懲戒と分限

公立学校の教員は，服務義務に違反した場合には，制裁として「懲戒」処分が科される。

地方公務員法第29条は，①地方公務員法もしくは教育公務員特例法等法律又は地方公共団体の条例・規則・規程に違反した場合（法令義務違反），②職務上の義務に違反し，又は職務を怠った場合（職務上の義務違反・職務怠慢），③全体の奉仕者たるにふさわしくない非行のあつた場合（信用失墜行為）のい

表5-2　懲戒処分の等の内訳・事由別割合

	懲戒処分の種類				合　計	訓告等	総　計
	免　職	停　職	減　給	戒　告			
合　計	196	212	340	414	1,162	8,332	9,494
平成24年度合計	208	148	247	366	969	9,859	10,828
平成23年度合計	180	157	188	335	860	3,459	4,319

（出典）　文部科学省「平成25年度公立学校教職員の人事行政の状況調査」。

ずれかに該当する場合には，これに対し懲戒処分として戒告，減給，停職又は免職の処分をすることができると規定している。戒告とは，職員の規律違反の責任を確認するとともに将来を戒める処分であり，減給は職員の給与の一定割合を一定期間減額して支給する処分であり，停職は職員を一定期間職務に従事させない処分である。免職は職員としての身分を失わせる処分であり，最も重い処分である。ちなみに，懲戒免職が科された場合，退職金は支払われない。文部科学省の調査によると懲戒処分等の内訳は表5-2のとおりになっている。

　一方，公務員の処分なかでも分限処分は，公務能率の維持の見地から職員に対して行われる不利益処分のことである。地方公務員法第28条は，勤務実績が良くない場合や心身の故障のため，職務の遂行に支障があり，またはこれに堪えない場合などその職に必要な適格性を欠く場合等に，本人の意に反して，これを降任し，または免職することができることとし，さらに職員が，心身の故障のため，長期の休養を要する場合や刑事事件に関し起訴された場合には，その意に反してこれを休職することができると規定している。

　2013（平成25）年度の分限処分を受けた教職員の内訳は表5-3のとおりである。

（3）勤務評定と新たな人事考課制度の広がり
① 勤務評定の制度化と形骸化

　1950年代後半以降全国に普及したのが勤務評定である。「任命権者は，職員の執務について定期的に勤務成績の評定を行い，その評定の結果に応じた措置を講じなければならない。」（旧地方公務員法第40条1項）と規定された。勤務評

表5-3 分限処分を受けた教職員の内訳

	分限処分の種類						降 給	合 計
	降 任	免 職	休 職					
			起訴休職	病気休職	うち精神疾患	その他		
合 計	2	12	17	8,408	5,078	121	0	8,560
平成24年度	0	8	32	8,341	4,960	144	0	8,525
平成23年度	1	1	16	8,544	5,274	183	0	8,756

(出典) 文部科学省「平成25年度公立学校教職員の人事行政の状況調査」。

定のねらいは、人事管理の適正を図るため、職員の勤務実績・能力・性格・適正を公平に評価し、記録することにあった。しかし勤務評定は、校長による一方的評価、評価結果の教員本人に対する不告知、評価者の評価のノウハウの欠如などの課題が指摘され、教職員団体の反対を受けるなかで、しばしば「形骸化」が指摘されてきた。(2014(平成26)年5月の地方公務員法の一部改正で第40条は削除された。)

② 新たな教員評価(人事考課)制度の普及

これに対して、近年の深刻な教育課題に対する学校としての組織的取り組みの必要性から、教員の業績を評価し積極的な職能開発を行うことの重要性が認識され、教員の処遇と結びつけた新たな教員評価(人事考課)システムが検討された。2000年には、東京都が全国に先駆けて「自己申告制度」と「実績評価制度」を組み合わせた「人事考課制度」を導入した。

東京都の取り組みを皮切りに、教員一人ひとりの能力や実績等が適正に評価される教員評価システムの重要性が中央教育審議会の答申等で再三指摘される中、東京に続き、香川県、大阪府、神奈川県、広島県も新たな教員評価制度を導入した。

これら新たな教員評価制度は、「自己申告に基づく目標管理」と「実績評価」を通じて、教員の能力・業績などを評価し、その結果を人事管理に反映させようとする点で基本的な共通性を有している。「自己申告による目標管理」は、教員自身が学校経営目標に基づいて自己の1年間の目標を設定し、その達成度

を自ら評価することによって，教職員の自主的・意欲的な業務への取り組みを促し，学校経営目標の着実な達成をはかるとともに，教職員一人ひとりの意欲や資質の向上，使命感の高揚，能力開発をはかることを目的としている。

　2014（平成26）年4月現在，66の都道府県と指定都市の教育委員会が，新たな教員評価制度を導入している。評価の結果は，教職員のさまざまな処遇に反映されている。たとえば，人材育成・能力開発・資質向上に活用している教育委員会は46，研修に活用している教育委員会は30，校長や教頭などの昇任の資料として活用している教育委員会は25，昇給や降給等，給与に反映させている教育委員会は18などとなっている。

③　優秀教員の表彰

　優れた成果をあげた教員を表彰することは，教員の意欲および資質能力の向上に資すると考えられる。2006（平成18）年度以降，文部科学省において教職経験10年以上かつ35歳以上の者を対象にした「文部科学大臣優秀教員表彰制度」が実施されている。全国の国公私立の現職の教職員のうち，平成26年度には，830名（国立19名，公立777名，私立34名）が表彰されている。また，2014（平成26）年4月現在，21の県市教育委員会が前述の人事考課制度の結果をもとに優秀教員の表彰を行っている。

④　公立学校教員の公募制・FA（フリーエージェント）制

　人事管理において，公募制やFA制を導入して，教員の意欲の向上を図り，専門性を生かそうとする取り組みも広がっている。

　公募制とは，校長の教育理念や学校運営等に基づき，一定の教員を公募して配置するものである。これにより，校長がリーダーシップを発揮し，特色ある学校づくりや学校運営の活性化を進めるとともに，教員の適材適所や意欲の向上をはかるなどの効果が期待される。2011（平成23）年4月現在，公募制に取り組んでいるのは，26教育委員会である。具体的な実施事例を挙げると，山口県では，校長が，学校運営方針等を公表し，必要とする人材を公募することにより，学校教育目標の達成や活性化を図るとともに，積極的に挑戦しようとす

る教職員の意欲を生かし，資質能力の向上を図ることを目的としている。公募校の校長が，応募した教員の面接を実施した上で，県教育委員会が，校長の意見を参考にして，公募校に適する教員の異動を図っている。

FA制とは，教員の情熱や意欲を生かし，その能力の一層の発揮を促すため，一定の経験を有する教員が自ら専門性・得意分野をアピールして転任先を募集するものである。2011（平成23）年4月現在，FA制に取り組んでいるのは，4教育委員会である。たとえば，大阪市では，教諭が自らの経験を生かし，情熱や意欲・能力を一層発揮できるよう，積極的な発意により自己の教育課題や目標に取り組める転任先を募り，その募集に応じた校長と協議し，人事異動の成立を図ることで教職員組織の活性化を図ろうとしている。

5 教師の力量形成の今日的動向

現在，養成―採用―研修の各段階で教師が教育活動に必要な十分な力量を形成し，教育実践の場でその力量を発揮することができるような環境整備が課題となっている。中央教育審議会は2015（平成27）年12月21日，「これからの学校教育を担う教員の資質能力の向上について～学び合い，高め合う教員育成コミュニティの構築に向けて～（答申）」を公表した。本節では，本答申をもとに，今後の教師の力量形成の方向性についてみていくことにする。

（1）これからの時代の教員に求められる資質能力

本答申では，これからの時代の教員に求められる資質能力として，大きく3つを挙げている。

第一点目として，使命感や責任感，教育的愛情，教科や教職に関する専門的知識，実践的指導力，総合的人間力，コミュニケーション能力等，これまで教員として不易とされてきた資質能力に加え，自律的に学ぶ姿勢をもち，時代の変化や自らのキャリアステージに応じて求められる資質能力を生涯にわたって高めていくことのできる力や，情報を適切に収集し，選択し，活用する能力や知識を有機的に結びつけ構造化する力などを挙げている。

第二点目としては，課題の発見と解決に向けて主体的・協働的に学ぶ学習，いわゆるアクティブ・ラーニングの視点からの授業改善，道徳教育の充実，小学校における外国語教育の早期化・教科化，ICTの活用，発達障害を含む特別な支援を必要とする児童・生徒等への対応など，現代の新たな課題に対応できる力量を高めることを求めている。

　第三点目として，「チーム学校」の考えのもと，多様な専門性を持つ人材と効果的に連携・分担し，組織的・協働的に諸課題の解決に取り組む力の醸成を求めている。先述した新たな課題に対応できる力量を個々の教員が高めていくことも重要であるが，その一方で「チーム学校」の考え方のもとで，教員は多様な専門性をもつ人材と効果的に連携・分担し，教員とこれらの者がチームとして組織的に諸課題に対応するとともに，保護者や地域の力を学校運営に生かしていくことも必要である。すなわち，教員は，学校作りのチームの一員として組織的・協働的に諸課題の解決のために取り組む専門的な力についても醸成していくことが必要であるとされたのである。

（2）養成－採用－研修を通じた教員制度改革の動向

　答申は教員の資質能力の向上の重要性を指摘し，養成，採用，研修の一体的な改革を求めている。

　養成段階では，教職課程において，教員免許状の取得に必要な単位数は増加させないことを前提としつつも，アクティブ・ラーニングの視点からの授業改善，ICTの利活用，道徳教育，外国語教育，特別支援教育の充実など新たな教育課題に対応できるよう教職課程の内容を精選・重点化することが必要であるとしている。そこで，大学ごとの創意工夫により質の高い教職課程カリキュラムを編成することができるよう，教職課程における「教科に関する科目」「教職に関する科目」等の従来までの科目区分を撤廃することを提言している。また，教職課程の学生が学校現場において教育活動や校務，部活動などに関する支援や補助業務など学校における諸活動を体験する学校インターンシップについても，学校現場をより深く知ることで実践的指導力の基礎の育成に有効であるとして，各大学の判断で教育実習の一部に学校インターンシップを充てる

ことや，大学独自の科目として設定することを可能とする方向で制度の具体化を検討するとしている。

　採用に関しては，現在は各教育委員会で実施している採用試験について共通問題の作成を検討する方針である。さらに，英語教育の強化など多様な教育課題に対応するため，外部の人材を教員として確保する方策として，「特別免許状」の一層の活用を求めている。

　研修段階については，教育委員会と大学が相互に議論し，養成や研修の内容を調整するための制度として，国が「教員育成協議会（仮称）」を創設するよう求めている。同協議会においては，教育委員会と大学その他の関係者が教員の育成ビジョンを共有するため教員育成指標を協議し，共有するとしている。また，教職大学院については，量的な整備を行いながら，高度専門職業人としての教員養成モデルから，その中心に位置付けることとし，現職教員の再教育の場としての役割に重点を置きつつ，学部新卒学生についても実践力を身につける場として質的・量的充実を図ることとしている。

　文部科学省は，同答申を受け，教育職員免許法などの関連法を改正し，2017（平成29）年度以降の実施を目指している。

　以上のように，教師の力量形成のための制度は現在も改革の途上にあり，今後もその動向を注視していく必要があるといえよう。

参考文献

赤星晋作編著（2014）『新教職概論　改訂版』学文社.
岡本徹・佐々木司編著（2009）『新しい時代の教育制度と経営』ミネルヴァ書房.
髙妻紳二郎編著（2014）『新・教育制度論――教育制度を考える15の論点』ミネルヴァ書房.
河野和清編著（2014）『新しい教育行政学』ミネルヴァ書房.
古賀一博編著（2014）『教育行財政・学校経営』協同出版.

（住岡敏弘）

第6章

教育政策と教育行政制度

　「教育行政とは，政治（国会，地方議会）や市場競争によって決定された教育政策（目的）を，法や制度の手続き・規則，慣例，市場等を通して，教育行政機関（文部科学省，教育委員会等）や教育機関（学校等）とその執行実務に携わる（教育）官僚・職員集団の経営・管理を通して実現する総体である」（小川　2012）との今日的定義がある。また，第一次安倍内閣（2006〜2007年）では，我が国の準憲法ともいわれる教育基本法が約60年ぶりに全面改正され，安倍第2次，第3次内閣（2012年〜）では，矢継ぎ早に種々の教育政策が実施されている。

　本章では，どのようにして今日の教育政策は立案され，如何なる国と地方公共団体の教育行政機関がどのような権限配分の下に教育行政作用を行なっているかを明らかにする。特に，2014（平成26）年6月に地方教育行政の組織及び運営に関する法律（以下，地教行法）が一部改正され（以下，14改正），2015（平成27）年4月より，地方教育行政制度が大きく変わったことについて詳しく述べたい。

　日々の教育は，これら国の教育政策及び教育行政機関の在り方に大きく影響を受けるものである。教育を学ぶ者や教育に携わる者は，絶えず関心を持って，その動向や在り方を注視しなければならない。

1　教育政策形成過程の今日的特色

（1）政治主導型の教育政策

　今日の教育政策形成過程の最大の特色は「政治主導型」であるといえる。その傾向は，それまで教育政策を立案していた文部科学大臣の諮問機関である中央教育審議会（以下，中教審）に代えて，中曽根康弘総理大臣が1984（昭和59）

第6章　教育政策と教育行政制度

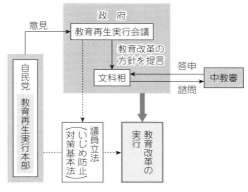

図6-1　今日の教育改革の枠組み

（出典）中国新聞　2013.2.3朝刊。

年に首相直属諮問機関として臨時教育審議会を設置したことに始まり，1990年代以降に急速に加速している。言い方を変えると，省益を優先しがちな「官僚主導型」の政策立案から，国民によって選ばれた政治家によって民意を優先するとされる「政治主導型」の政策立案への転換である。

具体的に，今日の教育改革の枠組みを示すと図6-1のようになる。

まず，図のなかに示される自民党教育再生実行本部と教育再生実行会議について理解しよう。

① 教育再生実行本部（自由民主党）

2012（平成24）年10月，自由民主党（以下，自民党）は安倍晋三総裁の直属機関として教育再生実行本部を設け，経済再生と並んで重要課題と位置づけた教育再生に向けて全党的な議論を行う場とした。同年11月には「中間とりまとめ」を公表し，同年12月に自民党が民主党から政権を引き継ぐと，英語教育，理数教育，ICT教育を中心とした「成長戦略に資するグローバル人材育成部会提言」（平成25年4月），「平成の学制大改革」「大学・入試の抜本改革」「新人材確保法の制定」などを盛り込んだ「第二次提言」（平成25年5月），教科書検定の在り方特別部会の「議論の中間まとめ」（平成25年6月），教育再生推進法（仮称）の制定に向けてその骨格を示した「第三次提言」（平成26年4月），教育

105

投資・財源特別部会の「中間取りまとめ」（平成26年8月），「チーム学校」「高等教育」の2つの部会の提言をまとめた「第四次提言」（平成27年5月），教育投資・財源特別部会の「提言」（平成27年5月）を次々と公表し，今後我が国が実行していく教育再生の方向性を示してきた。

② 教育再生実行会議

　教育再生実行会議に先立って，第1次安倍内閣において「教育再生会議」が開催（2006年10月10日閣議決定）されたが，同会議報告「社会総がかりで教育再生を―公教育再生への第一歩―」は，教育基本法改正を受けた学校制度改革，全国学力調査の実施，放課後子ども教室の実施などにつながった。しかし，2007（平成19）年の第一次安倍内閣の総辞職，それから2年後の民主党政権発足によって安倍教育改革は中断を余儀なくされた経緯がある。

　そこで，第2次安倍内閣発足後の2013（平成25）年1月15日の閣議決定において，内閣の最重要課題の一つとして，21世紀の日本にふさわしい教育体制を構築し，安倍第一次内閣時から続く教育の再生を実行に移していくために，「教育再生実行会議」を開催することになった。会議は，内閣総理大臣，内閣官房長官及び文部科学大臣（以下，文科大臣）兼教育再生担当大臣並びに有識者によって構成され，内閣総理大臣が開催する。2015（平成27）年11月現在までの2年半の間に，以下の8つの提言がなされている。

　（第一次提言）「いじめの問題等への対応について」（平成25年2月）
　（第二次提言）「教育委員会制度等の在り方について」（平成25年4月）
　（第三次提言）「これからの大学教育等の在り方について」（平成25年5月）
　（第四次提言）「高等学校教育と大学教育との接続・大学入学者選抜の在り方
　　　　　　　について」（平成25年10月）
　（第五次提言）「今後の学制等の在り方について」（平成26年7月）
　（第六次提言）「「学び続ける」社会，全員参加型社会，地方創生を実現する
　　　　　　　教育の在り方について」（平成27年3月）
　（第七次提言）「これからの時代に求められる資質・能力と，それを培う教育，
　　　　　　　教師の在り方について」（平成27年5月）

(第八次提言)「教育立国実現のための教育投資・教育財源の在り方について」(平成27年7月)

2015 (平成27) 年10月, 教育再生実行会議は新しいメンバーで, 今後,「情報化社会に求められる『多様な個性が長所として肯定され活かされる教育』への転換」をテーマとして検討していくことが確認され, 併せて, これまでの8次にわたる提言の実行状況をフォローアップし, 教育再生への取り組みを実効あるものとしていくための「提言フォローアップ会合(仮称)」を開催することが決められた。

図6-1に示すように, 今日の教育政策形成過程を端的に言い表すと, 次のようになる。すなわち, 第一次安倍内閣時の教育再生会議の提言・実績を踏まえ, 併せて自民党教育再生実行本部の提言を斟酌しながら教育再生実行会議で教育改革の方針が政治主導で決定される。続いて, これらの方針に基づいた文科大臣からの諮問を受けた中教審での審議の末に, 具体的な教育政策が立案され答申が行われているのである。このことは, 上記の教育再生実行本部及び教育再生実行会議の各提言と中教審の最近の答申とそれに基づく実際の教育改革を比較してみると, 容易に理解することができる。

たとえば, 2012 (平成24) 年10月に発足した教育再生実行本部は, 同11月には「中間とりまとめ」を公にし, 6-3-3-4制の見直しによる平成の学制大改革,『いじめ防止対策基本法』の制定及び形骸化している教育委員会の抜本的な見直し等を提案した。これらを受けて, 教育再生実行会議は, 第1次, 第2次, 第5次の提言を行っている。その結果, 2013 (平成25) 年6月「いじめ防止対策推進法」が成立し, 同年9月から施行されている。また, 新しい教育委員会制度は, 2013 (平成25) 年12月の中教審答申「今後の地方教育行政の在り方について」に基づいた2014 (平成26) 年6月「教育行政の組織及び運営に関する法律の一部を改正する法律」の成立により, 2015 (平成27) 年4月より開始された。学制改革については, 2014 (平成26) 12月の中教審答申「子供の発達や学習者の意欲・能力等に応じた柔軟かつ効果的な教育システムの構築に

ついて」に基づいた2015（平成27）年6月の「学校教育法の一部を改正する法律」の成立により，2016（平成28）年4月より小学校から中学校までの義務教育を一貫して行う「義務教育学校」が発足している。

　これらは，ほんの一例であり，今日，自民党・公明党の連立安定政権の下で，短期間のうちに矢継ぎ早に，さまざまな教育政策が展開されている。その動向には注目しておかなければならない。

（2）新自由主義下の教育政策

　一国の教育政策は，各教育分野のさまざまな局面で展開されるが，それら諸改革は別々に行われているのではなく，必ず，その時代時代に通底する思想原理に基づいていることを忘れてはならない。そして，今日の教育政策に通底する原理こそが新自由主義（Neo-liberalism）というものなのである。

　新自由主義とは，国民の自由を促進し有効な競争市場を作り出すための国家の役割は重視しながら，その他の国家規制を必要最低限に縮小し，個人や組織の自由競争を通して，経済を活性化していこうとするものである。1980年代にイギリスのサッチャー首相，アメリカのレーガン大統領が，新自由主義の理論と方法を用いて，国家経済の活性化と国家財政の再建を図ったことは有名である。日本でも，同時期，中曽根首相が同じ路線で，日本の財政再建に取りかかった。臨時行政調査会（1981～83）は，国鉄，電電公社，専売公社の民営化，行政機構の改革，規制緩和などを提言し，臨時教育審議会（1984～87）答申でも，具現化こそしなかったが，学校設置主体の多様化，学校選択の自由が初めて提案され，教育の自由化論争の発端となった。以後，小泉政権の郵政民営化や「聖域なき構造改革」という言葉に代表されるように，保守政権の下，新自由主義に基づく改革が，経済分野に限らず福祉や教育の分野でも進行中なのである。2016（平成28）年度の国家予算案は歳入が96兆7218億円であり，その内訳は税などによる収入が62兆2898億円で，なんと残りの34兆4320億円は，いわゆる借金である公債金からなっている。さらに，これまでの累積債務は国と地方合せて1062兆円程度と試算されている。国民や企業に財政的余裕があるから公債金が当てにできているのであるが，数字的は危機的な国家予算であるとい

える。この財政再建のためには，歳出削減や増税による方法には限界があり，グローバル経済のなかで経済活動を活性化させて税収を増やすしかないと考えられ，アベノミクスによる経済政策が進行中なのである。それゆえ，新自由主義の考え方は，ここ当分，教育政策を含めた日本の各政策のベースになると考えてよい。

それでは，新自由主義の政策理念とその下で実施されている教育改革を例示してみよう。ただし，これらの是非については読者の判断に委ねるものである。

① 市場原理・競争原理の導入

新自由主義は規制のない市場こそが，資源を有効かつ効率的に活用でき，社会を活性化させ，消費者の要求を満足させるサービスを提供できるとする。

この教育政策の典型例は，1998（平成10）年より始まった公立小中学校における学校選択制である。児童生徒獲得という学校間競争によって，硬直化した学校教育にメスを入れ，活性化しようとした。また，2007（平成19）年から導入された全国学力・学習状況調査も同様に学校に競争原理をもたらす可能性がある。文科省はその目的を義務教育の機会均等とその水準の維持向上のためとしているが，そのためなら悉皆調査ではなく，サンプル調査で十分である。また，2014（平成26）年度から，市町村教育委員会が，それぞれの判断で個々の学校名を明らかにした調査結果の公表を行えるようになった。

さらに競争原理は，学校などの組織間だけではなく，子ども間，教師間へと浸透していく。能力主義的な競争が是認され，その勝敗の結果は，自己の責任であるとされる。学校は「特色ある学校づくり」に邁進し，子どもたちは「個性化」という名の下に，早期から習熟度別の学習グループに分かれて学習をする。教師も人事考課制度により優秀教師として表彰されたり，不適格教員として指導改善研修を受けることになる。

競争原理は，必然的に6-3-3-4制の学校体系に多様化をもたらす。1999（平成11）年より発足した「中等教育学校」や中高一貫教育校，2016（平成28）年より発足する「義務教育学校」や小中一貫型小学校・中学校の出現などにそ

の例を見いだすことができる。

② 分権化，規制緩和

　新自由主義では「小さな政府」が目指され，福祉国家時代に膨れあがった国の権限を委譲したり，許認可権に代表される種々の国家規制を緩和して，国の財政のスリム化と地方公共団体および国民活動の活性化を狙っている。

　分権化の例は教育委員会への国の機関委任事務の廃止，三位一体改革と義務教育国庫負担法の改正等に見られ，規制緩和の例は大学設置基準の緩和や「学習指導要領」の最低基準化等に見られる。

　しかし，ここでいう分権化，規制緩和は，国がスリム化されて社会全体の権限関係のなかで弱体化することではない。それどころか新自由主義国家は「小さくて強い国家」を目指していることを忘れてはならない。そのために分権化と規制緩和に併せ整備されている方策が，目標管理による評価制度の確立である。国は，しっかりと目標を設定し，その目標に向けた運用については地方公共団体や学校などにかなりの裁量権を認める代わりに，その結果についてはしっかりと評価をし，財政的支援などを用いてコントロールするのである。教育基本法第2条の5領域にわたる教育目標の設定，第17条の教育振興基本計画の策定及び幼稚園，小学校，中学校，高等学校，義務教育学校，中等教育学校，大学及び教育委員会にもその活動と運営についての「自己評価」等が法令によって義務づけられたことなどがその例である。

　これと併せて，公教育管理方式の徹底したトップダウン化も表面化している。この点に関しては，後に詳述する教育委員会の大改革，「職員会議」の補助機関化，副校長，主幹教諭，指導教諭などの導入による学校組織の重層構造化等が指摘できる。

③ ナショナリズム，公共心の強調

　新自由主義は，市場化，民営化，個性化，自由化，グローバル化を唱えるものであり，一見すると，ナショナリズムとは反対のベクトルをもつように思われるが，実は矛盾するものではない。それ故，新自由主義に基づくサッチャー

やレーガンの政策を新保守主義的政策と呼ぶことも多い。日本でも臨時教育審議会以来，一貫して新自由主義のキーワードと同時にナショナリズムが強調されてきた。1999（平成11）年には国旗および国歌に関する法律が施行されている。

　新自由主義は競争主義を中核に置くため，その勝敗により，あらゆる局面で格差が生じることを前提にしている。それは社会の階層化に一層の拍車をかけ，国家を分断しかねない。そのため，国民の統合を維持する装置として，愛国心や公共心などの規範の確立が教育に強く委託されるのである。教育基本法第2条では，「道徳心」「公共心」「国を愛する態度」等に代表される価値観に踏み込む倫理的目標や「社会の発展へ寄与など」の政策論的目標など，「公」に力点を置いた目標への傾斜を感じることができる。また，2015（平成17）年3月，学習指導要領の一部改正によって，それまで，教科外活動であった小学校，中学校の「道徳」は，「特別の教科　道徳」として教科に格上げされることになっている。

2　国の教育行政制度

(1) 内閣・文部科学大臣・副大臣・大臣政務官

　三権（立法，行政，司法）分立体制のもと，教育行政の最高行政機関は行政権が属する内閣ということになる。内閣は，その首長たる総理大臣と国務大臣で組織され，一般行政事務の外，法律の執行と国務の総理（とりまとめて管理すること），外交関係の処理，条約の締結，官吏に関する事務の掌理（担当すること），予算作成とその国会提出，憲法・法律を実施するための政令の制定などを行う（憲法第73条）。内閣は，行政の最高機関として教育行政に関与するが，実質的な教育行政事務は，内閣の統括のもと，他の行政機関相互の連携をはかりながら，国務大臣の一人である文部科学大臣（以下，文科大臣）を長とする文部科学省（以下，文科省）で行われている。

　文科大臣は，①文科省の事務を統括し，職員の服務を統督する，②教育関係の法律・政令の制定・改廃案を総理大臣へ提出して閣議を求める，③法律・政

令の施行のため，またはそれらの特別の委任に基づいて文部科学省令を発する，④所掌事務について公示が必要なときに告示を発する，⑤所掌事務について命令・示達するため訓令・通達を発する，⑥行政機関相互の調整を図る必要があるとき，関係行政機関の長に必要な資料の提出および説明を求め，並びに当該関係行政機関の政策に関し意見を述べる権限を有している（国家行政組織法10～15条）。

1999（平成11）年，「国会審議の活性化及び政治主導の政策決定システムの確立に関する法律」が制定され，大臣を補佐する副大臣や大臣政務官が設置された。2名の文科省副大臣は，文科大臣の命を受け，政策および企画をつかさどり，政務を処理し，並びに大臣不在の場合その職務を代行する。また，2名の文科大臣政務官は，文科大臣を助け，特定の政策および企画に参画し，政務を処理する。

（2）文部科学省

文科省の任務は，「教育の振興及び生涯学習の推進を中核とした豊かな人間性を備えた創造的な人材の育成，学術の振興，科学技術の総合的な振興並びにスポーツ及び文化に関する施策の総合的な推進を図るとともに，宗教に関する行政事務を適切に行うこと」（文部科学省設置法第3条1項）である。また，その任務を達成するために必要な所掌事務として93項目（同法第4条1項）が規定されている。その代表的な所掌事務は，①豊かな人間性を備えた創造的な人材育成のための教育改革，②生涯学習に係る機会の整備・推進，③地方教育行政に関する制度の企画・立案，組織・一般的運営に関する指導・助言・勧告，④地方教育費に関する企画，⑤学校（大学・高等専門学校を含む）教育，社会教育，スポーツ，専修学校・各種学校教育および文化の振興に関する企画・立案・援助・助言，⑥学校教育及び専修学校・各種学校教育の基準の設定，⑦教科用図書の検定，⑧学校保健・安全・給食・災害共済給付，⑨教育職員の養成・資質の保持・向上，⑩大学・高専の設置・廃止・設置者変更の許可，⑪家庭教育の支援，⑫科学技術に関する基本的政策の企画・立案・推進，⑬学術の振興，⑭宇宙の利用推進，⑮文化財の保護・活用，等である。

文科省の組織は，1官房・6局（総合教育政策局，初等中等教育局，高等教育局，科学技術・学術政策局，研究振興局，研究開発局）・1官（国際統括官）・2庁（スポーツ庁，文化庁）で編成されている。スポーツ庁は，スポーツの振興その他のスポーツに関する施策の総合的な推進を図ることを任務として2015（平成27）年10月に発足した文部科学省の新しい外局である。その設置の背景には，スポーツを通じて国民が生涯にわたり心身ともに健康で文化的な生活を営む社会の実現を目指した「スポーツ基本法」の制定（2011）や2020年東京オリンピック・パラリンピックの開催等がある。

（3）審　議　会

　審議会は，各行政機関に置かれる重要事項に関する調査審議等を行う学識経験者等で構成される合議制の機関である。法律または政令に基づき設置される。大臣から重要事項について諮問され，審議の後，答申する。大臣はこの答申を尊重しながら，以後の政策を決定していくので，各分野の行政の在り方に大きな影響力をもつ存在である。

　文科省には，中央教育審議会（文部科学省組織令第76条），科学技術・学術審議会，文化審議会，教科用図書検定調査審議会，大学設置・学校法人審議会，スポーツ審議会等の審議会がある。

　なかでも，2000年頃まで教育政策全般の方向性を示して重要な役割を果たしてきたのが中教審（1984～87臨時教育審議会開催中は休止）である。中教審は，文部科学大臣の諮問に応じて教育の振興および生涯学習の推進を中核とした豊かな人間性を備えた創造的な人材の育成に関する重要事項および生涯学習に係る機会の整備に関する重要事項を調査審議すること，またそれらの重要事項について文部科学大臣に意見を述べることの事務をつかさどる。文部科学大臣が任命する30人以内の委員で構成され，任期は2年である。臨時委員，専門委員も置くことができる。審議会には，教育制度分科会，生涯学習分科会，初等中等教育分科会，大学分科会が設置されている。

　先にも述べたように，政治主導の教育政策が行われるようになって，閣議決定で開催される会議の提言の具体的な実施方法や法制化に関わる事項を審議す

る役割を担うようになった中教審の地位は相対的に低下したように思われる。

(4) 首相直属の教育に関する私的諮問機関

　上記の審議会とは別に，今日の教育に大きな影響力をもってきたのが首相直属の会議体がある。それが，臨時教育審議会（1984～1987），教育改革国民会議（2000～2001），教育再生会議（2006～2008），教育再生懇談会（2008～2009），教育再生実行会議（2013～）である。臨時教育審議会は法律に基づいて設置されていたが，その他は首相決裁や閣議決定によって開催される私的諮問機関である。これらは今日の官邸主導，政治主導の政治力学を象徴するものであるといえる。中教審答申と併せて現在の教育再生実行会議の提言には，これからの教育の在り方が左右されるだけに，注目していかなければならない。

3　地方の教育行政制度

　2012（平成24）年11月の自民党教育再生実行本部「中間とりまとめ」での形骸化している教育委員会の抜本的な見直しの提起，2013（平成25）年4月の教育再生実行会議第2次提言「教育委員会制度等の在り方について」，これを受けた同年12月の中教審答申「今後の地方教育行政の在り方」を経て，2014（平成26）年6月に「地方教育行政の組織及び運営に関する法律の一部を改正する法律」が公布され，教育委員会制度を中心に地方教育行政制度が大きく変わった。
　本節では，2015（平成27）年4月から施行されている14改正に基づいた新しい地方教育行政の姿を，変更点を明確にしながら（下線部筆者）概観していく。

(1) 地方公共団体（都道府県・市町村・特別区）の議会と長

　地方公共団体の議会は，①教育事務に関する条例（たとえば，学校・公民館等の公立教育施設の設置条例，公立学校教職員の給与条例，公立学校授業料徴収条例等）の制定・改廃，②教育事務に関する予算の決定，③条例で定める教育財産の取得・処分（地方自治法第96条），④地方公共団体の長による<u>教育長</u>，

第6章　教育政策と教育行政制度

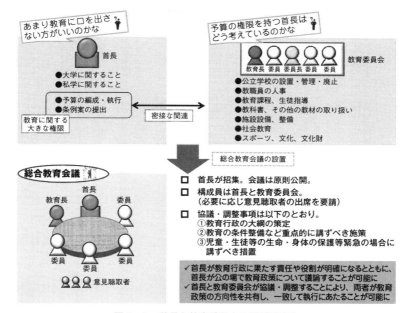

図6-2　首長と教育委員会の関係の変化

（出典）　文部科学省パンフレット「地教行法の一部を改正する法律（概要）平成27年4月1日施行」。

教育委員の任命・罷免の同意（地教行法第4，7条）等の権限を有する。

　また，地方公共団体の長（以下，首長）は，大綱の策定に関する事務のほか，①公立大学に関すること，②幼保連携型認定こども園に関すること③私立学校に関すること，④教育財産を取得し，および処分すること，⑤教育委員会の所掌に係る事項に関する契約を結ぶこと，⑥前号に掲げるもののほか，教育委員会の所掌に係る事項に関する予算を執行すること，を教育事務に関する権限としている（地教行法第22条）。このほか，条例を定めて，スポーツに関すること（学校における体育に関することを除く），文化に関すること（文化財の保護に関することを除く）を管理・執行することもできる（地教行法第23条1項）。

　このうち，③の私立学校の事務に関しては，都道府県知事が事務を管理・執行するが，必要と認めるときは，当該都道府県委員会に対し，学校教育に関する専門的事項について助言または援助を求めることができる（地教行法第27条の

5)。私立学校の自主性は尊重しながらも，私立学校の法律上の義務（たとえば教育課程に関する諸法令や学習指導要領の遵守など）の確実な履行を担保し，公教育の適正化を図るためである。

　14改正で，首長に新たに付与された大きな権限が2つある。大綱の策定と総合教育会議の設置に関わる権限である（図6-2参照）。

　首長は国の定める教育振興基本計画を参酌し，地域の実情に応じた当該地方公共団体の教育，学術及び文化の振興に関する総合的な施策の大綱（以下，大綱）を定めることとなった（地教行法第1条の3）。そして，①大綱の策定に関する協議，②教育条件の整備等重点的に講ずべき施策，③緊急の場合に講ずべき措置に関する構成員の事務の調整を行うために，総合教育会議を設置する（地教行法第1条の4）。総合教育会議は首長と教育委員会によって構成され，首長が招集する。

　これらのことは，地方教育行政も政治主導で行われることを意味している。教育委員会の項で述べるように，これまで，地方教育行政の政策審議の場は教育委員会であり，首長は直接関与しないことで教育の中立性や教育行政の専門性を確保してきた。首長の教育への影響力が著しく強まったといえよう。

（2）教育委員会

　教育委員会は，地方教育行政の中心的担い手であり，教育の政治的中立性，継続性・安定性の確保や地域住民の多様な意向の反映を実現するために，首長から独立した合議制の執行機関であり，都道府県，市（特別区を含む）町村，地方公共団体の組合に置かれる（地教行法第2条）。

　「合議制」とは多数決により教育行政の基本方針を決めることであり，「執行機関」とは，「自らの判断と責任において，誠実に管理し及び執行する義務を負う」（地方自治法第138条の2）機関のことをいう。すなわち，首長に特に留保されたものを除き，地方公共団体のすべての教育行政事務を管理執行するのが教育委員会である。教育委員会は，その中立性，専門性，利害関係性が故に，一般行政から一定の独立性を保障され，一定の行政事務を担当する数人で構成される合議制の執行機関である行政委員会の代表的なものである。

第 6 章　教育政策と教育行政制度

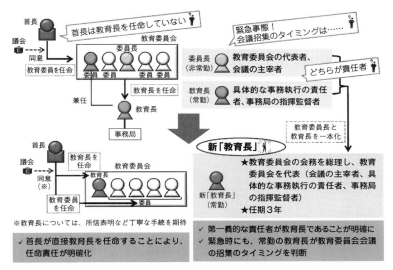

図 6-3　教育委員会制度の変化

（出典）　文部科学省パンフレット「地方行法の一部を改正する法律（概要）平成27年4月1日施行」。

　14改正は，大きな教育委員会制度改革であった。それは，これまでの以下のような教育委員会制度に対する課題（平成26年度文部科学白書）を克服するためのものであった。

・合議制の執行機関である教育委員会は，その代表者である委員長，事務の統括者である教育長の間で，責任の所在が不明確である。
・直接選挙で選ばれる首長との意思疎通，連携に課題があり，地域住民の意向を十分に反映していない。
・教育委員会が事務局の提出する案を追認するだけでで，審議が形骸化している。
・非常勤の委員の合議体である教育委員会では，日々変化する教育問題に迅速に対処できない。

① 教育委員長と教育長を一本化した新教育長の誕生

　教育委員会は，原則 5 名で構成される。これまでは，5 名の教育委員のなか

に，教育委員会の会議を主宰して委員会を代表する教育委員長と教育委員会の指揮監督の下に教育委員会の権限に属するすべての事務をつかさどる教育長がいた。教育委員は首長が議会の同意の下に任命し，教育委員長は委員の互選，教育長は教育委員会が任命していた。教育委員長は非常勤であり，教育長は常勤であった。このことが，教育委員会の責任体制を曖昧にし，会議招集権が非常勤の委員長にあるため緊急事態に迅速に対応できない等の課題の指摘につながっていたのである。

　そこで，14改正（図6-3参照）によって，教育委員長の職は廃止され，教育委員会の会務を総理し，教育委員会を代表する（地教行法第13条1項）という教育委員長と教育長を一本化した新教育長が誕生し，責任体制の明確化が図られた。「教育委員会の会務を総理」するとは，教育委員会会議の主宰すること，委員会の事務をつかさどること，すなわち，事務局の事務を統括し所属職員を指揮監督すること意味する。

　また，「教育長は，当該地方公共団体の長の被選挙権を有する者で，人格が高潔で，教育行政に関し識見を有するもののうちから，地方公共団体の長が，議会の同意を受けて任命する」（地教行法第4条1項）とされ，首長の任命責任が明確になると同時に，直接選挙で選ばれる首長との意思疎通がより図り易くなるとされた。教育長の任期は，これまでの4年から3年と短縮される。その理由は，①首長の任期4年より1年短くすることで，首長の任期中，少なくとも一回は自らが教育長を任命できること，②教育長の権限が大きくなることを踏まえ，教育委員の4年任期より短くすることで，教育委員によるチェック機能と議会同意によるチェック機能を強化できること，③計画性を持って一定の仕事をやり遂げるには3年は必要と考えること，とされている。

　14改正では，教育長が教育委員会の第一義的な責任者となったために，従来あった教育委員会による教育長に対する指揮監督権は規定されなかった。代わりに，教育長の職務をチェックする機能として，教育委員の定数の3分の1以上の教育委員会招集請求があった場合には，教育長は遅滞なく会議を招集しなければならないこと（地教行法第14条2項），教育委員会が教育長に委任した事務について教育長はその状況を報告しなければならない（地教行法第25条3項）

として，教育長の権限増大に歯止めをかけている。

② 教育委員

「教育委員会は，教育長及び四人の委員をもって組織する。ただし，条例で定めるところにより，都道府県若しくは市又は地方公共団体の組合のうち都道府県若しくは市が加入するものの教育委員会にあつては教育長及び五人以上の委員，町村又は地方公共団体の組合のうち町村のみが加入するものの教育委員会にあつては教育長及び二人以上の委員をもって組織することができる」（地教行法第3条）とあり，各自治体がその規模に応じて教育委員の数を柔軟に決めている。教育委員は，当該地方公共団体の長の被選挙権を有する者で，人格が高潔で，教育，学術および文化に関し識見を有するもののうちから，地方公共団体の長が，議会の同意を得て，任命する（地教行法第4条2項）。教育長及び委員の任命については，そのうち委員の定数に一を加えた数の二分の一以上の者が同一の政党に所属することとなつてはならない（地教行法第4条4項）として，一つの政党の影響力が教育行政の運営に及ぼされ，教育行政の中立と安定が失われることがないように配慮されている。

教育委員の任期は4年で再任も可である。地域住民の意向を公正に反映させることができるよう，教育委員は非常勤で，教育や教育行政に関して素人（layman）であることが原則とされている。保護者であるものが含まれることも義務づけられている。現在，教育委員の任期は，教育の政治的中立性と継続性・安定性の確保の観点から，一度の全委員が交代せず，毎年1，2名が交代する仕組みになっている。14改正では，4人の教育委員が毎年1名ずつ交代することが望ましいとして，附則の第4条に新たに任命される委員の任期の特例を定めて，調整できるようにしている。

③ 教育委員会事務局（地教行法第2節）

教育委員会には，所管する教育事務を処理するため事務局が置かれ，教育委員会の会務を総理する教育長がその事務を統括し，所属職員を指揮監督する。都道府県教育委員会は教育庁と呼ばれているものも多く，教育事務所（出張

所）を設置して所管の教育行政にあたっている。事務局には，指導主事，社会教育主事，事務職員，技術職員その他の所要の職員（たとえば主に教職員人事事務を担当する管理主事など）が置かれている。指導主事と社会教育主事はともに専門的教育職員であり，前者は学校における教育課程，学習指導その他学校教育に関する専門的事項の指導に関する事務に従事し，後者は社会教育を行う者に専門的技術的な指導と助言を与える。

　教育委員会とは，狭義に捉えると5人で構成される教育委員会を指し，広義に捉えると，これに事務局までを加えたものを指している。

④ 教育委員会の職務権限（地教行法第21条）

　教育委員会は次のような教育事務を管理執行する。①所管する学校その他の教育機関の設置・管理・廃止，②教育財産の管理，③教育委員会および学校その他の教育機関の職員の任免その他の人事，④学齢生徒および学齢児童の就学並びに生徒，児童および幼児の入学，転学および退学，⑤学校の組織編制，教育課程，学習指導，生徒指導および職業指導，⑥教科書その他の教材の取扱い，⑦校舎その他の施設および教具その他の設備の整備，⑧校長・教員その他の教育関係職員の研修，⑨校長・教員その他の教育関係職員並びに生徒・児童および幼児の保健・安全・厚生および福利，⑩学校その他の教育機関の環境衛生，⑪学校給食，⑫青少年教育・女性教育および公民館の事業その他社会教育，⑬スポーツ，⑭文化財の保護，⑮ユネスコ活動，⑯教育に関する法人，⑰教育調査および指定統計など，⑱所掌事務に係る広報および教育行政に関する相談，⑲その他の教育事務。

　これらの職務を遂行する際に，教育委員会はその一部を教育長に委任または臨時代理させることができるが，教育委員会の権限について，「教育長に委任できない事務」を明記して，教育委員会の責任と役割の明確化を図っている。その明記された委任できない事務とは，①教育に関する事務の管理および執行の基本的な方針に関すること，②教育委員会規則その他教育委員会の定める規定の制定または改廃に関すること，③教育委員会の所管に属する学校その他の教育機関の設置および廃止に関すること，④教育委員会および教育委員会の所

管に属する学校その他の教育機関の職員の任免その他の人事に関すること，⑤教育委員会の権限に属する事務の管理および執行状況の点検および評価に関すること，⑥地方公共団体の長の意見聴取への意見の申し出に関すること，である（地教行法第25条）。

この他，教育委員会は，法令または条例に違反しない限りにおいて，その権限に関する事務に関し，教育委員会規則を制定することができる（地教行法第15条）。規則には，教育委員会事務局の内部組織や学校の管理に関すること，教育長に臨時に代理させたり委任する教育委員会の事務に関することなどが定められている。

4 国と地方の教育行政機関相互の関係

日本国憲法は国から独立した地方自治体の地方住民の意思による地方自治を明文化しており（憲法第92条），国と地方はあくまでも対等の関係にある。都道府県と市町村においても，ともに独立した法人であり，原則的には上下関係は存在しない。

しかしながら，教育基本法第16条では，「教育は，不当な支配に服することなく，この法律及び他の法律の定めるところにより行われるべきものであり，教育行政は，国と地方公共団体との適切な役割分担及び相互の協力の下，公正かつ適正に行われなければならない。2　国は，全国的な教育の機会均等と教育水準の維持向上を図るため，教育に関する施策を総合的に策定し，実施しなければならない。3　地方公共団体は，その地域における教育の振興を図るため，その実情に応じた教育に関する施策を策定し，実施しなければならない。」として，国と地方の教育行政の役割分担が宣明されている。また，同法第17条で政府が教育振興基本計画を定め，地方公共団体はこれを参酌して地域に応じた教育振興基本計画を作ることを努力義務化している。教育長が策定する教育の大綱は，この地方の教育振興計画をもって代えることもできるとされている。

また，国が，地方公共団体の適正な行政事務処理と教育事業の実施を確実なものにすることを通して，国民の教育を受ける権利や教育の機会均等の保障お

よび教育水準の維持向上のために，都道府県や市町村の教育行政機関に対して一定の関与をすることも認められている。都道府県から市町村に対しても同様の理由から，一定の関与がなされる。それゆえ，国と地方の教育行政機関相互の関係については，地方自治の原則を尊重しながら，地方の教育に関する事務の適性化・効率化のため，地教行法で次のような主要な関係性が規定されてきた。

（1）指導，助言および援助

地教行法第48条には「文部科学大臣は，都道府県又は市町村に対し，都道府県は市町村に対し，都道府県又は市町村の教育に関する事務の適正な処理を図るため，必要な指導，助言又は援助を行うことができる」とされている。

指導，助言および援助とは，上下関係のなかで指示・命令という拘束力をもつ指揮監督とは対照的に，地方の教育に関する事務の適正化・効率化のための非権力的作用である。もちろん法的拘束性もなく，それらへの対応は各地方公共団体の主体的判断に任されている。また，「行うことができる」という表現は，地方の教育行政の自立性を尊重しながら，国や都道府県が主体的に判断して指導，助言および援助を行うと意味である。

（2）文部科学大臣の是正の要求と指示

文科大臣は，都道府県委員会または市町村委員会の教育に関する事務の管理および執行が法令の規定に違反するものがある場合または当該事務の管理および執行を怠るものがある場合において，児童，生徒等の教育を受ける機会が妨げられていることその他の教育を受ける権利が侵害されていることが明らかであるとして，当該都道府県教育委員会が講ずべき措置の内容を示して是正を求めることができる。また，市町村教育委員会に対しては都道府県教育委員会を通して同様に是正を求めるよう指示できる（地教行法49条，地方自治法245条の5）。

さらに，50条では「文部科学大臣は，都道府県委員会又は市町村委員会の教育に関する事務の管理及び執行が法令の規定に違反するものがある場合又は当該事務の管理及び執行を怠るものがある場合において，児童，生徒等の生命又

は身体に現に被害が生じ,又はまさに被害が生ずるおそれがあると見込まれ,その被害の拡大又は発生を防止するため,緊急の必要があるときは,当該教育委員会に対し,当該違反を是正し,又は当該怠る事務の管理及び執行を改めるべきことを指示することができる。ただし,他の措置によつては,その是正を図ることが困難である場合に限る。」として是正要求のほか,指示,言い換えれば命令ができることを定めた。14改正では,児童生徒等が自殺してしまった後の再発防止のため指示が発動できることを明確化した。

5 教育行政制度の今日的課題

　首長に教育大綱策定権限を付与したこと,首長が総合教育会議を招集して教育委員会と協議・調整が行えることになったこと,首長が直接,教育長を任命するようになったこと,教育委員長職が廃止され,教育長が教育委員会を総理するようになったこと,教育委員会の教育長への指揮監督権が廃止されたこと,文科大臣の是正指示権が拡張されたこと,これらが,2014年改正で行われたことである。このことは,先述した教育再生実行本部－教育再生実行会議－文科大臣－中教審という政治主導型の教育政策形成過程と併せて,文科大臣－首長－教育長－教育委員会という政治主導型の教育行政制度改革であったと考えることができる。なかでも,首長の教育・教育行政への影響力が増すことは事実であり,教育の中立性という観点からは危惧を感じざるを得ない。議会制民主主義の下では,「政治主導」は,民意を踏まえた政治の実現や民意を反映した政策の決定・執行の方策としては是認できるところではあるが,一定の歯止めがなければ,国民のために合理的で適切な政策の展開を阻害する可能性がある。
　そこで,以下のことが,教育行政制度の今日的課題として指摘できよう。

(1) 総合教育会議の透明性
　総合教育会議は,原則公開され,首長は,会議終了後,遅滞なくその議事録を作成し,公表する努力義務がある。また,必要があるときは,関係者または学識経験者から当該協議する事項に関して意見を聞くことができる。「関係者」

とは，コミュニティースクールにおける学校運営協議会の委員，PTA関係者，地元企業関係者などである。会議の協議を経て首長が設定する教育大綱に即して，教育行政が行われるよう意を用いることになっていること（地教行法第11条8項）を考えても，これらの規定を規定で終わらせることなく，積極的に活用して総合教育会議の透明性を確保していくことが教育行政に携わる者の責任である。

（2）教育委員会の活性化

　教育委員会制度のもともとの趣旨は，教育の政治的中立性の確保，教育の継続性・安定性の確保，地域住民の意向の反映である。今一度，教育委員会は地方教育行政の要としてこの趣旨を貫徹させるために活性化しなければならない。

　たとえば，教育長の権限が他の委員と比べて大きくなったことに対して，教育委員は，必要であれば教育長に会議の招集を請求し，教育長に委任した事務についてもできるだけすべての事務について報告を求め，必要に応じて事務の執行を是正したり委任を解除することを積極的に行うべきである。そのためにも，教育委員自身が研修の機会を十分に活用したり，子ども・教師・保護者・地域住民からの情報収集に積極的に努めて，教育委員としての力量を磨き，地域住民の代表としての役割を十分に遂行していくことが望まれる。

　また，教育委員会が地域住民への説明責任を果たしていくために，「教育委員会は，毎年，その権限に属する事務の管理及び執行の状況について点検及び評価を行い，その結果に関する報告書を作成し，これを議会に提出するとともに，公表しなければならない」（地教行法第26条）とされている。2013（平成25）年には，すべての都道府県・指定都市教育委員会で点検評価が行われているが，市町村教育委員会では95.8％にとどまっている。また，14改正では，<u>教育委員会会議の公開に加えて，議事録の作成とその公表の努力義務を教育長に課した</u>（地教行法第1条の4の9）。2013（平成25）年には，議事録もしくは議事概要を公表している都道府県教育委員会は100％，市町村教育委員会は53％であった。これらの情報公開面での活性化も望まれる。

参考文献

岡本徹・佐々木司編著(2009)『新しい時代の教育制度と経営』ミネルヴァ書房.
木田宏(2015)『第4次新訂逐条解説　地方教育行政の組織及び運営に関する法律』第一法規.
中島哲彦(2014)『教育委員会は不要なのか――あるべき改革を考える』岩波書店.
村上祐介編著(2014)『教育委員会改革5つのポイント――地方教育行政法のどこが変わったのか』学事出版.
文部科学省地方行政研究会(2014)『Q&A 平成26年改正　改正地方教育行政法――新教育委員会制度のポイント』ぎょうせい.

（岡本　徹）

第7章

教育財政の制度

　我が国の教育財政システムは，中央・地方による役割分担の下で教育費支出を行い，双方が教育行政システムを財政面から支えてきた。しかしながら，近年は，中央から地方への税源移譲が行われたことに伴い，地方レベルにおける権限および財政支出が強く求められており，従来までの中央・地方による役割のあり方に変化があらわれている。

　本章では，教育財政の基本的理解に向けて，まず，我が国における教育財政の役割について，国家予算における教育財政の位置づけから確認する。次に，中央レベル・地方レベルにおける教育財政システムの構造について概観する。さらに，近年の教育財政をめぐる課題について，教育の機会均等と増加する私費負担の観点から考察を行う。

1　教育財政の意義

(1) 教育財政とは

　学校教育が成り立つためには，校舎や教員，教科書等，さまざまなものを整えておくことが必要不可欠である。学校教育が成立するための整備にあたっては，当然ながら教育に要する費用支出，すなわち教育費の負担が必要となる。つまり，教育財政とは，我々の学校教育に関わる教育費支出を行い，平素の教育活動を支える基盤であるといえよう。

　教育財政とは何を指すのか。たとえば，米国や中国といった諸外国では，教育財政のための財源調達は，国の税制度の一環である「教育税」として国民より徴収を行っている。他の税金と同様に，一定の「教育税」を得ることで，教育にかかわる独自財源を確保することが可能となり，教育財政の配分・支出の

第 7 章　教育財政の制度

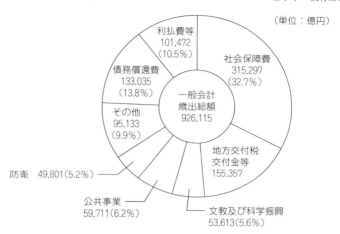

図 7-1　平成27年度一般会計歳出の構成

（出典）　財務省「平成27年度予算のポイント」を参照。
http://www.mof.go.jp/budget/budger_workflow/budget/fy2015/
seifuan27/01.pdf（最終アクセス：2015年10月28日）

一連の流れを安定的なものとするシステムである。しかしながら，我が国においては，「教育税」という教育目的ための調達システムを有しておらず，国家予算の枠組みのなかで動いている。図7-1は，2015（平成27）年度の国家予算の構成を示したものである。

　2015（平成27）年度における一般会計歳出状況では，「文教及び科学振興」が教育にかかわる費用を指しており，国の予算の5.6％にあたる5兆3千613億円を計上している。「社会保障費」と「地方交付税交付金等」とで5割近くを占めているため，教育への費用支出が僅かであるように見えるかもしれない。しかし，「防衛」「公共事業」と同様程度，支出がなされている。

　それでは，我が国の教育財政が，どのような公共性をもつものであるのか，これまで受けてきた教育を振り返りながら考えてみたい。

　まず，義務教育段階における教科書購入ならびに授業料の有無についてである。小学校，中学校の義務教育段階では教科書は購入せず，授業料も徴収されてはいないが，これらは教育費支出によって賄われている。教科書については，義務教育諸学校の教科用図書は無償とすることが定められており（義務教育諸

127

学校の教科用図書の無償に関する法律第1条)，無償とする教科書は国が毎年度義務教育諸学校で使用する教科書を購入し，設置者に無償給付すると規定されている（義務教育諸学校の教科用図書の無償措置に関する法律第3条）。

授業料については，「すべて国民は，法律の定めるところにより，その保護する子女に普通教育を受けさせる義務を負ふ。義務教育は，これを無償とする」（憲法第26条2項）によって義務教育は原則無償であるとともに，「国または地方公共団体の設置する学校における義務教育については，授業料を徴収しない。」（教育基本法第5条4項）により，国公立学校の義務教育は基本的に無償となっている。

以上のように，無償であることによって教育の機会が平等にひらかれていることに加え，教育の提供において必要不可欠な備品が整えられていることこそ，我が国において教育が公共的な活動として捉えられていることを示している。

(2) 教育財政の役割

教育を受けることができ，そのための条件整備が整えられていること，つまり，国が費用を支出することによって学校教育活動を円滑に実施できるよう保障することこそが，教育財政の役割であるといえる。具体的な教育財政の役割とは，「教育を受ける権利」（憲法第26条1項，教育基本第法第4条），「教育を受けさせる義務」（憲法第26条2項，教育基本法第5条，学校教育法第16条），「教育の機会均等」（憲法第14条1項，同法第26条1項，教育基本法4条），「教育の水準確保」（教育基本法第5条3項，同法第16条2項），といった教育に関わる権利を教育の内的・外的それぞれについて財政面から保障することにある。

こうした財政面から教育を支える仕組みは，「教育を受ける権利」の保障のみならず，教育を提供する側の量的・質的保障を促すことにつながる重要な役割を担っている。では，どのような仕組みのもとに成り立っているのだろうか。ここでは，教育財政の負担原則について触れておく。

まず，国と地方の負担についてである。我が国では，地方自治の原則（日本国憲法第8章）によって，地方公共団体の事務および，その事務執行に際しての必要な経費について，地方公共団体がその全額を負担することになっている

（地方財政法第9条）。

　それゆえ,「学校の設置者は，その設置する学校を管理し，法令に特別の定のある場合を除いては，その学校の経費を負担する」（学校教育法第5条）とあるように，学校の設置者がその費用を負担することが規定されている。このようにして，市町村立学校であれば市町村，都道府県立学校であれば都道府県，私立学校であれば学校法人が費用を負担する設置者負担主義が規定されていることがわかる。

　原則的に設置者負担主義ではあるが，国が費用支出を行う地方公共団体に対して奨励および助成を目的とした形で支出される国庫負担，国庫補助が例外措置として行われている。地方公共団体ごとに異なる財政力によって，教育の質保障に影響が出ることがないよう，国が基本的な費用の支出を行うことがある。国庫負担については，次節にて詳述することとする。

2　教育財政の制度構造

（1）国の教育財政の制度的枠組み

　本項では，国の教育財政の構造がどのような制度の下に成り立っているのか，その実態について把握していく。

　まず，国による費用支出の構造についてである。我が国における教育の所管官庁は文部科学省であり，国の一般会計から支出される「文教及び科学振興費」が文部科学省所管予算にあたる。図7-2は，平成27（2015）年度文部科学省所管の一般会計予算の構成をあらわしたものである。文部科学省所管予算は5兆3,378億円となっており，先に示した国家予算における「文教及び科学振興費」5兆3,613億円との間には差が生じている。国の一般会計における「文教及び科学振興費」は，文部科学省が大部分を所管しているが，一部には内閣府や総務省が所管している費用を含めた費用として計上・支出されている。そのため，「文教及び科学振興費」のうち，内閣府や総務省所管の費用を差し引いた額が文部科学省所管予算として支出されていることために差額が生じているのである。

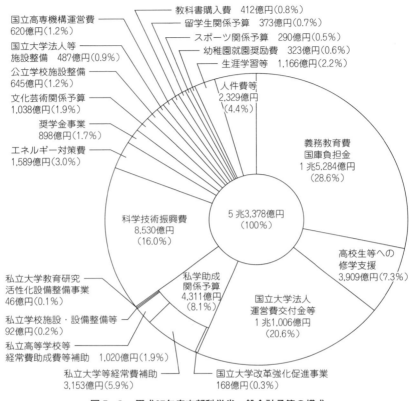

図 7-2　平成27年度文部科学省一般会計予算の構成

（出典）　文部科学省「平成27年度文部科学関係予算（案）主要事項」を参照。
http://www.mext.go.jp/component/b_menu/other/__icsFiles/afieldfile/2015/03/11/1354604_1.pdf（最終アクセス：2015年10月28日）

　図7-2の2015（平成27）年度文部科学省所管予算総額は，5兆3,378億円であり，前年度2014（平成26）年度予算額5兆3,536億円と比較すると，158億円減となっている。この2015（平成27）年度文部科学省所管予算の内訳の一部を見てみると，義務教育費国庫負担金1兆5,284億円（28.6％），高校生等への修学支援3,909億円（7.3％），国立大学法人運営費交付金等1兆1,006億円（20.6％），国立大学改革強化推進事業168億円（0.3％），私学関係予算4,311億円（8.1％），奨学金事業898億円（1.7％），公立学校施設整備645億円（1.9％），

国立大学法人等施設整備487億円（1.2%），教科書購入費412億円（0.7%），から成っている。

　この文部科学省所管予算において，約3割の費用支出が行われているのは義務教育費国庫負担金である。義務教育費国庫負担金は，地方財政法第10条「地方公共団体が法令に基づいて実施しなければならない事務であつて，国と地方公共団体相互の利害に関係がある事務のうち，その円滑な運営を期するためには，なお，国が進んで経費を負担する必要がある次に掲げるものについては，国が，その経費の全部又は一部を負担する」こととなっている。つまり，教育に関わる事項として，義務教育職員の給与および義務教育諸学校の建物等が財政支出の対象とされている（地方財政法第10条第1・第3）。そして，地方財政法第10条の規定に基づき，義務教育費国庫負担金支出の根拠法として制定されたのが義務教育費国庫負担法である。義務教育費国庫負担金は，「義務教育について，義務教育無償の原則に則り，国民のすべてに対しその妥当な規模と内容とを保障するため，国が必要な経費（義務教育費国庫負担法第1条）を負担することにより，教育の機会均等とその水準の維持向上とを図ること」を目的として，憲法上規定されている義務教育の無償性ならびに，教育の機会均等を保障することを明確に示した上，制度化されたものである。

　義務教育費国庫負担金は，公立義務教育諸学校に勤務する教職員の給料，すなわち人件費が主要項目である。その内訳は，公立の義務教育諸学校の教職員の給与の3分の1を国が負担し，残りの3分の2を地方公共団体が負担することとなっている（義務教育費国庫負担法第2条）。同法では，国と地方公共団体の費用負担の役割が明確となっているが，給料の支給主体と勤務所在地が混在する複雑な仕組みで運用されている。このような義務教育費国庫負担金については，市町村立学校職員給与負担法による市町村立学校の教職員給料規定に基づき，日本国憲法26条ならびに義務教育費国庫負担法第1条を反映して導入されたものである。

　市町村立学校職員給与負担法第1条において，市町村立義務教育諸学校の教職員であっても，給料が支給される主体は都道府県となっている。これは，本来ならば，教育財政の負担原則である設置者負担主義によって各市町村が負担

をすることとなるが，当該自治体における教職員の確保と適正配置のために，都道府県が全額負担することとなっている。同法によって給与を支給されている教職員は，県費負担教職員と呼ばれている。

また，市町村においては，各自治体間で財政力に差が生じていることから，すべての市町村が当該教職員の給料を全額負担することは，現実問題として難しい。たとえば，設置者負担主義に基づき，各市町村に給与負担を委ねた場合，財政力不足を背景として，各学校に必要数の教職員を配置することが難しくなることが懸念される。つまり，教育活動に必要な教職員を配置することが困難であることに加え，人件費抑制による自治体間の給与格差が浮上する可能性があるためである。以上のような事情から，都道府県が支給主体となることによって，各市町村の教育水準ならびに教職員給料の維持向上を図る役割を果たしているといえる。

近年，市町村立学校職員給与負担法の改正により，構造改革特区において「教育上特に配慮が必要な事情がある場合」，各市町村が給与を支給し，独自に任用することができる市町村費負担教職員制度を運用する自治体もあらわれている。県費負担教職員制度では，任命権が都道府県にあることから，各市町村の必要に応じた任用をすることが困難であった。だが，市町村費負担教職員制度では，地域の特性を活かした教育活動に必要な教職員を各市町村で任用することが可能となり，特色ある学校づくりへの貢献が期待されるところである。ただし，構造改革特区においての制度運用であるため，全国的な展開を見せているわけではなく，現状としては各地方自治体の財政力の差異によって，県費負担教職員制度を維持・運用していくことが必要となっている。

義務教育費国庫負担金のみならず，国の教育予算として支出される項目として，校舎や運動場といった施設整備も大きな使途の一つであるといえる。このような施設整備については，設置者負担主義の例外規定に該当するものであり，義務教育諸学校等の施設費の国庫負担等に関する法律によって，屋内運動場の新設・整備にかかわる教育環境整備に向けた国庫負担金が支出されることとなっている。さらに，義務教育諸学校の教育内容を質的にも保障するものとして，教科書購入費（412億円）が重要な役割を果たしている。これは，教科書の無

第7章　教育財政の制度

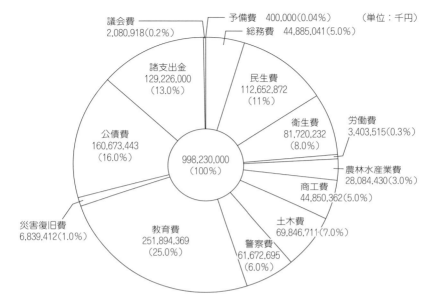

図7-3　平成27年度広島県一般会計歳出予算の構成

（出典）　広島県「平成27年度一般会計歳出予算の款別財源内訳」を参照。
https://www.pref.hiroshima.lg.jp/uploaded/attachment/175283.pdf
（最終アクセス：2015年10月28日）

償給付のため，国が義務教育諸学校の教科書を購入する費用を負担とすることを規定したものである（義務教育諸学校の教科用図書の無償措置に関する法律）。

（2）地方教育財政の制度的枠組み

　地方教育財政の仕組みについて，広島県を事例としてみていく。図7-3は，2015（平成27）年度広島県予算（一般会計）の内訳を示したものである。

　図7-3の平成27（2015）年度広島県の一般会計予算からは，全体の約3割弱を教育費が占めており，民生費，衛生費，農林水産業費，商工費，土木費，警察費等の費目を大きく上回っていることがわかる。地方財政において，財政支出対象の最大費目であることに加え，その役割の大きさも予算構成からは確認できよう。

　次に，地方における教育予算の実態についてである。図7-4は，2015（平

133

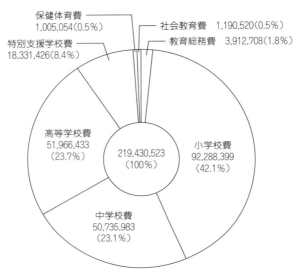

図7−4　平成27年年度広島県教育委員会所轄歳出予算（項目別）

（出典）　広島県教育委員会「平成27年度当初予算案の概要」を参照。
http://www.pref.hiroshima.lg.jp/uploaded/attachment/156104.pdf（最終アクセス：2015年10月28日）

成27）年度広島県教育委員会所管予算の構成である。

　教育予算では，小学校費，中学校費が全体の7割近くを占めており，次いで高等学校，特別支援学校，社会教育費等となっていることから，初等中等教育段階への教育費支出が主要費目となっていることがわかる。また，項目別にみた教育予算の支出対象では，そのほとんどが人件費となっている。教職員の給料については，国と地方の双方による負担割合を示してきてはいるが，現実には地方による費用支出が主体であることにかわりはない。教育水準の確保のためには，教育活動を質的側面から支える教職員が果たす役割が大きいことは当然であるが，これに加え，日常的な教育活動への教育費支出のあり方を検討していくことが地方には求められているのである。

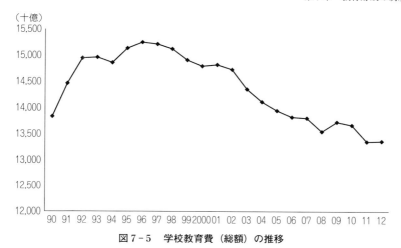

図7-5　学校教育費（総額）の推移

（出典）　文部科学省「地方教育費調査（各年版）」を参照。

（3）国・地方における教育財政の課題

　国および地方における教育財政の課題として，費用負担の構造から検討してみたい。

　図7-5は，幼稚園から高等学校（専修学校，各種学校，高等専修学校を含む）までの1990年代以降の教育費（総額）支出の推移を示したものである。教育費総額は，1990年代以降上昇傾向にあったものの，1990年代後半から2000年代にかけては下降傾向にあることがわかる。この下降傾向は，少子化によって教育費全体としては減少しているにもかかわらず，費用負担の構造は地方にとっては厳しくなる一方であった。

　現状を受けた教育費用負担の実態として，教育費支出の財源別支出の推移を示した図7-6を見てみたい。

　繰り返しになるが，我が国における学校教育費は設置者負担主義によって，地方がその費用を負担することによって，教育内容および条件整備の両面から支えている。しかしながら，この負担構造が2000年代以降，大きく変化することとなる。とりわけ，2003年以降は，都道府県支出金が上昇しているにもかかわらず，国庫補助金，すなわち国からの財政支出は減少傾向にあることである。

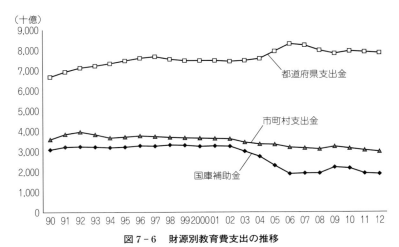

図7-6　財源別教育費支出の推移

（出典）　文部科学省「地方教育費調査（各年版）」を参照。

　2003（平成15）年の三位一体改革以降，さまざまな権限が国から地方に移譲されているが，教育においても例外ではなく，地方自治体の裁量が増え，特色ある教育を展開できるようになったことも事実である。しかしながら，さまざまな権限とともに地方に移されたのは地方による費用支出であり，とりわけ教育費負担は各地方自治体にとって喫緊の課題となったのである。

　同改革を反映して，2004（平成16）年度より義務教育費国庫負担金の国による負担が，従来までの2分の1から3分の1に引き下げられた。逆に言えば，3分の2を地方が負担することとなり，実質的には公立義務教育諸学校に勤務する教職員給与の支給主体が地方に移譲されたことから，地方の負担をこれまで以上に大きくすることにもつながった。

　さらに，同年に「総額裁量制」が導入されたことも地方にとっては課題といえる。「総額裁量制」は，義務教育費国庫負担金総額において，教職員の給与や教職員配置にかかわる地方の裁量を拡大する制度である。各都道府県への国庫負担金は，「各都道府県の負担金総額＝都道府県ごとに定める教職員の給与単価×義務教育標準法に基づく教職員定数×1／3」という算定式によって，その総額が決定される。しかし「総額裁量制」では，負担金の実際の執行にお

いて，各都道府県が総額の中で給与と教職員数を自由に決定することができるようになるとともに，地方裁量として，給与単価の算定と教職員数を設定することができるようになった。このような地方裁量を受けて，地方によっては費用の持ち出しを極力少なくするために，義務教育標準法の枠内において教職員定数を減じた単価を設定することも可能となったのである。この一連の影響を反映したかのように，「総額裁量制」導入によって，多くの都道府県において非常勤講師の雇用が増加し，教育水準を確保するための教職員の適正配置の枠組みは崩れつつあるといえる。

　我が国の教育財政は，中央のみならず，地方による教育費支出額が多いという状況下において，各都道府県による教育費の確保を如何にして行い，適切な支出をするのかということが重要な課題となっているのである。

3　家計支出教育費の増大と教育扶助制度

（1）経済的困窮家庭への教育扶助制度

　これまで，我が国の教育財政について，公的な財政支出を中心にその仕組みを把握した。しかし，我が国の教育を支えているのは公的な財政支出だけではなく，各家庭からの家計支出教育費による私費負担が多いことも特徴的なことである。

　図7-7は，我が国における子どもの貧困率（17歳以下）を示したものである。貧困率は，一般的な所得の半分以下で生活している子どもたちの比率を示すものである。我が国においては，17歳以下の貧困率が年々上昇しつつあり，とりわけ初等中等教育段階の年齢にある子どもたちの貧困問題は深刻である。このように，経済的に厳しい生活事情の子どもに対する教育扶助制度として，我が国には義務教育段階において，就学援助制度がある。

　就学援助制度は，経済的な理由で就学困難な児童・生徒の保護者に対して，学用品費・体育実技用具費・新入学児童生徒学用品費等・通学用品費・通費・修学旅行費・校外活動費・医療費・学校給食費・クラブ活動費・生徒会費・PTA会費の補助を市町村が行う制度である（学校教育法第19条）。同制度で

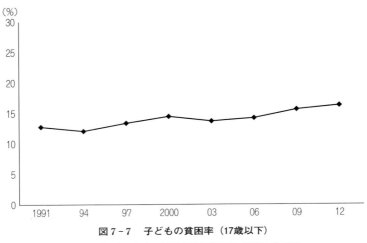

図7-7　子どもの貧困率（17歳以下）

（出典）　厚生労働省「平成25年度　国民生活基礎調査の概況」を参照。
http://www.mhlw.go.jp/toukei/saikin/hw/k-tyosa/k-tyosa13/dl/03.pdf
（最終アクセス：2015年10月28日）

は，義務教育を支障なく実施することを目的として，「就学困難な児童及び生徒に係る就学奨励についての国の援助に関する法律」「学校給食法」「学校保健安全法」に基づき，補助内容が決定されている。就学援助の対象者は，要保護者：「生活保護法第6条第2項に規定する要保護者」，準要保護者：「市町村教育委員会が生活保護法第6条第2項に規定する要保護者に準ずる程度に困窮していると認める者」である。しかし，2005年からの税源移譲によって，準要保護者に対する国庫補助は廃止され，準要保護者への補助は，各市町村単独による補助制度となった。

　文部科学省の調査によると，就学援助の対象となる児童・生徒数は年々増加し続けており，近年は若干減少したといわれているが，現状としては大きな変化はない（文部科学省2015）。特に，準要保護者に対する措置が各市町村単独事業となったことに伴い，市町村が就学援助に対して，どの程度の財源を充てるのかは市町村ごとに異なっている。各市町村の財政力や就学援助制度の位置づけによる差は，経済的に厳しい子どもの教育を受ける機会をより一層困難とするものである。

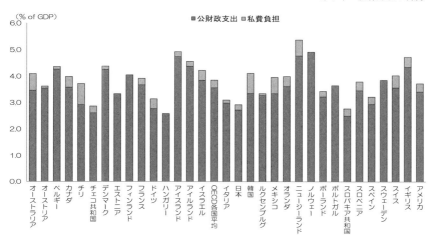

図7-8　国内総生産（GDP）に対する教育支出の割合（初等・中等教育）

（出典）　OECD（2014）Education at a Glance 2014, pp.224-225. を参照。
　　　　http://www.oecd.org/edu/Education-at-a-Glance-2014.pdf
　　　　（最終アクセス：2015年10月28日）

（2）教育費負担と奨学金制度

　我が国では，公共性の高い財政支出の対象として国家予算から教育費支出がなされているが，その程度は果たして十分なのであろうか。先にも述べたが，私費負担や社会問題化している貧困の実態を鑑みると，その展望は必ずしも明るいものではないだろう。

　図7-8，7-9は，国内総生産（GDP）に対する公財政支出，私費負担の割合を示したものである。

　図7-8の初等中等教育段階では，OECD加盟の多くの諸外国において公財政支出が行われており，私費負担が高い国は多くはない。そのなかでも，我が国の状況は，公財政支出の割合そのものがOECD各国平均以下であり，決して高いとはいえないことがわかる。そもそも，我が国の教育財政は，国家予算の一部として支出される形態をとっており，税収による安定的な教育財源の確保ができていないという実態がある。国家予算の一部であることから，必然的に国家予算全体の影響を受けることとなり，その財源は年々減額傾向にある。我が国では，限りある教育財源をいかに支出するかが検討課題といえるのであ

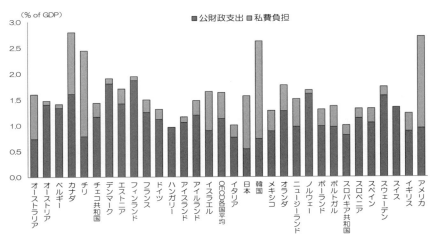

図7-9　国内総生産（GDP）に対する教育支出の割合（高等教育）

（出典）　OECD（2014）Education at a Glance 2014, pp.224-225. を参照。
http://www.oecd.org/edu/Education-at-a-Glance-2014.pdf
（最終アクセス：2015年10月28日）

る。

　さらに，図7-9の高等教育段階では，多くの諸外国が高等教育に対する公財政支出の割合が高いにもかかわらず，我が国の実態としては，むしろ私費負担が大半を占めているということである。我が国の高等教育の進学率は下降することはなく，ユニバーサルアクセス化を迎えているが，現実は私費負担によって保たれていることがわかる。

　また，表7-1は，日本学生支援機構が調査した奨学金の受給率である。

　高等教育における奨学金受給率は，大学では国立では約5割，公立・私立では5割以上が受給しており，短期大学では2割程度が受給していることがわかる。このような実態からは，高等教育段階では奨学金を受給しながら就学をすることが一般的となっていることがうかがえ，多くの学生が卒業後に奨学金返済という重荷を背負って社会に出ることを意味している。また，日本学生支援機構に加えて，他機関の奨学金を複数受給する学生も近年では見られる。

　大学，短期大学いずれの学生についても，その大半が日本学生支援機構の奨

第7章　教育財政の制度

表7-1　設置者別奨学金受給率

区　分		受給率
大　学	昼　間	国　立　49.8 公　立　59 私　立　52.7
	平　均	52.5
短期大学	昼　間	国　立　— 公　立　13.3 私　立　11.4
	平　均	11.5

（出典）　日本学生支援機構「平成24年度学生生活調査」22-23頁を参照。
（http://www.jasso.go.jp/statistics/gakusei_chosa/12.html）
最終アクセス：2015年10月28日。

表7-2　設置者別・奨学金の種類別学生数

区　分			奨学金の種類		
			日本学生支援機構	その他	両　方
大　学	昼　間	国立 公立 私立	85.3 88.2 80.4	8.3 6.1 10.0	6.3 5.7 9.6
		平均	81.6	9.5	8.9
	夜　間	国立 公立 私立	83.6 84.9 73.6	9.0 1.4 8.8	7.4 13.7 17.5
		平均	76.2	8.6	15.2
短期大学	昼　間	国立 公立 私立	— 85.2 73.1	— 6.2 12.9	— 8.6 13.9
		平均	73.8	12.5	13.6
	夜　間	国立 公立 私立	— 81.9 79.1	— 3.4 6.3	— 14.7 14.6
		平均	79.8	5.6	14.6

（出典）　日本学生支援機構「平成24年度学生生活調査」27頁を参照。
（http://www.jasso.go.jp/statistics/gakusei_chosa/12.html）
最終アクセス：2015年10月28日。

学金を受給しており，さらに2割弱の学生がその他の奨学金を併用して受給している。とりわけ，短期大学では1割以上の学生が，日本学生支援機構とその他の奨学金を併用しているのが現状である。

　高等教育段階では，各大学による授業料減免措置を主軸としながらも，多くの学生が奨学金を受給しながら通学している。しかしながら，我が国の奨学金の多くは貸与型であるため，卒業後に返還義務がある。奨学金の返還に際しては近年，返還延滞者が社会問題化しており，2015（平成26）年には延滞者が約32万人に及んでいる（日本学生支援機構 2015）。ユニバーサル化を迎えて高等教育への門戸が大きくひらかれた現在，高等教育へ進学した学生が十分な学生生活を送り社会に出ることができるよう，大学在籍時のみならず，卒業後を見越した就学支援制度の在り方が問われている。

4　教育財政の動向と課題

（1）高等学校等就学支援金制度の創設

　近年の教育財政の動向として，高等学校段階において新設された高等学校等就学支援金制度について触れておく。我が国においては，義務教育段階では就学援助制度があり，高等教育段階では日本学生支援機構をメインとした奨学金制度と各大学の授業料免除制度が行われてきた。一方，高等学校段階の就学支援については，各都道府県独自の奨学金事業や日本育英会の奨学金事業等，その支援は個別に行われてきた。しかし，中央による高等学校段階を直接の対象とした就学支援制度の実施により，高等学校段階への教育機会の提供に向けて，ようやく光が当てられたのである。

　高等学校等就学支援金制度に先立ち，2009（平成21）年8月の第45回衆議院議員総選挙において，民主党が「子ども手当」と並んでマニフェストとして掲げた施策が「高校授業料無償化」がある。

　「高校授業料無償化」は，地方公共団体の設置する高等学校，中等教育学校の後期課程，特別支援学校の高等部（専攻科・別科を除く）の授業を徴収しないこと，私立高校在籍生徒に対しては授業料の一部を補助することを内容とす

るものであった。同制度は，所得制限を設けずに実施されていたが，高所得制限を設けないことの是非，公立高校と私立高校間の格差，就学支援金の対象範囲等が議題として常に挙がっていた。

政権交代により自民党に引き継がれ，2013（平成25）年10月18日に「公立高等学校に係る授業料の不徴収及び高等学校等就学支援金の支給に関する法律の一部を改正する法案」を経て，2014（平成26）年4月より「高等学校等就学支援金制度」が実施されることとなった。新制度では，所得制限の導入により一定の収入額未満が支給対象となり，一定所得を超えた場合には授業料が徴収されることとなった。これは，公立高校と私立高校間の格差是正に努めるとともに，就学支援金の拡充が行われたことにより，教育を受ける権利を保障するための門戸を広げたものである。

我が国では，義務教育段階においては就学援助制度によって，経済的に困窮している児童生徒の保護者への支援が行われているが，高等学校段階では「高校授業料無償化」以降の制度導入によって，ようやく就学支援施策が本格的に行われつつある。

（2）教育財政の課題

本項では最後に，近年の教育財政をめぐる課題を記しておきたい。

第一に，近年の国家財政の圧迫による公財政支出の縮減に伴う，教育財源の確保についてである。先にも述べたが，我が国の教育財政は国家予算と連動しており，教育目的のための財源を有していないことが特徴ではあるが，大きな課題でもある。国家財政の波を受けて変動しつつあり，かつ，減少傾向にある教育財源について，限られた教育財源をどこにどのように配分・支出することが望ましいのかを検討していかなければならない。今後は，大幅な教育費増額が見込まれないことを勘案すると，限りある財源の使途が問題となってくる。つまり，教育の機会均等のために平等に配分することではなく，どのように配分・支出することが望ましいのかという「適切性」にかかわる検討が重要となるのである。

第二に，国と地方の費用負担の構造について，地方による費用負担が主体と

なっている実態を鑑みると，地方を基盤とした教育条件整備を目指した財政運営のあり方について問い直すことが必要となろう。

第三に，高等学校段階において就学支援制度が導入される等，教育を受ける権利への財政保障の整備が進められつつある。しかしながら，高等学校段階ならびに高等教育段階においても，安定的な教育の機会保障が行われているとはいえず，奨学金制度をはじめとして課題が山積している。現行の経済支援施策の見直しや無償教育のあり方が，今後より一層求められてくるのである。

流動的な社会状況を見つめ，教育の機会均等，水準の確保を担保しうる教育財政システムを構築していくことが，今後の我が国の最も大きな課題である。

参考文献

小川正人（2005）「三位一体改革と義務教育財政制度の改革構想」『日本教育行政学会年報』第31号．

小川正人（2010）『教育改革の行方——国から地方へ』ちくま新書．

貞広斎子（2010）「人口予測データを用いた公教育規模と公教育費規模推計——持続可能な公教育財政システムの構築に向けた2035年の政策シミュレーション」『日本教育行政学会年報』第36号．

末冨芳（2010）『教育費の政治経済学』勁草書房．

鈴木友紀（2010）「『高校無償化』をめぐる国会論議〜公立高校授業料不徴収及び高等学校就学支援金支給法〜」『立法と調査』No. 306．

日本学生支援機構（2015）「JASSO 年報　平成26年度」
　http://www.jasso.go.jp/statistics/annual_report/documents/annrep14_1.pdf
　（最終アクセス：2016年1月5日）

文部科学省（2015）「平成25年度就学援助実施状況等調査等結果」．
　http://www.mext.go.jp/component/a_menu/education/detail/__icsFiles/afieldfile/2015/10/06/1362483_19_1.pdf（最終アクセス：2016年1月5日）

OECD（2014）Education at a Glance 2014．

（小早川倫美）

第8章

幼児教育・保育の制度

　人間の成長にとって乳幼児期の影響が大きいことは周知のとおりである。乳幼児期にどのような環境で過ごし，どのような人々と関わり，どのような経験をしたかといったことが，後々の成長を支え，社会生活を送る礎となっているのである。そう考えると，この時期によりよい成長に必要なできる限りの環境や経験をわが子に与えたいと思うのが親心である。

　しかし，近年では，貧困や離婚，子育て不安などから，わが子にそれらを提供できない親も増えている。そうした親子を支え，子どもに適した環境と経験を与える役割を果たしているのが，幼児教育，保育施設である。

　本章では，これらの施設を歴史も踏まえて紹介しながら，近年の動向についても説明する。そこから，現在我が国が乳幼児に何を与え，何を育むことにより，どのような国民を育て，どのような国を創ることを目指しているのか考えてみてほしい。

　なお，教育と保育の用語について，幼児に対する教育活動や養護を含めて保育という言葉を使用するのが一般的であるが，本章では各保育施設の説明の理解を進めるために，幼稚園で行われているものを（幼児）教育，保育所で行われているものを保育，認定こども園で行われているものを教育・保育と区別して表記する。ただし，第4節では総合的な内容の都合上，保育と統一して表記するものとする。

1 注目される幼児期の教育

（1）日本の子どもの貧困

　近年，幼児期への視線が熱い。それは，発達や教育の観点からだけでなく，

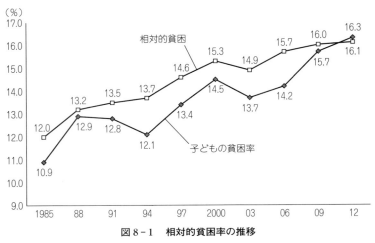

図 8-1　相対的貧困率の推移

（出典）厚生労働省「平成25年　国民生活基礎調査　結果の概要」。

貧困の視点でその重要性が指摘されているからである。そのきっかけになったのが，「子どもの貧困」の調査である。日本に貧困状態にある子どもがいること自体，想像がつきにくい人もいるかもしれないが，実際に厚生労働省が発表した2012（平成24）年の日本の子ども（18歳未満）の相対的貧困率は16.3％で，6人に1人の子どもが貧困の状態にあり，その割合は年々上昇傾向にある（図8-1）。また，ひとり親家庭の53.1％が貧困状態にあることもわかっており，ひとり親で子育てをする大変さを示している。

ところで，この「相対的貧困」とは，人がある社会のなかで生活する際に，そのほとんどの人々が行っている「普通」の習慣や行為を経済的な理由でできない状態にあることをいう。2012（平成24）年の世帯所得でいうと，親子2人世帯で年間約173万円で月額約14万円，親子4人世帯では約244万円で月額20万円あまりが貧困ラインとされている。こうした家庭は食費や光熱費など生活に必要なものを優先して支出することになるため，子どもにとっても友人との付き合いや学校生活などで，参加できないことや制限されることがでてくることになる。

さらに，貧困で問題となるのは，子どもや家庭のさまざまな面に影響を与え

第 8 章　幼児教育・保育の制度

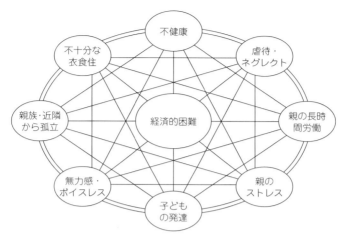

図 8-2　貧困と他の問題との関連を示す図
（出典）　山野良一『子どもに貧困を押しつける国・日本』光文社，2014年，12頁。

てしまうことである。図 8-2 のように，経済的に困難な状況にあることは，親のストレスや長時間労働，虐待やネグレクトなどの問題を引き起こすだけでなく，それらが相互に関係しあって問題をさらに困難にしてしまう可能性も高くなる。そのうえ，貧困が世代を超えて連鎖するということも明らかになっており，貧困に対する早急な対策が求められている。

（2）子どもの貧困対策と幼児期の教育

　こうしたことから，2013（平成25）年 6 月に「子どもの貧困対策の推進に関する法律」が成立し，翌年 8 月に「子供の貧困対策に関する大綱」が閣議決定された。このなかで，当面の重点施策の 1 つとして「幼児教育の無償化に向けた段階的取組」が挙げられている。幼児期における質の高い教育を保障することは，将来の進学率の上昇や所得の増大をもたらすなど，経済的な格差を是正し，貧困を防ぐ有効な手立てであると考えられるとし，全ての幼児が質の高い幼児教育を受けられるよう，幼児教育の無償化を段階的に進めるとしている。

　このように，貧困対策として幼児期の教育に注目するのは，欧米における近

147

年のさまざまな研究結果によって，貧困状態にある子どもに対する早い時期からの教育的プログラムの実施が，子どもに好影響を与えていることが明らかになってきたことによる。たとえば，貧困家庭の子どもは，質の高い幼児教育や保育を受けた場合，年収の高い家庭の子どもとの間に発達面で大きな差が見られないことが明らかになっている。また，早期にプログラムを受けた子どもの追跡調査では，高校中退のリスクが下がり，IQや所得が上昇し，犯罪的な行為が減少するなどの効果があったことがわかっている。

　また，幼児教育や保育への公共投資が，経済的，教育的に国の経済成長にとって有効であるといわれている。ノーベル経済学賞受賞のJ. ヘックマン（J. Heckman）によると，幼児教育や保育への投資が社会全体にもたらす経済効果は，その後の就学期，就学後への投資よりはるかに大きいという。つまり，幼児期に質の高い教育，保育を行えば，子どもが成人したときの税負担の能力が高まり，そればかりか生活保護などの社会保障費用も抑制できるというのである。また，これらの研究を受けて，エスピン＝アンデルセン（G. Esping-Andersen）は，社会的相続の重要なメカニズムが就学前の時期にあること，社会的相続を強めている家庭内の要因として，金銭面の不平等，親が子どもにかける時間量の不平等，家庭内の文化資本（蔵書の量，芸術への親和性，絵本の読み聞かせなど）の影響を挙げている。そして，そのなかでも文化資本が，OECD生徒学習到達度調査（PISA）の15歳児のテスト結果に最も大きく影響していることを指摘しており，乳幼児期から質の高い教育や保育に誰もがアクセスできるようにして，子どもの学習環境を同質化することを主張している。実際，デンマークやスウェーデンでは，1960年代後半から乳幼児への家庭外ケアを大規模に提供した結果，子どものPISAのスコアや学校での成績が均質化し始めた。さらに，低学歴の父親をもつ子どもが高校を卒業する割合も上昇しており，この点でも彼は，良質な保育によって貧困の世代間連鎖をとどめることにつながった可能性を示唆している。これらを受けて，我が国においても幼児期の教育の重要性を認識し，保育の無償化を段階的に進める方向で進んでいるのである。

2 我が国の幼児教育施設，保育施設の歴史と制度

　我が国における幼児教育や保育を行う主な施設として，幼稚園，保育所，認定こども園を挙げることができる。みなさんは，それらの施設の役割や目的等の違いを把握できているだろうか。これらは，同じ幼児を対象とする施設でありながら管轄行政機関等を異にしており，現在いわゆる三元行政状態になっているが，そうなった理由は設立当時に求められた役割と普及発展した歴史の中にみることができる。本節では，幼児教育施設，保育施設として歴史のある幼稚園および保育所を概観し，それらのもつ性格と制度について述べる。

（1）幼稚園の創設と幼稚園教育制度
① 日本近代化の象徴としての幼稚園教育

　日本の幼稚園は，1876（明治9）年に設立された東京女子師範学校附属幼稚園が始まりとされている。この幼稚園は，当時の文部大輔（大臣）田中不二麿，東京女子師範学校摂理（校長）中村正直らの尽力によって開設されたもので，日本近代化の象徴であった。そのため，外国のものを尊んで園舎も保育内容もすべてを西欧風にしていた。保育者の指導にあたる主任保姆には，幼稚園の創設者であるフレーベル（F. W. A. Fröbel）の保育者養成学校で学び，ドイツに留学していた松野はざまと結婚して来日していた松野クララを迎え，フレーベル方式の保育を行った。保育時間は4時間，対象年齢は満3歳以上満6歳以下，定員150名で，年齢別のクラス編成を行った。カリキュラムは，フレーベルが幼児の有する自己活動・創造活動を教育的に育むことを意図して考案した遊具である「恩物」や，「唱歌」「遊戯」「説話」「体操」などが20～30分単位の時間割で組まれていた。その内容は，外国の歌やお話などを日本語訳（文語調）にしたもので，当時日本の子どもが行っていた遊びや童謡，民話とは異なっていたため，子どもにとって馴染みにくいものであった。このように，日本の幼稚園は，外国のものをそのまま模倣することから始まり，そこに通った子どもも上流階級の子弟であったため，幼稚園に通うことは一部の人に認められた「ぜ

いたく品」であり，庶民とはかけ離れた存在であった。その後，各地にこの園をモデルとした幼稚園が設立されていったが，経済的な余裕のある家庭の子どもが通うのが幼稚園という意識も共に広まっていった。

　幼稚園の数が増加するにしたがって法整備も少しずつ行われた。1890（明治23）年「小学校令」において，幼稚園に関する規則は文部大臣が定めることとされたものの，その規則はしばらく制定されなかった。しかし，幼稚園関係者による制度化の要望によって，1899（明治32）年，幼稚園の編制，組織，保育項目などについて規定した「幼稚園保育及設備規程」が公布され，幼稚園は満3歳から小学校に就学するまでの幼児を保育するところであることが明確にされた。本規程は，幼稚園について初めて詳細な法的規定が設けられた点で重要な意義をもつものであった。ただし，翌年の「小学校令」の改正により「小学校令施行規則」が制定され，本規程はそのまま「小学校令施行規則」の中に加えられた。その後，幼稚園が普及してくると，制度面も充実させようという声が高まり，1926（大正15）年「小学校令」から独立した「幼稚園令」や「幼稚園令施行規則」が制定された。これにより，幼稚園は学校教育制度に位置づけられ，幼稚園の目的や保育内容，保母の資格や職務などが明確に規定された。この「幼稚園令」は幼稚園の普及・発展にとって大きな原動力となったが，1947（昭和22）年「学校教育法」（以下，学校法）制定により廃止された。

② 現在の幼稚園教育制度

　現在の幼稚園は，満3歳から小学校就学前の幼児を対象とした，学校法第1条に規定された学校として，文部科学省が管轄している。特に，2007（平成19）年の同法改正により，「義務教育及びその後の教育の基礎を培う」保育を行うものとして，学校制度の第一段階に明確に位置づけられた。幼稚園の編制については，幼稚園設置基準によると，同年齢の幼児で学級編制を行い，1学級の幼児数は35人以下とすることが原則として決められている。教職員は園長と教頭，各学級に専任教諭を1名置くことが必要とされている。

　幼稚園の設置は，国や地方公共団体，学校法人などが認められているが，中でも学校法人などが建てた私立幼稚園の数が多い。しかし，その数も近年の少

表8-1　幼稚園の設置者別園数

区　分	計	国　立	公　立	私　立
2005年度	13,949	49	5,546	8,354
2010年度	13,392	49	5,107	8,236
2015年度	11,676	49	4,321	7,306

(出典)「学校基本調査」より作成。

子化や女性の社会進出などにより減少傾向にある（表8-1）。設置認可等は，公立幼稚園は文部科学大臣の指導のもと，都道府県教育委員会によって行われる一方，私立幼稚園は文部科学大臣のもと，都道府県知事によって行われている。入園契約は，保護者と園が直接行い，保育料は園が決めることができ家庭の経済状況に関係なく定額である。幼稚園運営費は設置者負担が原則であるが，国は私立幼稚園に対して助成を行っている都道府県へ補助を行うとともに，就園奨励事業を行う市町村に対しても補助を行っている。

ところで，幼稚園の教育週数は39週以上で，教育時間は1日4時間を標準としているが，保護者の希望に応じて，教育時間の前後や土曜・日曜，長期休業期間中に，幼稚園において教育活動を行う「預かり保育」が行われている。これは，2000（平成12）年から施行された幼稚園教育要領において初めて位置づけられたもので，子どもの遊ぶ場や仲間・機会の減少，親からの託児ニーズの増加，待機児童解消などを背景としている。2012（平成24）年6月現在,「預かり保育」を実施している園は，全体の81.4％（公立：59.7％，私立：94.2％）であり，幼稚園においても長時間保育のニーズが高いことを示している。

③　幼稚園教育の内容と役割

幼児期の教育は，生涯にわたる人格形成の基礎を培う重要な役割を担っている。前述のヘックマンによると，人間の能力には認知的能力（IQテストや学力検査などで確認できる知識など）と非認知的能力（肉体的健康・精神的健康，根気強さ，注意深さ，意欲，自信などの社会的・情動的性質）があり，どちらも幼少期に発達する。特に，非認知的能力の発達は，その後の学習意欲や長期的計画を実行する能力，他人との協働に必要な社会的・感情的制御などにつな

がり，学業成績や就業成果といった子どもの将来によい影響を与えることがわかっており，就学前の教育効果はその後の時期に比べて高いというのである。こうした非認知的能力を発達させるには，幼稚園教育を幼児期特有の教育方法で行うことが求められており，そのことは「幼稚園教育要領」に示されている。そのポイントは次のとおりである。

■環境を通して行うこと

　人間の生活や発達は，周囲の環境との相互関係によって行われるものであり，特に幼児期は心身の発達が著しいため，環境からの影響を受けやすい。この時期にどのような環境で生活し，環境にどのように関わったかが将来にわたる発達や人間としての生き方に重要な意味をもつ。そのため，幼稚園教育においては，教育内容に基づいた計画的な環境を作り出し，幼児がその環境に主体的にかかわっていく生活を通して，発達が促されるようにすることが基本となる。幼児が自ら周囲に働きかけて自分なりに試行錯誤を繰り返し，さまざまな活動を生み出し，その結果，自ら発達に必要なものを獲得しようとする意欲や生活を営む態度，豊かな心を育むことが求められる。つまり，教師主導の一方的な保育の展開ではなく，活動の主体は幼児であり，教師は活動が生まれやすく展開しやすいように，意図をもって環境を構成していくことが大切である。

■幼児期にふさわしい生活が展開されるようにすること

　幼児期は，自分の存在が周囲の大人に認められ，守られているという安心感から生じる安定した情緒が支えとなって，次第に自分の世界を拡大し，自立した生活へと向かっていく時期である。それには，信頼できる大人の存在が不可欠である。また，自分以外の幼児の存在に気づき，友だちとの関わりも盛んになる時期でもある。友だちによって，自己の存在感を確認し，自己と他者の違いに気づき，他者への思いやりを深め，集団への参加意識を高め，自律性を身につけていく。さらに，幼児の生活は，興味や関心に基づいた自発的な活動から構成されている。この体験による充実感や満足感が発達上の栄養となり，さまざまな能力を獲得することにつながる。このように，幼児期の発達の特徴や独自性を理解し，幼児がその時期にふさわしい生活を送れるよう，人も含めた環境を整え，健やかな発達を援助することが大切である。

第8章　幼児教育・保育の制度

■遊びを通して総合的に指導を行うこと
　幼児の生活のほとんどは，遊びによって占められている。幼児期の遊びは遊ぶこと自体が目的で，何かの成果を生み出すことが目的ではない。そのため，遊びは自発的活動であることが肝要である。遊ぶことは心身全体を働かせて活動することであり，遊びによって心身のさまざまな側面が相互に関連しあい，幼児は総合的に発達していく。遊ぶことにより，たとえば言語能力や社会性，道徳性，運動能力，創造性，想像力，思考力や計画性，充実感や挫折感，葛藤といった感情などの発達が同時に期待できるのである。したがって，教師は，遊びのなかで幼児が発達していく姿を総合的に捉え，発達に必要な経験が得られるような状況をつくることが求められる。

■子ども一人一人の特性に応じた指導を行うこと
　幼児の発達は，基本的に発達段階に即した過程をたどっていくため，教師はその年齢の幼児の発達を意識して教育を行うことは必要である。しかし，幼児期は家庭環境や生活経験によって発達の差が大きい時期でもあり，一様なかかわり方ではその差を埋めることが難しい。幼児一人一人の発達の特性（その幼児らしい見方，考え方，感じ方，かかわり方など）を理解し，その特性やその幼児が抱えている「発達の課題」に応じた指導が求められる。「発達の課題」とは，発達段階に見られる発達課題と異なり，幼児一人一人の発達に見られるそれぞれの課題のことである。教師は各幼児の発達の特性と発達の課題を把握し，その幼児らしさを損なわないように指導することが求められる。
以上のポイントを踏まえて，幼児の発達を「健康」「人間関係」「環境」「ことば」「表現」の5領域の側面から促進することが求められている。

（2）保育所の創設と保育所保育制度
① 貧しい家庭を支える託児施設
　明治期には貧しい家庭の子どものために外国人や日本人が設置した託児所が点在したといわれているが，そのなかでも日本の保育所の嚆矢とされるのが，1890（明治23）年に赤沢鍾美・仲子夫妻によって開設された新潟静修学校附設託児所である。新潟静修学校は寺子屋式の私塾で，学校には行けないが最低限

の教育だけでも習得したい子どもが通ってきていた。そのときに幼い弟妹を子守しながら学ぶため，学業がままならない様子を見かねた赤沢夫妻が，乳幼児を別室に集めて世話を始めたものがそれである。その後，評判を聞いた近所の人々が自分の子どもの託児を希望したため，正式に守孤扶独幼稚児保護会という託児施設とし，それが発展していった。

　そのほか，都市部にできた託児所として知られているのは，東京のスラム街に作られた二葉保育園（設立当時は二葉幼稚園）である。ここは，1900（明治33）年華族女学校幼稚園に勤務していた野口幽香，森島峰（美根）が，通勤途中で見かける貧困家庭の子どもの様子に心を痛め，その子たちに幼稚園教育を行いたいと開設したものである。幼稚園とはいっても貧困家庭の幼児を預かるため，開園時間も早朝から夕方まで，長期休暇もなく，入浴や清潔などの日常生活習慣の形成や言語の矯正なども行った。また，子どもたちは家庭でのしつけがないために集団生活に馴染めず，一日中喧嘩をする状態であったため，保育内容も一般の幼稚園で行われていた恩物や唱歌，お話，手技などは落ち着いてできなかった。そのため，子どもの興味をつなぎとめることができたいくつかの遊戯を中心に保育が行われていった。その後，徳永恕が保母として採用され，彼女の精力的な活動のおかげで，二葉幼稚園は貧困家庭の親子のために発展していった。彼女の功績としては，3歳未満児を受け入れるための保育園への名称変更，子どもへの給食の提供や小学部の開設，母子寮（現在の母子生活支援施設）の設置などが挙げられる。そして，このような施設が全国の都市労働者が集まる地域に広がっていったのである。

　その後，日露戦争において女性の労働力が必要になると，それを確保するための託児所が設置された。これは託児所的機能を持つ幼稚園のような施設であったが，戦後，内務省はそれらを貧民に対する感化救済事業施設として，教育施設とは別のものとして位置づけた。そして，保育事業は母親の労働を助け，適当に児童を保護するために行うものだとし，施設への補助金を支給するようになった。この結果，託児所が急速に設置されていった。

　そして，1938（昭和13）年には同年発足した厚生省により「社会事業法」が制定された。その第1条において，適用される社会事業として育児院・託児所

などの児童を保護する事業が挙げられ，こうした社会事業を行うものに対し，補助を行うことが明記された。このように，先に出された「幼稚園令」が幼稚園を学校教育施設で文部省の管轄とし，「社会事業法」が託児所を児童保護施設で厚生省管轄とそれぞれ制度化したことから，保育行政の二元化が明確化されたのである。その後，幼保の一元化が求められたものの，第二次大戦後も「児童福祉法」で保育所が児童福祉施設であることが明記されたため，幼稚園とは目的が異なる施設として位置づけられ，一元化には至らなかった。

② 現在の保育所保育制度

現在の保育所は，前述したように「児童福祉法」に定められた，厚生労働省が管轄する児童福祉施設である。そのため，共働きや病気などの理由で保育に欠ける状態にあると認められた乳幼児を預かり，保育することがその目的であって，ここが幼稚園との大きな違いとなっている。また，必要に応じて，保育に欠けると認められた満18歳未満の児童も保育することが可能である（児童福祉法第39条）。保育所は，保護者からの保育料と公的補助によって運営されており，保育料は，子どもの年齢と保護者の所得によって各地方公共団体が規定している。保育所の職員配置は，乳児おおむね3人につき1人以上，満1歳以上満3歳に満たない幼児おおむね6人につき1人以上，満3歳以上満4歳に満たない幼児おおむね20人につき1人以上，満4歳以上の幼児おおむね30人につき1人以上と，「児童福祉施設の設備及び運営に関する基準」に規定されている。また，保育時間は原則1日8時間であるが，保護者の労働時間や家庭状況などを考慮して保育所長が定めることができる。最近では，保育ニーズに応えて，子どもを11時間以上預かる延長保育や休日・夜間保育，病児・病後児保育なども行われており，これら児童育成事業に対して補助金が交付されている。

ところで，保育所は大きく分けると2つのタイプに分けることができる。1つは，国が定めた上述のような設置基準を満たし，都道府県知事に認可を受けた認可保育所であり，もう1つは，設置基準を満たしていない託児所やベビーホテルなどの認可外保育所である。認可保育所の設置は，従来，地方公共団体および社会福祉法人にのみ認められていたが，保育所入所待機児童の解消を目

指して，2000（平成12）年の厚生省通知で設置基準が緩和され，企業やNPO法人などの社会福祉法人以外の者による設置も認められるようになった。また，同時に公立保育所の民営化も進められ，土地や建物は行政が管理するものの保育所の運営を民間に任せるという「委託」を依頼する相手の制限も同時に撤廃された。これにより，認可保育所の設置と同様，社会福祉法人および同法人以外も公立保育所を委託運営できることになった。しかし，現状では初期投資に費用がかかることと保育所運営費は人件費・管理費・事業費に充てるという使途制限があることにより，企業が収益を上げることが難しく，保育所への企業参入は期待されたほど進んでいない。

③ 保育所保育の内容と役割

　保育所は，入所している子どもの最善の利益を守り，子どもたちを心身共に健やかに育てる責任がある。幼稚園と同様，人生の基礎となる大事な時期である乳幼児期に関わるという重要な役割を担っているのである。保育所保育は従来，子どもの養護的側面を重視して行われていたが，近年の共働き家庭の増加などによる子どもを預かる時間の延長や，養育力の低下，児童虐待の増加などといった親の子育て不安などの家庭状況から，一層子どもにふさわしい生活の場づくりが求められるようになった。こうした保育所で行われる保育は，「保育所保育指針」に基づいて行われており，そのポイントは以下のとおりである。

■養護と教育の一体性

　保育所保育の大きな特徴として，養護と教育を一体的に行うことが挙げられる。それは，保育に欠けると認められた乳幼児を長時間預かることから，家庭の代替機能を果たすことはもちろんのこと，同年齢の幼児が幼稚園で受けている教育も，子どもの発達や就学を見通すうえで不可欠である。そのため，保育所における教育的側面は，3歳以上児については「幼稚園教育要領」に準ずるものとされ，子どもの発達を幼稚園同様5領域から支援するようになっている。

■専門性を有する職員による一体的な保育

　保育所では，保育士，看護師，栄養士，調理員など，専門性を有する職員が，それぞれの専門性を発揮して保育にあたっている。日常のあらゆる場面で，複

数の専門的な目を通して子どもを観察したり、関わったりすることにより、子どもを多面的に把握できるため、子どもの安心感と心身の健やかな発達につながっていく。ただし、そのために、全職員が保育内容や子どもについて共通理解を図っていくことが不可欠である。

■家庭との連携

保育は、保護者とともに子どもを育てる営みである。そのため、子どもの家庭での生活を視野に入れ、保護者の気持ちに寄り添いながら家庭との連携を密接に行う必要がある。子ども一人一人の心身の状態や家庭生活の状況などを保護者と情報交換するなどして、保護者と同じ目線で保育することが求められる。

■子育て支援

保育所は、入所している子どもの保護者の支援だけでなく、地域の子育て家庭も支援することがその役割として挙げられている。特に、地域の子育て家庭に対して、自所の保育に関する情報を提供することや、子育ての相談にのり助言することが、「児童福祉法」第48条の3に保育所の努力義務として規定されており、地域の子育て力の向上に貢献することが求められている。子育てに対する悩みを抱えながら相談者がいない孤独な子育てをしている保護者に対し、地域の諸機関と連携をとりながら支援を行っていくことは、保育所の役割として重視されていることである。

3 子ども・子育て支援新制度と認定こども園

前述のように、幼稚園と保育所は二元行政のままそれぞれの役割を果たしながら発展した。しかし、近年の社会状況の変化に伴って幼保一体（一元）化の必要性が高まり、その具体策として認定こども園が設置されることになる。本節では、近年の幼児教育、保育に関する政策動向と、その対応策である認定こども園について述べていく。

（1）幼保一体化を意図した認定こども園

認定こども園は、保護者の就労状況にかかわらず、そのニーズに合わせて子

どもを受け入れ，幼児期の教育・保育を一体的に行う，幼稚園と保育所の両方の機能を併せ持った施設である。また，子育ての不安に対する相談を受けたり，親子の集まる場所を提供するなど，地域の子育て支援の役割も担っている。この施設は，2006（平成18）年に出された「就学前の子どもに関する教育，保育等の総合的な提供の推進に関する法律」の成立によって設置された。その目的は，少子化による子どもの集団活動や異年齢交流の機会の減少，保護者の就労形態の多様化に対応できない保育施設の現状，保育所待機児童の存在，家庭での子育てに対する支援の不足といった社会構造の変化に対応することである。つまり，幼稚園と保育所を一体化したこの施設を設置することで，たとえば待機児童の問題や幼稚園の定員割れ，空き教室の問題などを同時に解消するだけでなく，その二元化されている行政制度を一つにまとめることも意図されていた。そのため，認定こども園の管轄は，文部科学省と厚生労働省との連携で設置された「幼保連携推進室」で，各地方自治体においても関係機関の連携協力が義務付けられた。しかし，現実には両制度を統合することは難しく，関係団体からの反発もあり，既存の施設を認定こども園にするかどうかは任意とし，そのまま幼稚園や保育所として存立することも認められた。

ところで，認定こども園は次の4つの類型で設置された。

① 幼保連携型：幼稚園的機能と保育所的機能の両方をあわせ持つ単一の施設であるが，幼稚園・保育所のそれぞれの法体系に基づいて，認可，指導監督，財政措置が行われる

② 幼稚園型：認可幼稚園が，保育が必要な子どものための保育時間を確保するなどの保育所的な機能を備えたもので，幼稚園機能のみ認可を受け，保育所機能は認可外となる

③ 保育所型：認可保育所が，保育が必要な子ども以外の子どもも受け入れるなど，幼稚園的な機能を備えたもので，保育所機能のみ認可を受ける

④ 地方裁量型：幼稚園・保育所いずれの認可も得ていない地域の教育・保育施設が，認定こども園として必要な機能を果たすもので，国の認可・助成は受けず自治体の制度下にある

特に，①は政府が推奨した型であったが，文部科学省からの補助金を受ける

子どもと厚生労働省からの補助金を受ける子どもが同じ園で保育を受けるという，二重行政が園のなかに存在する複雑な形となった。このような事務手続きの煩雑さや必要な財政的支援の不足などから，結果的に認定こども園は期待されたほど普及しなかった。

（2）子ども・子育て新制度の概要

　1990（平成2）年「1.57ショック」により我が国では少子化が大きな課題として取り上げられ，その対策が講じられるようになった。1994（平成6）年「今後の子育て支援のための施策の基本的方向について」（エンゼルプラン）を皮切りに，少子化対策に社会全体で取り組み，子育てしやすい生活スタイルを作っていくことを目指してさまざまな計画が策定された。そして，現在は2012（平成24）年8月に公布された子ども・子育て関連3法，すなわち「子ども・子育て支援法」「就学前の子どもに関する教育，保育等の総合的な提供の推進に関する法律の一部を改正する法律」（以下，「改正認定子ども園法」）および「子ども・子育て支援法及び就学前の子どもに関する教育，保育等の総合的な提供の推進に関する法律の一部を改正する法律の施行に伴う関係法律の整備等に関する法律」に基づく，子ども・子育て支援新制度（以下，新制度）が2015（平成27）年4月から施行されている。

　この新制度は，核家族化や地域のつながりの希薄化により子育てに不安や孤立感を覚える家庭や，保育所に子どもを預けられず仕事と子育ての両立が難しいこと，子育てに理解ある環境整備が十分でないことといった状況から，子どもが欲しくても二の足を踏んでいる家庭を支え，国や地域をあげて子育てを支援する仕組みを作ることを目的としている。実施主体は市町村で，後述の「施設型給付」等の給付や「地域子ども・子育て支援事業」を計画的に実施することが求められている。また，こうした市町村の活動を国と都道府県が重層的に支えることになっている。

　新制度のポイントは，以下の3点である。

① 認定こども園，幼稚園，保育所を通じた共通の給付である「施設型給付」

と，小規模保育，家庭的保育等への給付である「地域型保育給付」の創設

　従来，幼稚園に対する財政措置は学校教育の体系，保育所は福祉の体系と別々に行われてきた。そのため，給付についても，幼稚園については保護者に対する補助をたとえば私立幼稚園就園奨励費補助金という個人給付方式で，保護者に直接給付あるいは幼稚園が保護者の代わりに受領する代理受領方式で給付を行ってきた。一方，保育所では，保護者にではなく保育所に補助金を支給する施設補助方式がとられてきた。それが新制度では，別の体系であった給付を一本化し，認定こども園，幼稚園および保育所を利用した場合に，保護者に支給される個人給付方式とする「施設型給付」として財政支援をすることになった。

　また，新たに創設された「地域型保育給付」では，6人以上19人以下の子どもを預かる「小規模保育」，5人以下の子どもを預かる「家庭的保育（保育ママ）」，子どもの居宅において保育を行う「居宅訪問型保育」，従業員の子どもや地域の子どもを保育する「事業所内保育」の4つの事業で，一定の基準を満たし自治体の認定を受ければ財政支援の対象とし，これらを利用した保護者に給付が行われることになっている。

　ところで，上記の教育，保育施設を利用するため，および給付を受けるために，保護者は市町村に支給認定の申請をし，認定を受けなければならない。支給認定を受けるには，保育の必要性の認定が必要で，「事由」（保護者の就労や疾病など）と「区分」（保育必要量：保育標準時間11時間，保育短時間8時間の2区分）を考慮して認定が行われ，保育の必要性の優先順位をつけて利用調整を行うことになっている。

② 認定こども園制度の改善

　新制度において，認定こども園は，これまでの幼稚園部分と保育所部分の認可や指導監督等に関する二元行政の煩雑さを解消し，それらを一本化することになった。すなわち，認定こども園の管轄は内閣府の子ども・子育て本部に一本化されるとともに，「施設型給付」や「地域型保育給付」についても同本部が行うことになった。また，幼稚園は文部科学省，保育所は厚生労働省が管轄

表8-2 認定こども園の類型比較

	幼保連携型認定こども園	幼稚園型認定こども園	保育所型認定こども園	地方裁量型認定こども園
法的性格	学校かつ児童福祉施設	学校（幼稚園＋保育所機能）	児童福祉施設（保育所＋幼稚園機能）	幼稚園機能＋保育所機能
職員の性格	保育教諭（幼稚園教諭免許＋保育士資格）	満3歳以上→両免許・資格の併有が望ましいがいずれかでも可 満3歳未満→保育士資格が必要	満3歳以上→両免許・資格の併有が望ましいがいずれかでも可 満3歳未満→保育士資格が必要 ※ただし，保育の必要性がある子どもに対する保育に従事する場合は，保育士資格が必要	満3歳以上→両免許・資格の併有が望ましいがいずれかでも可 満3歳未満→保育士資格が必要

（出典）　内閣府子ども・子育て本部「子ども・子育て支援新制度について」p. 28より作成。

することに変わりないが，同本部が各々の法体系との整合性を図りながら，認定こども園，幼稚園，保育所を通じた一元的な窓口機能を担うことにもなった。

　前述した認定こども園の類型の中で，幼保連携型が大きく変更された。新たな幼保連携型認定こども園は，「改正認定こども園法」により，「学校及び児童福祉施設としての法的位置づけを持つ単一の施設」とされ（表8-2），認可，指導監督，財政措置などが一本化された。これにより，国もこの施設の普及が加速することを期待している。また，これは学校・児童福祉施設であるため，その認可基準は幼稚園または保育所の高い水準に合わせることになっており，設置者も国や地方自治体，社会福祉法人，学校法人に限定されている。さらに，保育内容についても，「幼稚園教育要領」および「保育所保育指針」を踏まえた「幼保連携型認定こども園教育・保育要領」に則って行うことが法的に定められている。特に，認定こども園として，通園する子どもの在園時間や入園時期，登園日数の違いを踏まえ，一人一人の状況に応じて工夫することが求められている。

　ところで，幼保連携型認定こども園で教育・保育に携わる保育教諭であるが，幼稚園教諭の免許状と保育士資格を併有することが原則とされている。ただし，併有している保育者はおよそ75％であり，もう片方の免許・資格を取得するた

めの特例措置が，2015（平成27）年4月から5年間実施されている。これは，取得している免許・資格と実務経験を考慮して必要な学習内容が指定されており，それらを大学で受講し単位を取得したり，筆記試験（保育士資格取得の場合のみ）などで対応するものである。大学での受講料も補助がなされるため，併有者が増加することが期待されている。このような認定こども園の改善によって，行政窓口を一本化し，幼児教育，保育の一体的モデルを示し，その実践者である保育教諭を新設することで，幼保一元化への足がかりとすることも意図されているのである。

③ 地域の子ども・子育て支援の充実

　新制度では，保育が必要な子どものいる家庭だけでなく，全ての家庭を対象に，地域のニーズに応じた多様な子育て支援を充実させることを目的に市町村が行う事業を，「地域子ども・子育て支援事業」として法律上に位置づけ，財政支援を強化して，その拡充を図っている。その事業は，地域の実情に応じて市町村の判断で実施できるものとし，保育や子育てに関する情報提供や助言等を行う利用者支援事業，子育ての相談や親子同士の交流ができる地域子育て支援拠点事業，一時預かり事業，乳児家庭全戸訪問事業，放課後児童クラブ事業，妊婦健診事業など，13事業が対象となっている。また，特に在宅の子育て家庭（0～2歳の子どもをもつ家庭の7割）を中心とした支援の充実を図っている。

　こうした事業を地域のニーズに応じて提供していくために，実施主体である地方自治体に「地方版子ども・子育て会議」を設置することが努力義務となっている。それは，有識者や事業主代表，子育て当事者，子育て支援事業者などの子育て関係者が，子育て支援の事業計画策定の審議を行ったり，事業の点検や評価，見直しを行う役割を担うものである。2014（平成26）年4月の時点で，82.8％の地方自治体が設置措置済みとし，今後対応予定を合わせると98.2％の自治体で設置されることになる。地方版子ども・子育て会議は，市町村計画，都道府県計画などへ，地域の子育てに関するニーズを反映していくことや，自治体における子ども・子育て支援施策が地域の子ども及び子育て家庭の実情を踏まえて実施されることを担保するなど，重要な役割を果たすことが期待されている。

第8章 幼児教育・保育の制度

　このように，新制度は，質の高い幼児期の学校教育・保育を総合的に提供し，地域の子ども・子育て支援を充実させ，全ての子どもが健やかに成長できる社会の実現を目指したものである。その実施にあたって見積もられた1兆円の財源は，2015（平成27）年10月に実施されることになっていた消費税率10％への引き上げによって0.7兆円程度が充てられることになっていた。しかし，消費税率の引き上げ時期の延長が続き，新制度の実施も限定的な状況となった。こうした中，2018（平成30）年12月の閣議において，2019（平成31）年10月に消費税率を引き上げることが決定された。そして，同時に，これまで段階的に推進してきた取組を一気に加速させるとして，幼児教育の無償化の実施と「子ども・子育て支援法」の改正を進めることとなった。

4　よりよい保育を目指して

（1）待機児童解消と保育の質

　子ども・子育て支援新制度が始まり，待機児童が解消されることが期待されたが，2015（平成27）年9月末の厚生労働省の公表によると，認可保育施設に入れない待機児童は4月1日時点で2万3,167人に上っている。これは，前年同時期よりも1,796人多く，5年ぶりの増加である。その理由は，保育の受け皿の整備は進んだものの，新制度を期待した利用申込者が前年より約13万1,000人も増えたためである。実際，保育の受け皿として，新制度以前の認定こども園は目標の2,000園になかなか届かなかったが，新制度が開始された2015（平成27）年4月1日現在の認定こども園の数は全国で2,836園となり，前年度の1,360園から倍増している。また，「地域型保育給付」が受けられるようになったため，2015（平成27）年4月1日現在の「地域型保育」事業の数は全国で2,740件となり，幼稚園での預かり保育も含めて，受け皿は前年より5.9％増えている。しかし，それにも増して，ニーズに合わせた保育サービスの多様化や個人に対する給付で保育サービスを受けやすくなったことで，これまで保育サービスを受けることを諦めていた潜在的な待機児童が表面化したことや，就業を目指す女性が増加していることで，利用申込者が急増しているのである。

保育ニーズがピークとされる2017（平成29）年度末までに待機児童を解消することを目指した「待機児童解消加速化プラン」では，5年間で合わせて新たに40万人分の受け皿を確保するとされており，今後の進捗状況が期待される。

ところで，こうした急速な保育の受け皿を増加することで課題となってくるのが，保育の質の問題である。新制度による受け皿増加の背景には，保育の質の規制緩和がある。たとえば，定員超過入所の拡大，民間企業の参入，短時間勤務保育士の容認，給食の外部搬入の容認，保育士資格を持たない「家庭的保育（保育ママ）」事業の容認などが挙げられる。また，地方裁量型認定こども園は，国の基準より低い市町村の基準をクリアすればよく，保育の質について疑問が投げかけられている。さらに，以前から認められていたにもかかわらず，その設置基準の高さからなかなか進まなかった保育への企業参入も，基準の低い地方裁量型認定こども園や「地域型保育」事業であれば実現しやすいと考えられており，国は受け皿確保のために企業の参入を推進している。ただし，民間企業による保育施設の場合，収益があがらない場合は事業から撤退することもあるため，企業参入には慎重な審査が期待される。

（2）保育者の待遇と質保障

上述したように，現在国は，保育の量の拡大を推し進めているが，当然質保障も欠かせない。それは，質の高い教育や保育が，貧困家庭の幼児の人生に限らず，どの子どもの成長や発達にもプラスになることはいうまでもないからである。2012（平成24）年発表のOECD各国の幼児教育・保育に関する質の問題を取り上げたレポートによると，わが国は，保育者になるために免許・資格が必要なことや，3歳未満児の保育所での職員1人当たりの子どもの数がOECD平均より少ない点を評価されている。しかし，3歳以上児の幼稚園の教員1人当たりの子どもの数35名は他の国（7〜25名）より突出して多い点や，保育室の子ども1人当たりの広さの最低基準が最低レベルにあること，保育者の給与が小学校教諭の給与の約60％程度で，OECD各国の中で最も低いことなどが課題として挙げられている。

特に，保育の質に直接関係するのは保育者であり，彼らの待遇の低さはその

まま子どもに影響する。子どもが好きで子どものために仕事に取り組む彼らの情熱と奉仕の精神に依存するばかりでは，保育職の定着につながらず，保育の発展も子どもの健やかな成長も期待できない。実際，免許や資格をもちながら保育職に従事していない潜在的保育者が多いことがそのことを示している。保育者が自分の仕事に誇りをもち，長期間安心して働くことができることが，保育の質向上の第一ステップである。そのうえで，研修による保育知識や技術の向上，保育者意識の涵養，保育施設を中心とした地域の保育・教育力の向上などを目指していくことが求められる。そして，できるだけ早く日本の全幼児が無償で質の高い保育を受けることができ，自分の将来に希望をもちながら成長できる社会が作られることが望まれる。

参考文献

秋田喜代美（2012）「国際的視点からみた保幼小接続──海外の幼児教育・保育の最新動向から日本の保幼小接続を考える」ベネッセ教育総合研究所ホームページ.

阿部彩（2014）「相対的貧困率の動向」貧困統計ホームページ.

伊藤周平（2013）『子ども・子育て支援法と保育のゆくえ』かもがわ出版.

J. ヘックマン，古草秀子訳（2015）『幼児教育の経済学』東洋経済新報社.

山野良一（2014）『子どもに貧困を押しつける国・日本』光文社.

（中嶋一恵）

第9章

特別支援教育の制度

　「21世紀の特殊教育の在り方について」調査研究協力者会議が旧文部省内に設置され，その最終報告が2001（平成13）年に出された。報告書には，「特殊教育」の内容を改革していこうとする提言が示され，今日の「特別支援教育」の内容として実を結ぶことになった諸制度にも，影響を与えることになった。

　本章では，文部科学省内において設けられてきた2つの制度改革提言をした調査委員会の最終報告と中央教育審議会答申において示されてきた認識の引き継ぎの様子に注意しながら，現行制度のあらましを確認していき，今日的課題を挙げる。

1　特別支援教育の理念と制度の形成過程

　「特別支援教育」という名称が公の場に現れたのは，2001（平成13）年1月の省庁再編において「文部科学省」が誕生し，省内に「特別支援教育課」という部署が設けられたときである。それまでは，心身に障害のある子どもへの教育には，「特殊教育」という名称が充てられていた。「特殊教育」という用語が心身に障害のある子どもへの教育という意味で使われるようになったのは，明治時代の末から大正時代にかけてとされており，戦後も長くその名称が使用され，定着していた。ところが，その「特殊教育」という名称に対して，1960年代以降，人権尊重の観点から批判が起こり，「障害児教育」と言い直されるようになった。欧米諸外国からも，さまざまな制度変革の情報がはいってくるなかで，特に1978年のイギリスのウォーノック報告という文書において用いられた「特別な教育的ニーズ」という用語は，1995年のユネスコとスペイン政府共催の

「特別ニーズ教育に関する世界会議：アクセスと質」でまとめられた「特別ニーズ教育における原則，政策，実践に関するサラマンカ声明と行動的枠組み」での使用を経て，国際的に認められるようになったといわれている。また，日本国内においても1995年に「特別なニーズ教育とインテグレーション学会（現特別ニーズ教育学会）」という研究団体が設立され，教育の対象の特別さではなく，気配りや支えを必要とする方法の特別さに目を向けた用語として，「特別支援教育」という名称が公式に採用されることになった。国際的な広がりのある「特別ニーズ教育」に比べて，文部科学省が決めた「特別支援教育」の内容は，あまりにも対象が狭いという指摘もあるが，ここではまず，文部科学省内において設けられてきた2つの制度改革を協議した調査委員会の最終報告と中央教育審議会での提言の内容のそれぞれ概要から，その認識の変化の足跡をたどってみることにする。

(1)「21世紀の特殊教育の在り方について」調査研究協力者会議最終報告

　1960年代以降批判を受けてきた「特殊教育」に代わる用語とともに，内容を変革させるための調査委員会として，「21世紀の特殊教育の在り方について」調査研究協力者会議が旧文部省内に設置され，その最終報告（以下「2001年報告」とする）が2001（平成13）年に出された。その内容のいくつかは，批判にさらされていたそれまでの「特殊教育」の内容をきわめて新しく改革していこうとする提言であり，今日の「特別支援教育」の内容として実を結ぶことになった諸制度にも，大きく影響を与えることになった。たとえば，その「第1章　今後の特殊教育の在り方についての基本的な考え方」の「2　今後の特殊教育の在り方についての基本的な考え方」において，以下のような5つの課題が明示されている。

　一．ノーマライゼーションの進展に向け，障害のある児童生徒の自立と社会
　　　参加を社会全体として，生涯にわたって支援すること
　二．教育，福祉，医療等が一体となって乳幼児期から学校卒業後まで障害の
　　　ある子ども及びその保護者等に対する相談及び支援を行う体制を整備する

こと
三．障害の重度・重複化や多様化を踏まえ，盲・聾・養護学校等における教育を充実するとともに，通常の学級の特別な教育的支援を必要とする児童生徒に積極的に対応すること
四．児童生徒の特別な教育的ニーズを把握し，必要な教育的支援を行うため，就学指導の在り方を改善すること
五．学校や地域における魅力と特色ある教育活動等を促進するため，特殊教育に関する制度を見直し，市町村や学校に対する支援を充実すること

ここで述べられている「ノーマライゼーション」とは，1960年代に北欧諸国から始まった社会福祉をめぐる社会理念の一つで，障害のある人も，障害のない人と同様の生活ができるように支えなければならないという考え方である。その考えに基づき，障害のある子どもを，乳幼児期から学校（高等学校段階）卒業後までの生涯にわたって，学校だけでなく，障害のある子どもたちの豊かな生活を支援するための関連する福祉機関や医療機関との連携を密にしながら，さまざまな進路保障や，家庭からの自立を促し，社会に参加することを進めるために，相談体制を充実させていこうとしている。子どもの特徴としては，障害が重症化したり，複数の障害を抱える傾向があり，すでにある障害児を対象とする盲学校・聾学校・養護学校の教育を強めるとともに，主として障害のない子どもが通っている通常の小・中学校にも，特別な支えを必要とする障害のある子どもたちがいるので，その子どもたちにも積極的に対応していけなければならないと述べられている。さまざまな子どもたちの特別な教育に関するニーズを受け止め，必要な支えを提供するために，小学校に就学するための相談指導のあり方を改善することが必要であること，そして，学校や地域社会において，多くの人をひきつけるような力や特色のある教育活動を促していくために，「特殊教育」に関する制度を見直す必要があり，市町村の行政機関や学校に対する支えを強めていくことが必要だと述べられている。

「第2章　就学指導の在り方の改善について」の「2　障害の程度に関する基準及び就学手続きの見直しについて」においては，市町村教育委員会が子ど

もの障害の種類，程度，小・中学校の施設・設備の状況等を総合的な観点から判断し，小・中学校において適切に教育を行うことができる「合理的な理由がある特別な場合」には，盲学校・聾学校・養護学校に就学するものと判定された子どもでも，小・中学校に就学させることができるよう就学手続きを見直すように提言された。さらに，市町村教育委員会の判断と保護者等との意見がくい違う場合，都道府県教育委員会に置かれる就学指導委員会が客観的な立場から専門的な助言を行う等の機能を果たすことを検討すること，という提起も注目に値する。

「第3章　特別な教育的支援を必要とする児童生徒への対応について」の「1　障害の状態等に応じた指導の充実方策」では，障害が重症化したり，複数の障害を抱える傾向があり，盲学校・聾学校・養護学校の教育を強めるために，個々の子どものための個別の指導計画，心身に障害のある子どもへの教育課程に特有の領域である自立活動，総合的な学習の時間の実施，地域における体験活動，障害のない子どもとのふれあい活動を強めることなどについて創意工夫した取り組みを求めるとともに，日常的に医療的ケアが必要な子どもへの対応についての検討および指導を強めることとしている。さらに，主として障害のない子どもが学んでいるはずの小・中学校の通常の学級にいる知的障害はないけれども読み書きなどに関する障害のある学習障害のある子ども，落ち着きがなく動き回る傾向にあるADHDと呼ばれる障害のある子ども，知的障害がなく他人とのコミュニケーションに困難を抱える高機能自閉症の子ども（2つの調査委員会の報告と中央教育審議会答申とでは，それぞれ障害の表記の仕方が微妙に違うところがあるが，この章では，以下"LD・ADHD・高機能自閉症"［LD：Learning Disabilities；ADHD：Atention Deficit/Hiperactivity Disorder＝注意欠陥多動性障害］と揃えておく）等の実態をつかみ，教育関係者や国民一般への幅広い理解とその広がりを求めている。

また，「2　特殊教育諸学校，特殊学級及び通級による指導の今後の在り方について」では，地域の特殊教育の中心となる相談機関としての特殊教育諸学校の機能を強めることを位置づけている。

「第4章　特殊教育の改善・充実のための条件整備について」の「1　盲・

聾・養護学校や特殊学級等における学級編制及び教職員配置について」では，正式な教員ではない人や退職した教員である「非常勤講師や高齢者再任用制度等」を活用したり，地域のさまざまな特技をもった人々を特別に正式な教員ではない「特別非常勤講師」として活用することを提起するとともに，「2　特殊教育関係教職員の専門性の向上」では，「特殊教育」教諭免許状を保有している教員の割合を高めること，すなわち，それまでは「特殊教育」教諭免許状を保有している教員の割合が低かった（盲学校21％，聾学校31％，養護学校52％）ことを問題視していることも見逃せない。

　これらのうち，第2章の「2　障害の程度に関する基準及び就学手続きの見直しについて」の提言に関しては，翌2002（平成14）年の学校教育法施行令の一部改正として実現され，盲学校・聾学校・養護学校に就学するのが相当と判定される「認定就学者」に適用されるようになり，盲学校・聾学校・養護学校ではなく，通常の小・中学校に就学することができるようになった。ただし，そのためには「合理的な理由がある特別な場合」という条件があり，入学希望者のために学校の設備を整え，専門性のある教員が配置されるのではなく，すでに就学する予定の学校の設備が整っていて，しかも専門性のある教員が勤務している学校に入学予定の「認定就学者」がいた場合にだけ認められるというもので，本人の必要を保障するというものとは到底いえない。きわめて不十分な制度改変といわなければならないものであった。

（2）「今後の特別支援教育の在り方について」調査研究協力者会議最終報告と特別支援教育推進体制モデル事業

　次に2003（平成15）年には，「今後の特別支援教育の在り方について」という調査委員会の最終報告（以下，「2003年報告」とする）が発表された。その「基本的方向と取組」では，障害の程度等に応じて，盲学校・聾学校・養護学校や「特殊学級」という特別の場で指導を行ってきた，それまでの「特殊教育」から，障害のある子ども一人ひとりの教育についての必要に応じて適切な教育についての支えを行う「特別支援教育」への転換をねらいとするとし，「（1）特別支援教育の在り方の基本的考え方」において，「特別支援教育とは，

従来の特殊教育の対象の障害だけでなく，LD，ADHD，高機能自閉症を含めて障害のある児童生徒の自立や社会参加に向けて，その一人一人の教育的ニーズを把握して，その持てる力を高め，生活や学習上の困難を改善又は克服するために，適切な教育や指導を通じて必要な支援を行うものである」と初めて定義を明らかにした。このとき示された通常の学級に在籍する特別な教育の支えを必要とする子どもについての全国実態調査結果では，知的発達に遅れはないものの，学習面や行動面で著しい困難をもっていると担任教員が回答した子どもの割合は6.3%であった。

そして，一人ひとりの子どもを学校外においても福祉や保健等の他分野と連携しながら支える計画である「個別の教育支援計画」や，学校内外において連絡・調整を行う役割である「特別支援教育コーディネーター」，都道府県教育委員会，各地域代表教育委員会，福祉，医療，労働等関係機関，大学，利益をあげない活動をする民間登録団体との具体的連携協力を行う「広域特別支援連携協議会等」により，地域における総合的な教育的支援のために有効な教育，福祉，医療等の関係機関の連携協力を確保しようとした。本文においてはさらに，「質の高い教育的対応を支える人材」として，複数の障害を抱える傾向を踏まえ，養護教諭，学校医等の学校内の人材の効果的な活用が今後ますます重要になり，学校内に限らず，医師，教育心理学者，教員の経験者など専門家を幅広く活用して障害に応じた適切な教育を行う必要があると述べている。盲学校・聾学校・養護学校においては，保健関連専門職である作業療法士，理学療法士，言語聴覚士等の専門家が指導に参画するほか，小・中学校においても，障害や障害のある子どもへの指導等について専門的な知識等をもつ者の集団で，都道府県の教育委員会等に置かれる専門家チームが，巡回相談などの形で学校の教育において有効に活用されているという記述も気に留めておきたいと考える。これはまた，障害児の教育には，教員以外の関連した保健専門職の参画が不可欠だとしてきた年来の議論を生かそうというものでもあった。

「（2）特別支援教育を推進する上での学校の在り方」において，障害の種類にとらわれない学校設置を制度上可能にし，地域において小・中学校等での教員，保護者に対する相談支援などの教育上の支援をこれまで以上に重視し，地

域の特別支援教育の中心となる相談機関の役割を担う学校として「特別支援学校（仮称）」の制度に改め，「特殊学級」や通級による指導の制度を，小・中学校の通常の学級に在籍した上で，必要な時間だけ「特別支援教室（仮称）」という特別の場で特別の指導を受けることを可能とする制度に一本化しようとすることを提起した。この「特別支援教室（仮称）」という突然の提起に対しては，特別な学級がなくなるのではないかという批判を浴びることになった。

「（3）特別支援教育体制を支える専門性の強化」において，「特殊教育」教諭免許状については，障害が重症化したり，複数の障害を抱える傾向を踏まえ，総合化など制度の改善を期待するとされ，複数の障害に対応できるような免許制度へ転換することが提起された。

一方，現場での施策として，この報告に先立って，1999（平成11）年の「学習障害及びこれに類似する学習上の困難を有する児童生徒指導方法に関する調査研究協力者会議」報告に基づき，各学校におけるLDの子どもの実態を把握し，巡回相談を行うことにより，指導の充実がねらいとされてきていた。

さらに，2003年報告に基づき，文部科学省では，同年度から「特別支援教育推進体制モデル事業」（2005〔平成17〕年度からは『特別支援教育体制推進事業』とし，厚生労働省の『発達障害者支援体制整備事業』と連携して実施している）を全都道府県に委嘱していった。その事業内容は，2003年報告の一部を先取りして実施するものであった。この事業によって，2007（平成19）年の学校教育法一部改正を待つことなく，「特別支援教育」の考え方が全国的に普及していくことになった。

（3）中央教育審議会「特別支援教育を推進するための制度の在り方について」答申

2005（平成17）年に，中央教育審議会は，「特別支援教育を推進するための制度の在り方について（答申）」（以下「2005年答申」とする）を出し，以下の観点が示された。

① 特別支援教育の理念と基本的な考え方

　障害のある子どもの教育の基本的な考え方について，盲学校・聾学校・養護学校や「特殊学級」という特別の場で指導を行ってきた，それまでの「特殊教育」から，一人ひとりの必要に応じて適切な指導や支えを行う「特別支援教育」へ発展的に転換する。

② 盲・聾・養護学校制度の見直しについて

　子どもの障害が重症化したり，複数の障害を抱える傾向に対応し，子ども一人ひとりの教育についての必要に応じて適切な指導および必要な支えを行うことができるよう，盲学校・聾学校・養護学校を，障害の種類を超えた学校制度（「特別支援学校（仮称）」）に転換する。

　「特別支援学校（仮称）」の機能として，小・中学校等に対する支えを行う地域の特別支援教育の中心になる相談機関としての機能を明確に位置づける。

③ 小・中学校における制度的見直しについて

　通級による指導の指導時間数および対象となる障害の種類を緩やかにし，LDのある子ども，ADHDの子どもを新たに対象とする。

　「特殊学級」と，通常の学級における障害のない子どもとのふれあいや共に学ぶ機会を促進するとともに，「特殊学級」担当教員の活用によるLDのある子ども，ADHDの子ども等への支えを行うなど，「特殊学級」を緩やかに運用することを進める。

　LDの子ども，ADHDの子ども，高機能自閉症の子ども等も含む障害のある子どもが，通常の学級に在籍した上で，一人ひとりの障害に応じた特別な指導を必要な時間のみ受ける特別の場である「特別支援教室（仮称）」の構想については，研究開発学校やモデル校などを活用し，それまでの「特殊学級」がもっていた機能の維持，教職員配置との関連や教員の専門性の向上等の課題を気に留めながら，その法令上の位置づけを明確にすること等について，上記の取り組みの実施状況も踏まえ，今後検討する。

④ 教員免許制度の見直しについて

　盲学校・聾学校・養護学校の「特別支援学校」（仮称）への転換に伴い，それまで学校の種類別に設けられていた教員免許状を，障害の種類に対応した専門性を確保しつつ，LD の子ども，ADHD の子ども，高機能自閉症の子ども等を含めた総合的な専門性をもつ「特別支援学校教員免許状（仮称）」に転換する。

　「当分の間，盲・聾・養護学校の教員は特殊教育免許の保有を要しない」としてきた経過措置を，ある一定の期限を設けて廃止する。

　①は，2003年報告の「基本的方向と取組」をほぼそのまま踏まえている。けれども本文の定義では，「『特別支援教育』とは，障害のある幼児児童生徒の自立や社会参加に向けた主体的な取り組みを支援するという視点に立ち，幼児児童生徒一人一人の教育的ニーズを把握し，その持てる力を高め，生活や学習上の困難を改善又は克服するため，適切な指導及び必要な支援を行うものである」とされ，2003年報告における"LD・ADHD・高機能自閉症を含めて"という特徴が薄められた印象があり，それまでの「特殊教育」との違いがわかりにくくなっている。「特殊教育」を「特別な場で行う教育」としているが，新しい「特別支援教育」においても，同じ教室で共に学ぶ教育の推進が保障されているわけではなく，「特別支援学校（仮称）」という「特別な場で行う教育」を引き継いでいるために，矛盾を含んでいるといえる。

　③の通級による新しく対象となる障害の種類として，"LD・ADHD"が挙げられているが，高機能自閉症が省かれている。ただし，「特別支援教室（仮称）」の対象には挙げられていて，本文においては"LD・ADHD・高機能自閉症等"と含まれている。「特殊学級」担当教員の活用によるLD・ADHD等の子どもへの支えについて，本文においては，高い専門性をもつ者が適切に養成され，配置されることが必要であり，人事権のある各都道府県教育委員会等において配慮することが望まれるとしている。加えて，「第6章　関連する諸課題について」においては，2003（平成15）年度から実施されている特別支援教育推進体制モデル事業以来の委嘱事業を踏まえた特別支援教育コーディネー

ターや，医師，看護師，理学療法士，作業療法士 言語聴覚士等の外部の専門家の総合的な活用を図ることにも触れられている。

また，本文においては，障害のある子どもの就学の在り方についても取り上げられ，子ども本人および保護者の意向を把握し，就学先の決定に反映するための就学指導の在り方を引き続き検討し，必要な見直しを行うことが適当であるとされている。

「特別支援教室（仮称)」については，「今後検討」とは述べつつも，2003年報告において浴びた批判をそのまま引き継ぐことになった。

2 特別支援教育の現行制度

(1) 特別支援教育体制整備状況調査結果

前述のような特別支援教育推進体制モデル事業以来の委嘱事業により，幼稚園，小学校，中学校，高等学校，中等教育学校および特別支援学校における支援体制の整備項目として，以下のことを挙げ，毎年継続して整備状況を報告しており，これをもって特別支援教育体制の全貌の実態を見てとることができる。

a．発達障害を含む障害のある子どもの支援を行うために，校長，教頭，特別支援教育コーディネーター，担任教師，その他必要と思われる者で構成する「校内委員会」を設置すること

b．特別な支援が必要な子どもの実態把握を促進し，各教育委員会においても，それらを集約するなど実態把握に努めること

c．校内委員会での推進役，専門家チーム，関係機関や保護者との連絡調整等を行う「特別支援教育コーディネーター」が指名されるよう推進すること

d．発達障害を含む障害に関する専門的知識・経験を有する者を，地域内の各学校に定期的に巡回し，当該学校の教員等に，発達障害を含む障害のある子どもに対する指導内容・方法に関する助言等を行うための巡回相談員として委嘱すること

e．各学校からの申し出に応じて，発達障害を含む障害の有無に係る判断や望ましい教育的対応等を示すため，教育委員会の職員，教員，心理学の専門家，医師等からなる「専門家チーム」を設けること
　f．発達障害を含む障害のある子ども一人ひとりの障害の状態等に応じたきめ細かな指導が行えるよう，「個別の指導計画」の作成を推進すること
　g．長期的な視点に立って発達障害を含む障害のある子ども一人ひとりのニーズを的確に把握して，教育，医療，保健，福祉，労働等の関係機関の連携による適切な教育的支援を効果的に行うことができるよう，教育的支援の目標や内容，役割等を記載した「個別の教育支援計画」の作成を推進すること
　h．特別支援教育コーディネーターの養成研修，管理職・一般教員・支援員等の研修，校内研修，「発達障害教育情報センター」等の活用

　調査結果の概要では，公立小・中学校においては，「校内委員会の設置」，「実態把握」，「特別支援教育コーディネーターの指名」といった基礎的な支援体制はほぼ整備されており，「個別の指導計画の作成」，「個別の教育支援計画の作成」についても着実に取り組みが進んでおり，今後は，障害のある子ども一人ひとりに対する支援の質を一層充実させることが課題となっている。公立高等学校においては，「校内委員会の設置」，「実態把握」，「特別支援教育コーディネーターの指名」といった基礎的な支援体制は，ここ数年で着実に進みつつあるとされている。

（2）学校教育法等の一部改正の概要

　文部科学省の「学校教育法等の一部を改正する法律（平成18年法律第80号）の概要」（http://www8.cao.go.jp/shougai/kyougi/shiryo/shiryo6.html）には，主要な2つの法律の一部改正の内容を以下のように示している。

　〈学校教育法の一部改正〉
　　i．盲学校・聾学校・養護学校を，それぞれの学校で対象としていた障害

の種類の枠を超えた「特別支援学校」に一本化する。
　ⅱ．特別支援学校においては，そこに在籍している子どもの教育を行うほか，小・中学校等に在籍する障害のある子どもの教育について助言援助に努力することを規定する。
　ⅲ．小・中学校等においては，LD の子ども，ADHD の子ども等を含む障害のある子どもに対して適切な教育を行うことを規定する。
〈教育職員免許法の一部改正〉
　ⅰ．現在の盲学校・聾学校・養護学校というそれぞれの学校で対象としていた障害の種類ごとの教員免許状を，特別支援学校の教員免許状と呼ぶようにし，新たな対象とする障害の種類の免許状を与える要件として，大学において修得しなければならない単位数等を定めるとともに，制度を変えるうえでの変更期間中の措置を設ける。
〈その他関係法律の一部改正〉
　ⅰ．特別支援学校をつくりだし，「特殊教育」を「特別支援教育」という名称に改めることに伴い，関係した法律についても文言を揃えるように訂正を行う。

　さらに，障害が比較的重症の子どもに対して，障害の種類ごとに別々の学校制度と教員免許制度を設定している〈現状〉から，〈今後の基本的な考え方〉への主要な変更点として，学校制度では，盲学校・聾学校・養護学校の制度を緩やかにして，設置している自治体等の判断により，複数の障害の種類を教育の対象とすることができる学校制度にすることを可能にした「特別支援学校」がつくりあげられたもので，免許制度では，1種類または2種類以上の障害についての専門性を確保した「特別支援学校教諭免許状」に変更されている。
　また，連携と支援の説明として，以下の3つの対応が提示されている。

　Ⅰ．子どもの障害が重症化したり，複数の障害を抱える傾向に適切に対応した教育を強めることがねらいとされる。
　Ⅱ．特別支援学校の地域の特別支援教育の中心になる相談機関としての機能

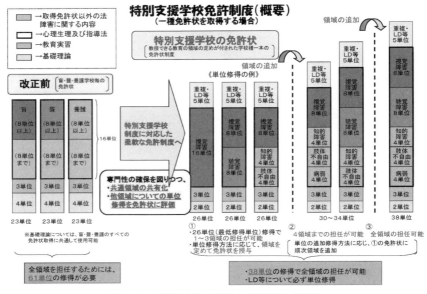

図 9-1　特別支援学校の教員免許制度（概要）

（出典）　文部科学省「特別支援学校の教員免許制度に関する説明会　配付資料3」2006年8月2日を一部修正。

を通じ，小・中学校等に在籍するLDの子ども，ADHDの子ども等を含む障害のある子どもへの支えを強めることがねらいとされる。

Ⅲ．福祉・医療・労働等の関係機関と連携・協力しながら，就学前から学校卒業後を見通して一貫した支えを強めることがねらいとされる。

　これらの項目を2001年報告と照らし合わせると，Ⅰは，第1章で示された課題の三と関連し，Ⅱは，課題の五と関連し，Ⅲは，課題の二と関連している。学校教育法の一部改正概要のⅰ．ⅱ．は，2005年答申の②を，ⅲ．は，その③を受け継いでいるといえる。また，2001年報告第1章で提示された課題の五と関連している。

　教育職員免許法の一部改正概要のⅰ．は，2003年報告の（3）や2005年答申の④で提示された教員免許状の総合化とは形を変え，単一の障害種類での免許

取得を認め，他の障害種の免許状を増やす場合の積み増しを容易にしたものである。これは，確かに文部科学省の提示した図のように，それまでの盲学校・聾学校・養護学校のすべての種類の免許状を取得するよりは，総単位数を減らす効果をもつといえる。

　2005年答申で提示された「特別支援教室（仮称）」については，2003年報告以来の批判に配慮した形で，それまでの「特殊学級」をそのまま「特別支援学級」と表記変更するにとどめている。ただし，2006（平成18）年4月25日付で参議院文教科学委員会から提示された附帯決議の八において，「特別支援学級に関しては，対象となる子どもの増加，教育の困難性などに十分配慮した施設設備に努めるとともに，特別支援教室にできるだけ早く移行するよう十分に検討を行うこと」とされているところに，特別な学級がなくなるのではないかという批判が重ねて寄せられている。

（3）学校種別の段階的しくみ

　通常の学級に在籍する特別支援教育を必要とする子どもが，校内において受けている支援の実情について，2012年に実施された全国調査では，〈授業時間内に教室内で座席位置の配慮，コミュニケーション上の配慮，習熟度別学習における配慮，個別の課題の工夫等個別の配慮・支援〉，〈授業時間内に教室以外の場での個別指導等〉，〈補習授業の実施，宿題の工夫等授業時間以外の個別の配慮・支援〉，さらに，〈食事，排泄などの補助，車いすでの教室移動補助などの学校教育活動上の日常生活の介助や，LDの子どもに対する学習支援，ADHDの子どもに対する安全確保などの学習活動上のサポートの業務を行うために配置される特別支援教育支援員による支援〉等が示されている。

　通級指導の対象となる子どもの障害種は，言語障害，自閉症，情緒障害，弱視，難聴，LD，ADHD，その他の障害で学校教育法施行規則第140条の規定により特別の教育課程による教育を行うことが適当なものとされている。しかし，LDやADHDの子ども等に対する時間枠が年間10単位時間から280単位時間までを標準とされていることについて，週当たり8時間が上限のため，不十分だという批判がなされている。

小学校，中学校，高等学校および中等教育学校に設置することのできる特別支援学級の対象となる子どもの障害種は，知的障害，肢体不自由，身体虚弱，弱視，難聴，その他の障害のある者で特別支援学級において教育を行うことが適当なものとされている。また，疾病により療養中の子どもに対して，特別支援学級を設け，または教員を派遣して教育を行うこと，つまり訪問教育ができるとされている。1学級当たりの定員は8人である。

　特別支援学校の目的は，幼稚園，小学校，中学校または高等学校と同等の教育を行うとともに，障害による学習上または生活上の困りごとを乗り越え，自立を図るために必要な知識や技や力を教えることであるとしている。1学級当たりの定員は6人で，複数の障害をあわせもつ子どもの場合は3人となっており，これは分校・分教室にも適用される。

（4）特別支援教育の就学手続

　市町村の教育委員会は，毎年10月31日までに，10月1日現在において，その市町村に住所の存する新入学者について，あらかじめ，学齢簿を作成することになっている。市町村の教育委員会は，学校保健安全法施行令第1条の規定により学齢簿の作成後，11月30日までに，就学予定者の健康診断を行うことになっている。市町村の教育委員会は，翌年度より小学校または中学校に就学する予定の子どもの保護者に対し，翌学年の初めから2か月前までに，小学校または中学校の入学期日を通知しなければならない。

　障害の程度が学校教育法施行令に規定される基準に達しない子どもについては，通常の学級，通級指導，または特別支援学級において留意して指導することとなる。通級指導の対象となるのは，通常の学級での学習におおむね参加でき，一部特別な指導を必要とする程度のものということであり，保護者の意見を聴いた上で，障害のある子どもに対する教育の経験のある教員等による観察・検査，専門医による診断等に基づき，教育学，医学，心理学等の観点から，総合的かつ慎重に行われることになっている。

　市町村教育委員会が特別支援学校へ就学させることが望ましいと判断した子どもについては，翌学年の初めから3か月前（12月31日）までに都道府県の教

育委員会に通知するとともに,学齢簿の謄本を送付する。特別支援学校へ就学させることが望ましいと判断されるのは,視覚障害,聴覚障害,知的障害,肢体不自由または病弱(身体虚弱を含む)の子どもで,学校教育法施行令に規定される障害の程度の子どものうち,市町村の教育委員会が障害の状態に照らして小学校または中学校において適切な教育を受けることができる特別の事情があると認める「認定就学者」と呼ばれる子どもを除いた子どもである。

　市町村の教育委員会は,適切な就学指導を行うため,就学指導委員会という調査・審議機関を設置して,障害の種類,程度等に応じて教育学,医学,心理学等の観点から総合的な判断を行うのが通例である。これまで,就学先の決定に当たっては,障害の程度が学校教育法施行令に規定される基準に該当することの判断のみならず,市町村の教育委員会が障害の状態に照らして小学校または中学校において適切な教育を受けることができる特別の事情があると認める子どもを除いた子どもの認定判断に当たっても,就学指導委員会を設置すること等により,専門家の意見を聴くものとされていた。これに加え,日常生活上の状況等をよく把握している保護者の意見を聴くことにより,当該の子どもの教育的ニーズを的確に把握できることが期待されることから,保護者からの意見を聴取することが義務づけられた。学校の校長との連携はもとより,その障害に応じた教育内容等について保護者の意見を聴いた上で就学先について総合的な見地から判断することが大切である。

　また,病気の治療や生命・健康を維持するために教育を受けることが難しいか不可能な者については,保護者の願い出により,就学を先延ばしにするか,対象外にしてもらうための手続を慎重に行うことになる。

3　特別支援学校の学習指導要領

　学習指導要領の名称に関しては,「特別支援学校」と学校名が改称された2年後の2009(平成21)年3月9日に『特別支援学校学習指導要領』と変更され,発表されることになった。

　その改訂のポイントのなかで,2001年報告,2003年報告,2005年答申と関連

している項目は，以下のとおりである。

- ●障害が重症化したり，複数の障害を抱える傾向に対応し，一人ひとりに応じた指導をさらに強めること
- ○一人ひとりの実態に応じた指導を強めるため，すべての子どもに「個別の指導計画」を作成することを義務づけたこと
- ○学校，医療，福祉，労働等の関係機関が連携し，一人ひとりのニーズに応じた支援を行うため，すべての子どもに「個別の教育支援計画」を作成することを義務づけたこと

『特別支援学校学習指導要領』とは，「特別支援学校」の学習指導要領であるが，学校教育法施行規則第138条では「小学校若しくは中学校又は中等教育学校の前期課程における特別支援学級に係る教育課程については，特に必要がある場合は，第50条第1項，第51条及び第52条の規定並びに第72条から第74条までの規定にかかわらず，特別の教育課程によることができる」と規定し，通級による指導を行う場合には，学校教育法施行規則第50条第1項，第51条および第52条並びに第72条から第74条までの規定にかかわらず，特別の教育課程によることができ，前述した特別の指導を中学校の教育課程に加え，またはその一部に替えることができることになっており，特別支援学級および通級による指導にも適用されることになっている。

4 特別支援教育制度の今日的課題

(1) 国際条約に基づく課題

その後の改革案として，2012（平成24）年7月23日に，中央教育審議会初等中等教育分科会から，「共生社会の形成に向けたインクルーシブ教育システム構築のための特別支援教育の推進（報告）」が出された。

その概要によると，2006年12月，第61回国連総会において障害者権利条約が

採択され，2008年5月に発効したことにより，2010（平成22）年7月12日に文部科学省より，中央教育審議会初等中等教育分科会に対し審議要請があり，同分科会の下に，「特別支援教育の在り方に関する特別委員会」が設置された。同委員会において「合理的配慮等環境整備ワーキンググループ」が設置され，その委員会の検討を踏まえて，この報告が取りまとめられた。

　障害者権利条約の提起するインクルーシブ教育と障害者一人ひとりの必要を考えて，その状況に応じた変更や調整などを，お金や労力などの負担がかかりすぎない範囲で行うという合理的配慮への取り組みを課題として取り上げているものの，原文での"general educational system"を「教育制度一般」と訳して，現行の分離制教育制度を肯定したところから出発しているために，原則であるはずのインクルーシブ教育の実現が不徹底となっており，就学指導についても，従来の就学指導委員会を「教育支援委員会」（仮称）と名称変更したにすぎず，「最終的には市町村教育委員会が決定することが適当である」というように，依然として本人・保護者の選択権すら認めない古い発想のままにとどまっている。そのような批判点を内包しながらも，この提言に基づき，学校教育法施行令の一部を改正する政令が2013（平成25）年8月26日に制定され，同年9月1日に施行されることになった。

　また，「教職員への障害のある者の採用・人事配置」も提言されているが，これまでも，障害者の法定雇用率の未達成を労働当局から指摘されてきたので，教育行政の課題としても自覚してもらいたいものである。

　国連障害者権利条約批准に伴う障害者差別解消法の成立により，2016（平成28）年度から高等学校以上の段階においても，合理的配慮の提供が国公立学校における法的義務，私立学校を含む民間事業者における努力義務が規定されており，支える体制をしっかり整えることが課題となっている。

　冒頭に紹介した1995年のユネスコとスペイン政府共催の「特別ニーズ教育に関する世界会議：アクセスと質」でまとめられた「特別ニーズ教育における原則，政策，実践に関するサラマンカ声明と行動的枠組み」等が提起した「特別ニーズ教育」とともに示された，障害のない子と同じ教室で，常に支えを伴いながら共に学ぶ場を保障しようとするインクルージョンについては，新自由主

義の施策が推進されている欧米諸国でも行われ，障害のある保護者からの強い苦情もなく財政赤字削減政策の一部として進められているという指摘もある。日本においては，インクルージョンだけでなく，「特別支援教室」への転換も，財政負担問題が絡んで賛否の分かれる問題であり，両面への意向をにらみながら対応していくことが求められる。「日本型インクルーシブ教育システムへの道」も，緩やかな模索をめざしている。

（2）免許制度の課題

「特殊教育教諭免許状の保有率の向上」は，2001年報告以来の重大な課題であった。日本教育大学協会全国特別支援教育研究部門が2013（平成25）年10月に，特別支援教育教員養成問題について継続的な検討結果をまとめた報告書において，①特別支援学級や通級指導担当教員の専門性を担保するための「特別支援教育免許」をつくりあげることを検討しつつ，当面，通常の学校の教員免許取得カリキュラムにおいて，特別支援教育関連科目を強めること，②特別支援学校免許（一種）取得カリキュラムについては，現行の26単位を一定程度増加させながら，いくつかの内容を強めたり，枠づけ方を緩やかにすること，③特別支援教育コーディネーターや教育相談等の業務ごとに対応する内容を検討すること，④特別支援学校の教諭等になるために，当分の間，特別支援学校免許の保有を要しないこととしている教育職員免許法附則第16項撤廃のためのとりくみを，具体的なスケジュールを定めて行うこと，⑤各国立大学等において特別専攻科が維持しうるよう，学部養成課程との専任教員のダブルカウントを認めない現行課程認定の考え方を再検討するという改善課題を提言した。

2014（平成26）年度における特別支援学校および特別支援学級それぞれにおける特別支援学校教員免許状保有率は，72.7％，30.5％になっているので，2001年報告の時点よりは免許保有率は向上しているといえるが，①のように特別支援学級や通級指導担当教員の専門性を担保する「特別支援教育免許」の制度改善を進め，④のように免許法附則第16項を撤廃していくことが，最重要課題として位置づけられなければならないであろう。

（3）教室不足の課題

　知的障害特別支援学校に在籍する子どもの数の増加や特別支援学校が手狭になることで，教室不足等の問題が各学校や自治体において課題として挙がっている。

　特別支援学校の設置基準や適正規模の検討に関して，小・中学校及び高等学校とは異なり，特別支援学校では設置基準が示されていない。そのため，子どもの数の増加が著しい学校においては，普通教室，作業室，体育館，プール等の不足や子ども一人当たりの使用条件等に格差があること，また，同時に教職員の増加により教員の専門性や学校運営や学部運営といった学校マネジメントが難しくなってきた。これからは，特別支援学校における設置基準や適正規模を検討していく必要がある。

　文部科学省では，2008（平成20）年3月5日付で「特別支援学校の在籍児童生徒等の増加に伴う大規模化・狭隘化への対応について」（通知）を，各都道府県教育委員会宛に出し，小・中学校および高等学校における分校・分教室の設置などの具体的な対応や配慮すべき点を示した。また，特別支援学校の規模が大きくなることや手狭になることに関する相談窓口を文部科学省内に設置し，その活用を促している。

（4）医療的ケアの課題

　医療的ケアもまた，2001年報告で提起された今後の重要課題の一つである。文部科学省では，厚生労働省と各都道府県教育委員会の協力を得て，1998（平成12）年度から調査研究およびモデル事業を実施し，盲学校・聾学校・養護学校における医療の必要の高い子どもに対する教育・医療提供体制のあり方を探ってきた。モデル事業においては，教員がどこまでの行為を行い，看護師と教員がどのように連携するかといった点について検討が行われてきた。そうしたモデル事業の成果を受け，2004（平成16）年には，厚生労働省の「在宅及び養護学校における日常的な医療の医学的・法律学的整理に関する研究」において検討・整理を行い，その報告を受け，厚生労働省が「盲・聾・養護学校におけるたんの吸引等の取扱いについて」を通知した。社会福祉士および介護福祉士

法の一部改正に伴い，2012（平成24）年4月より一定の研修を受けた介護職員等は一定の条件の下にたんの吸引等の医療的ケアができるようになったことを受け，特別支援学校の教員についても，制度上実施することが可能となった。

その通知は，新制度が幼稚園，小学校，中学校，高等学校，中等教育学校においても適用されることを考慮し，特別支援学校での実施経験等を踏まえ，小・中学校等において医療的ケアを実施する際に留意すべき点についても示している。障害のある子どもが通常の学校において共に学ぶ機会が増えるにつれて，改めて考慮しなければならない課題であるともいえる。

参考文献

井上昌士研究代表（2010）『専門研究B：知的障害者である児童生徒に対する教育を行う特別支援学校に在籍する児童生徒の増加の実態と教育的対応に関する研究 平成21年度研究成果報告書』独立行政法人国立特別支援教育総合研究所.

落合俊郎（1998）「障害児を視点に入れた教育改革」嶺井正也監修『共育への道「サラマンカ宣言」を読む』アドバンテージサーバー，16-33.

清水貞夫（2012）『インクルーシブ教育への提言――特別支援教育の革新』クリエイツかもがわ.

三山緑（2014）「特別支援教育行政の現状と課題」古賀一博編『教師教育講座第5巻 教育行財政・学校経営』協同出版，181-199.

『みんなのねがい』編集部（2005）「『特別支援教育』をめぐる制度の動向――『学校教育法等の一部を改正する法律』を中心に」『みんなのねがい』473，6－8.

柳本雄次（2006）「特別支援教育への転換」筑波大学特別支援教育研究センター・斎藤佐和編『講座特別支援教育1 特別支援教育の基礎理論』教育出版，17-31.

吉本裕子（2012）「特別支援教育をベースにした小学校の教育改革」渡邉健治編『特別支援教育からインクルーシブ教育への展望』クリエイツかもがわ，145-163.

渡部昭男（2012）「日本型インクルーシブシステムへの道」渡部編『日本型インクルーシブシステムへの道――中教審報告のインパクト』三学出版，145-174.

（堀田哲一郎）

資 料 編

1 　日本の学校系統図（明治6年〜昭和47年）
2 　諸外国の学校系統図
　　（アメリカ・イギリス・フランス・ドイツ）
3 　文部科学省の組織図（平成27年10月1日現在）
4 　教育委員会のイメージ図
5 　関連法規

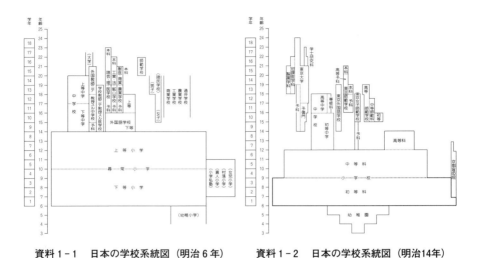

資料1-1　日本の学校系統図（明治6年）

資料1-2　日本の学校系統図（明治14年）

資料1-3　日本の学校系統図（明治25年）

資料1-4　日本の学校系統図（明治33年）

資料編

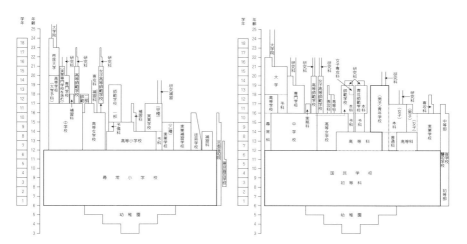

資料1-5　日本の学校系統図（明治41年）

資料1-6　日本の学校系統図（昭和19年）

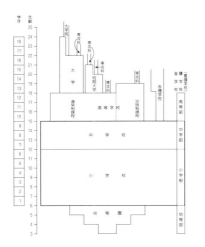

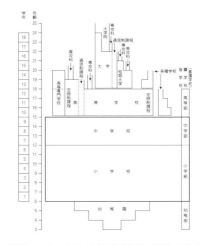

資料1-7　日本の学校系統図（昭和24年）

資料1-8　日本の学校系統図（昭和47年）

（出典）　文部科学省「学制百年史　資料編」。

189

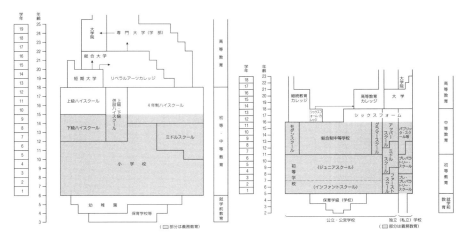

資料2-1　アメリカの学校系統図

資料2-2　イギリスの学校系統図

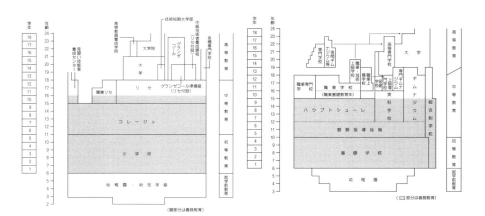

資料2-3　フランスの学校系統図

資料2-4　ドイツの学校系統図

（出典）　文部科学省（2013）『教育指標の国際比較　平成25年版』。

資 料 編

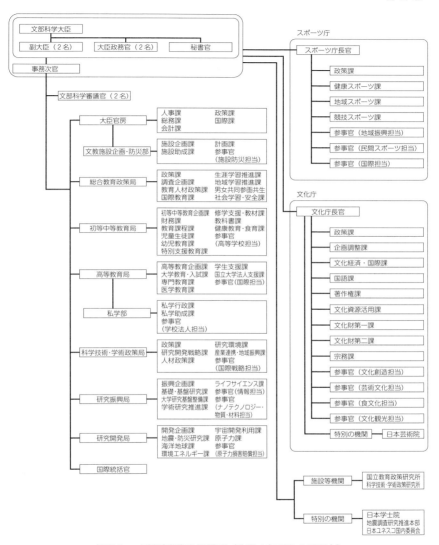

資料３　文部科学省の組織図（令和４年10月１日現在）

（出典）　文部科学省 HP。

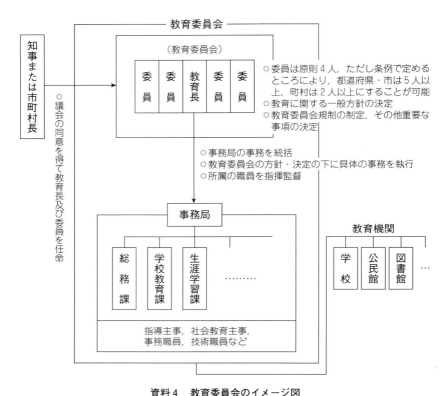

資料4　教育委員会のイメージ図

（出典）　文部科学省HP「教育委員会制度について」。

資料5　関連法規

日本国憲法（抄）
（昭和21年11月3日）

〔基本的人権の享受〕
第11条　国民は，すべての基本的人権の享有を妨げられない。この憲法が国民に保障する基本的人権は，侵すことのできない永久の権利として，現在及び将来の国民に与へられる。
〔法の下の平等〕
第14条　すべて国民は，法の下に平等であつて，人種，信条，性別，社会的身分又は門地により，政治的，経済的又は社会的関係において，差別されない。
（略）
〔公務員の選定罷免権，全体の奉仕者〕
第15条　公務員を選定し，及びこれを罷免することは，国民固有の権利である。
②　すべて公務員は，全体の奉仕者であつて，一部の奉仕者ではない。
（略）
〔思想・良心の自由〕
第19条　思想及び良心の自由は，これを侵してはならない。
〔信教の自由，政教分離〕
第20条　信教の自由は，何人に対してもこれを保障する。いかなる宗教団体も，国から特権を受け，又は政治上の権力を行使してはならない。
②　何人も，宗教上の行為，祝典，儀式又は行事に参加することを強制されない。
③　国及びその機関は，宗教教育その他いかなる宗教的活動もしてはならない。
〔学問の自由〕
第23条　学問の自由は，これを保障する。
〔教育を受ける権利，教育の義務〕
第26条　すべて国民は，法律の定めるところにより，その能力に応じて，ひとしく教育を受ける権利を有する。
②　すべて国民は，法律の定めるところにより，その保護する子女に普通教育を受けさせる義務を負ふ。義務教育は，これを無償とする。
〔公金等の使用制限〕
第89条　公金その他の公の財産は，宗教上の組織若しくは団体の使用，便益若しくは維持のため，又は公の支配に属しない慈善，教育若しくは博愛の事業に対し，これを支出し，又はその利用に供してはならない。
〔地方自治の原則〕
第92条　地方公共団体の組織及び運営に関する事項は，地方自治の本旨に基いて，法律でこれを定める。
〔最高法規〕
第98条　この憲法は，国の最高法規であつて，その条規に反する法律，命令，詔勅及び国務に関するその他の行為の全部又は一部は，その効力を有しない。
②　日本国が締結した条約及び確立された国際法規は，これを誠実に遵守することを必要とする。

教育基本法
（平成18年法律第120号）

我々日本国民は，たゆまぬ努力によって築いてきた民主的で文化的な国家を更に発展させるとともに，世界の平和と人類の福祉の向上に貢献することを願うものである。
我々は，この理想を実現するため，個人の尊厳を重んじ，真理と正義を希求し，公共の精神を尊び，豊かな人間性と創造性を備えた人間の育成を期するとともに，伝統を継承し，新しい文化の創造を目指す教育を推進する。
ここに，我々は，日本国憲法の精神にのっとり，我が国の未来を切り拓（ひら）く教育の基本を確立し，その振興を図るため，この法律を制定する。
　　　第1章　教育の目的及び理念
（教育の目的）
第1条　教育は，人格の完成を目指し，平和で民主的な国家及び社会の形成者として必要な資質を備えた心身ともに健康な国民の育成を期して行われなければならない。
（教育の目標）
第2条　教育は，その目的を実現するため，学問の自由を尊重しつつ，次に掲げる目標を達成するよう行われるものとする。
一　幅広い知識と教養を身に付け，真理を求める態度を養い，豊かな情操と道徳心を培うとともに，健やかな身体を養うこと。
二　個人の価値を尊重して，その能力を伸ばし，創造性を培い，自主及び自律の精神を養うとともに，職業及び生活との関連を重視し，勤労を重んずる態度を養うこと。
三　正義と責任，男女の平等，自他の敬愛と協力を重んずるとともに，公共の精神に基づき，主体的に社会の形成に参画し，その発展に寄与する態度を養うこと。
四　生命を尊び，自然を大切にし，環境の保全に寄与する態度を養うこと。
五　伝統と文化を尊重し，それらをはぐくんできた我が国と郷土を愛するとともに，他国を尊重し，国際社会の平和と発展に寄与する態度を養うこと。
（生涯学習の理念）
第3条　国民一人一人が，自己の人格を磨き，豊かな人生を送ることができるよう，その生涯にわたって，あらゆる機会に，あらゆる場所において学習することができ，その成果を適切に生かすことのできる社会の実現が図られなければならない。
（教育の機会均等）
第4条　すべて国民は，ひとしく，その能力に応じた教育を受ける機会を与えられなければならず，人種，信条，性別，社会的身分，経済的地位又は門地によって，教育上差別されない。
2　国及び地方公共団体は，障害のある者が，その障害の状態に応じ，十分な教育を受けられるよう，教育上必要な支援を講じなければならない。
3　国及び地方公共団体は，能力があるにもかかわらず，経済的理由によって修学が困難な者に対して，奨学の措置を講じなければならない。

第2章 教育の実施に関する基本

（義務教育）

第5条 国民は，その保護する子に，別に法律で定めるところにより，普通教育を受けさせる義務を負う。

2 義務教育として行われる普通教育は，各個人の有する能力を伸ばしつつ社会において自立的に生きる基礎を培い，また，国家及び社会の形成者として必要とされる基本的な資質を養うことを目的として行われるものとする。

3 国及び地方公共団体は，義務教育の機会を保障し，その水準を確保するため，適切な役割分担及び相互の協力の下，その実施に責任を負う。

4 国又は地方公共団体の設置する学校における義務教育については，授業料を徴収しない。

（学校教育）

第6条 法律に定める学校は，公の性質を有するものであって，国，地方公共団体及び法律に定める法人のみが，これを設置することができる。

2 前項の学校においては，教育の目標が達成されるよう，教育を受ける者の心身の発達に応じて，体系的な教育が組織的に行われなければならない。この場合において，教育を受ける者が，学校生活を営む上で必要な規律を重んずるとともに，自ら進んで学習に取り組む意欲を高めることを重視して行われなければならない。

（大学）

第7条 大学は，学術の中心として，高い教養と専門的能力を培うとともに，深く真理を探究して新たな知見を創造し，これらの成果を広く社会に提供することにより，社会の発展に寄与するものとする。

2 大学については，自主性，自律性その他の大学における教育及び研究の特性が尊重されなければならない。

（私立学校）

第8条 私立学校の有する公の性質及び学校教育において果たす重要な役割にかんがみ，国及び地方公共団体は，その自主性を尊重しつつ，助成その他の適当な方法によって私立学校教育の振興に努めなければならない。

（教員）

第9条 法律に定める学校の教員は，自己の崇高な使命を深く自覚し，絶えず研究と修養に励み，その職責の遂行に努めなければならない。

2 前項の教員については，その使命と職責の重要性にかんがみ，その身分は尊重され，待遇の適正が期せられるとともに，養成と研修の充実が図られなければならない。

（家庭教育）

第10条 父母その他の保護者は，子の教育について第一義的責任を有するものであって，生活のために必要な習慣を身に付けさせるとともに，自立心を育成し，心身の調和のとれた発達を図るよう努めるものとする。

2 国及び地方公共団体は，家庭教育の自主性を尊重しつつ，保護者に対する学習の機会及び情報の提供その他の家庭教育を支援するために必要な施策を講ずるよう努めなければならない。

（幼児期の教育）

第11条 幼児期の教育は，生涯にわたる人格形成の基礎を培う重要なものであることにかんがみ，国及び地方公共団体は，幼児の健やかな成長に資する良好な環境の整備その他適当な方法によって，その振興に努めなければならない。

（社会教育）

第12条 個人の要望や社会の要請にこたえ，社会において行われる教育は，国及び地方公共団体によって奨励されなければならない。

2 国及び地方公共団体は，図書館，博物館，公民館その他の社会教育施設の設置，学校の施設の利用，学習の機会及び情報の提供その他の適当な方法によって社会教育の振興に努めなければならない。

（学校，家庭及び地域住民等の相互の連携協力）

第13条 学校，家庭及び地域住民その他の関係者は，教育におけるそれぞれの役割と責任を自覚するとともに，相互の連携及び協力に努めるものとする。

（政治教育）

第14条 良識ある公民として必要な政治的教養は，教育上尊重されなければならない。

2 法律に定める学校は，特定の政党を支持し，又はこれに反対するための政治教育その他政治的活動をしてはならない。

（宗教教育）

第15条 宗教に関する寛容の態度，宗教に関する一般的な教養及び宗教の社会生活における地位は，教育上尊重されなければならない。

2 国及び地方公共団体が設置する学校は，特定の宗教のための宗教教育その他宗教的活動をしてはならない。

第3章 教育行政

（教育行政）

第16条 教育は，不当な支配に服することなく，この法律及び他の法律の定めるところにより行われるべきものであり，教育行政は，国と地方公共団体との適切な役割分担及び相互の協力の下，公正かつ適正に行われなければならない。

2 国は，全国的な教育の機会均等と教育水準の維持向上を図るため，教育に関する施策を総合的に策定し，実施しなければならない。

3 地方公共団体は，その地域における教育の振興を図るため，その実情に応じた教育に関する施策を策定し，実施しなければならない。

4 国及び地方公共団体は，教育が円滑かつ継続的に実施されるよう，必要な財政上の措置を講じなければならない。

（教育振興基本計画）

第17条 政府は，教育の振興に関する施策の総合的かつ計画的な推進を図るため，教育の振興に関する施策についての基本的な方針及び講ずべき施策その他必要な事項について，基本的な計画を定め，これを国会に報告するとともに，公表しなければならない。

2 地方公共団体は，前項の計画を参酌し，その地域の実情に応じ，当該地方公共団体における教育の振興のための施策に関する基本的な計画を定めるよう努めなければならない。

第4章 法令の制定

第18条 この法律に規定する諸条項を実施するため，

必要な法令が制定されなければならない。

学校教育法（抄）
（昭和22年3月31日　法律第26号）

第1章　総則

〔学校の定義〕
第1条　この法律で，学校とは，幼稚園，小学校，中学校，義務教育学校，高等学校，中等教育学校，特別支援学校，大学及び高等専門学校とする。
〔学校の設置者〕
第2条　学校は，国（国立大学法人法（平成15年法律第112号）第2条第1項に規定する国立大学法人及び独立行政法人国立高等専門学校機構を含む。以下同じ。），地方公共団体（地方独立行政法人法（平成15年法律第118号）第68条第1項に規定する公立大学法人を含む。次項において同じ。）及び私立学校法第3条に規定する学校法人（以下学校法人と称する。）のみが，これを設置することができる。
②　この法律で，国立学校とは，国の設置する学校を，公立学校とは，地方公共団体の設置する学校を，私立学校とは，学校法人の設置する学校をいう。
〔設置者管理・負担主義〕
第5条　学校の設置者は，その設置する学校を管理し，法令に特別の定のある場合を除いては，その学校の経費を負担する。
〔授業料の徴収〕
第6条　学校においては，授業料を徴収することができる。ただし，国又は公立の小学校及び中学校，義務教育学校，中等教育学校の前期課程又は特別支援学校の小学部及び中学部における義務教育については，これを徴収することができない。
〔校長，教員の欠格事由〕
第9条　次の各号のいずれかに該当する者は，校長又は教員となることができない。
　一　成年被後見人又は被保佐人
　二　禁錮以上の刑に処せられた者
　三　教育職員免許法第10条第1項第2号又は第3号に該当することにより免許状がその効力を失い，当該失効の日から3年を経過しない者
　四　教育職員免許法第11条第1項から第3項までの規定により免許状取上げの処分を受け，3年を経過しない者
　五　日本国憲法施行の日以後において，日本国憲法又はその下に成立した政府を暴力で破壊することを主張する政党その他の団体を結成し，又はこれに加入した者
〔児童・生徒・学生の懲戒〕
第11条　校長及び教員は，教育上必要があると認めるときは，文部科学大臣の定めるところにより，児童，生徒及び学生に懲戒を加えることができる。ただし，体罰を加えることはできない。
〔健康診断等〕
第12条　学校においては，別に法律で定めるところにより，幼児，児童，生徒及び学生並びに職員の健康の保持増進を図るため，健康診断を行い，その他その保健に必要な措置を講じなければならない。

第2章　義務教育

〔義務教育〕
第16条　保護者（子に対して親権を行う者（親権を行う者のないときは，未成年後見人）をいう。以下同じ。）は，次条に定めるところにより，子に九年の普通教育を受けさせる義務を負う。
〔就学義務〕
第17条　保護者は，子の満6歳に達した日の翌日以後における最初の学年の初めから，満12歳に達した日の属する学年の終わりまで，これを小学校の課程，義務教育学校の前期課程又は特別支援学校の小学部に就学させる義務を負う。ただし，子が，満12歳に達した日の属する学年の終わりまでに小学校の課程，義務教育学校の前期課程又は特別支援学校の小学部の課程を修了しないときは，満15歳に達した日の属する学年の終わり（それまでの間においてこれらの課程を修了したときは，その修了した日の属する学年の終わり）までとする。
②　保護者は，子が小学校の課程，義務教育学校の前期課程又は特別支援学校の小学部の課程を修了した日の翌日以後における最初の学年の初めから，満15歳に達した日の属する学年の終わりまで，これを中学校，義務教育学校の後期課程，中等教育学校の前期課程又は特別支援学校の中学部に就学させる義務を負う。
（略）
〔就学義務の猶予・免除〕
第18条　前条第1項又は第2項の規定によって，保護者が就学させなければならない子（以下それぞれ「学齢児童」又は「学齢生徒」という。）で，病弱，発育不完全その他やむを得ない事由のため，就学困難と認められる者の保護者に対しては，市町村の教育委員会は，文部科学大臣の定めるところにより，同条第1項又は第2項の義務を猶予又は免除することができる。
〔就学援助〕
第19条　経済的理由によって，就学困難と認められる学齢児童又は学齢生徒の保護者に対しては，市町村は，必要な援助を与えなければならない。
〔学齢児童・生徒使用者の義務〕
第20条　学齢児童又は学齢生徒を使用する者は，その使用によって，当該学齢児童又は学齢生徒が，義務教育を受けることを妨げてはならない。
〔義務教育の目標〕
第21条　義務教育として行われる普通教育は，教育基本法（平成18年法律第120号）第5条第2項に規定する目的を実現するため，次に掲げる目標を達成するよう行われるものとする。
　一　学校内外における社会的活動を促進し，自主，自律及び協同の精神，規範意識，公正な判断力並びに公共の精神に基づき主体的に社会の形成に参画し，その発展に寄与する態度を養うこと。
　二　学校内外における自然体験活動を促進し，生命及び自然を尊重する精神並びに環境の保全に寄与する態度を養うこと。
　三　我が国と郷土の現状と歴史について，正しい理解に導き，伝統と文化を尊重し，それらをはぐくんできた我が国と郷土を愛する態度を養うとともに，進んで外国の文化の理解を通じて，他国を尊重し，国際社会の平和と発展に寄与する態度を養うこと。

四　家族と家庭の役割，生活に必要な衣，食，住，情報，産業その他の事項について基礎的な理解と技能を養うこと。
五　読書に親しませ，生活に必要な国語を正しく理解し，使用する基礎的な能力を養うこと。
六　生活に必要な数量的な関係を正しく理解し，処理する基礎的な能力を養うこと。
七　生活にかかわる自然現象について，観察及び実験を通じて，科学的に理解し，処理する基礎的な能力を養うこと。
八　健康，安全で幸福な生活のために必要な習慣を養うとともに，運動を通じて体力を養い，心身の調和的発達を図ること。
九　生活を明るく豊かにする音楽，美術，文芸その他の芸術について基礎的な理解と技能を養うこと。
十　職業についての基礎的な知識と技能，勤労を重んずる態度及び個性に応じて将来の進路を選択する能力を養うこと。

第3章　幼稚園

〔目的〕
第22条　幼稚園は，義務教育及びその後の教育の基礎を培うものとして，幼児を保育し，幼児の健やかな成長のために適当な環境を与えて，その心身の発達を助長することを目的とする。
〔目標〕
第23条　幼稚園における教育は，前条に規定する目的を実現するため，次に掲げる目標を達成するよう行われるものとする。
一　健康，安全で幸福な生活のために必要な基本的な習慣を養い，身体諸機能の調和的発達を図ること。
二　集団生活を通じて，喜んでこれに参加する態度を養うとともに家族や身近な人への信頼感を深め，自主，自律及び協同の精神並びに規範意識の芽生えを養うこと。
三　身近な社会生活，生命及び自然に対する興味を養い，それらに対する正しい理解と態度及び思考力の芽生えを養うこと。
四　日常の会話や，絵本，童話等に親しむことを通じて，言葉の使い方を正しく導くとともに，相手の話を理解しようとする態度を養うこと。
五　音楽，身体による表現，造形等に親しむことを通じて，豊かな感性と表現力の芽生えを養うこと。
〔幼児期教育の支援〕
第24条　幼稚園においては，第22条に規定する目的を実現するための教育を行うほか，幼児期の教育に関する各般の問題につき，保護者及び地域住民その他の関係者からの相談に応じ，必要な情報の提供及び助言を行うなど，家庭及び地域における幼児期の教育の支援に努めるものとする。
〔保育内容〕
第25条　幼稚園の教育課程その他の保育内容に関する事項は，第22条及び第23条の規定に従い，文部科学大臣が定める。
〔入園資格〕
第26条　幼稚園に入園することのできる者は，満3歳から，小学校就学の始期に達するまでの幼児とす
る。
〔職員〕
第27条　幼稚園には，園長，教頭及び教諭を置かなければならない
②　幼稚園には，前項に規定するもののほか，副園長，主幹教諭，指導教諭，養護教諭，栄養教諭，事務職員，養護助教諭その他必要な職員を置くことができる。
③　第一項の規定にかかわらず，副園長を置くときその他特別の事情のあるときは，教頭を置かないことができる。
④　園長は，園務をつかさどり，所属職員を監督する。
⑤　副園長は，園長を助け，命を受けて園務をつかさどる。
⑥　教頭は，園長（副園長を置く幼稚園にあつては，園長及び副園長）を助け，園務を整理し，及び必要に応じ幼児の保育をつかさどる。
⑦　主幹教諭は，園長（副園長を置く幼稚園にあつては，園長及び副園長）及び教頭を助け，命を受けて園務の一部を整理し，並びに幼児の保育をつかさどる。
⑧　指導教諭は，幼児の保育をつかさどり，並びに教諭その他の職員に対して，保育の改善及び充実のために必要な指導及び助言を行う。
⑨　教諭は，幼児の保育をつかさどる。
⑩　特別の事情のあるときは，第一項の規定にかかわらず，教諭に代えて助教諭又は講師を置くことができる。
⑪　学校の実情に照らし必要があると認めるときは，第七項の規定にかかわらず，園長（副園長を置く幼稚園にあつては，園長及び副園長）及び教頭を助け，命を受けて園務の一部を整理し，並びに幼児の養護又は栄養の指導及び管理をつかさどる主幹教諭を置くことができる。
〔準用規定〕
第28条　第37条第6項，第8項及び第12項から第17項まで並びに第42条から第44条までの規定は，幼稚園に準用する。

第4章　小学校

〔目的〕
第29条　小学校は，心身の発達に応じて，義務教育として行われる普通教育のうち基礎的なものを施すことを目的とする。
〔目標〕
第30条　小学校における教育は，前条に規定する目的を実現するために必要な程度において第21条各号に掲げる目標を達成するよう行われるものとする。
②　前項の場合においては，生涯にわたり学習する基盤が培われるよう，基礎的な知識及び技能を習得させるとともに，これらを活用して課題を解決するために必要な思考力，判断力，表現力その他の能力をはぐくみ，主体的に学習に取り組む態度を養うことに，特に意を用いなければならない。
〔体験活動〕
第31条　小学校においては，前条第1項の規定による目標の達成に資するよう，教育指導を行うに当たり，児童の体験的な学習活動，特にボランティア活動など社会奉仕体験活動，自然体験活動その他の体

験活動の充実に努めるものとする。この場合において，社会教育関係団体その他の関係団体及び関係機関との連携に十分配慮しなければならない。
〔修業年限〕
第32条 小学校の修業年限は，6年とする。
〔教育課程〕
第33条 小学校の教育課程に関する事項は，第29条及び第30条の規定に従い，文部科学大臣が定める。
〔教科用図書・教材の使用〕
第34条 小学校においては，文部科学大臣の検定を経た教科用図書又は文部科学省が著作の名義を有する教科用図書を使用しなければならない。
② 前項の教科用図書以外の図書その他の教材で，有益適切なものは，これを使用することができる。
（略）
〔児童の出席停止〕
第35条 市町村の教育委員会は，次に掲げる行為の一又は二以上を繰り返し行う等性行不良であつて他の児童の教育に妨げがあると認める児童があるときは，その保護者に対して，児童の出席停止を命ずることができる。
　一　他の児童に傷害，心身の苦痛又は財産上の損失を与える行為
　二　職員に傷害又は心身の苦痛を与える行為
　三　施設又は設備を損壊する行為
　四　授業その他の教育活動の実施を妨げる行為
② 市町村の教育委員会は，前項の規定により出席停止を命ずる場合には，あらかじめ保護者の意見を聴取するとともに，理由及び期間を記載した文書を交付しなければならない。
③ 前項に規定するもののほか，出席停止の命令の手続に関し必要な事項は，教育委員会規則で定めるものとする。
④ 市町村の教育委員会は，出席停止の命令に係る児童の出席停止の期間における学習に対する支援その他の教育上必要な措置を講ずるものとする。
〔学齢未満の子の入学禁止〕
第36条 学齢に達しない子は，小学校に入学させることができない。
〔職員〕
第37条 小学校には，校長，教頭，教諭，養護教諭及び事務職員を置かなければならない。
② 小学校には，前項に規定するもののほか，副校長，主幹教諭，指導教諭，栄養教諭その他必要な職員を置くことができる。
③ 第1項の規定にかかわらず，副校長を置くときその他特別の事情のあるときは教頭を，養護をつかさどる主幹教諭を置くときは養護教諭を，特別の事情のあるときは事務職員を，それぞれ置かないことができる。
④ 校長は，校務をつかさどり，所属職員を監督する。
⑤ 副校長は，校長を助け，命を受けて校務をつかさどる。
⑥ 副校長は，校長に事故があるときはその職務を代理し，校長が欠けたときはその職務を行う。この場合において，副校長が2人以上あるときは，あらかじめ校長が定めた順序で，その職務を代理し，又は行う。

⑦ 教頭は，校長（副校長を置く小学校にあつては，校長及び副校長）を助け，校務を整理し，及び必要に応じ児童の教育をつかさどる。
⑧ 教頭は，校長（副校長を置く小学校にあつては，校長及び副校長）に事故があるときは校長の職務を代理し，校長（副校長を置く小学校にあつては，校長及び副校長）が欠けたときは校長の職務を行う。この場合において，教頭が2人以上あるときは，あらかじめ校長が定めた順序で，校長の職務を代理し，又は行う。
⑨ 主幹教諭は，校長（副校長を置く小学校にあつては，校長及び副校長）及び教頭を助け，命を受けて校務の一部を整理し，並びに児童の教育をつかさどる。
⑩ 指導教諭は，児童の教育をつかさどり，並びに教諭その他の職員に対して，教育指導の改善及び充実のために必要な指導及び助言を行う。
⑪ 教諭は，児童の教育をつかさどる。
⑫ 養護教諭は，児童の養護をつかさどる。
⑬ 栄養教諭は，児童の栄養の指導及び管理をつかさどる。
⑭ 事務職員は，事務に従事する。
⑮ 助教諭は，教諭の職務を助ける。
⑯ 講師は，教諭又は助教諭に準ずる職務に従事する。
⑰ 養護助教諭は，養護教諭の職務を助ける。
⑱ 特別の事情のあるときは，第1項の規定にかかわらず，教諭に代えて助教諭又は講師を，養護教諭に代えて養護助教諭を置くことができる。
⑲ 学校の実情に照らし必要があると認めるときは，第9項の規定にかかわらず，校長（副校長を置く小学校にあつては，校長及び副校長）及び教頭を助け，命を受けて校務の一部を整理し，並びに児童の養護又は栄養の指導及び管理をつかさどる主幹教諭を置くことができる。
〔小学校の設置義務〕
第38条 市町村は，その区域内にある学齢児童を就学させるに必要な小学校を設置しなければならない。ただし，教育上有益かつ適切であると認めるときは，義務教育学校の設置をもつてこれに代えることができる。
〔学校組合〕
第39条 市町村は，適当と認めるときは，前条の規定による事務の全部又は一部を処理するため，市町村の組合を設けることができる。
〔学校評価〕
第42条 小学校は，文部科学大臣の定めるところにより当該小学校の教育活動その他の学校運営の状況について評価を行い，その結果に基づき学校運営の改善を図るため必要な措置を講ずることにより，その教育水準の向上に努めなければならない。
〔情報の提供〕
第43条 小学校は，当該小学校に関する保護者及び地域住民その他の関係者の理解を深めるとともに，これらの者との連携及び協力の推進に資するため，当該小学校の教育活動その他の学校運営の状況に関する情報を積極的に提供するものとする。
〔私立小学校の所管〕
第44条 私立の小学校は，都道府県知事の所管に属

第5章　中学校

〔目的〕

第45条　中学校は，小学校における教育の基礎の上に，心身の発達に応じて，義務教育として行われる普通教育を施すことを目的とする。

〔目標〕

第46条　中学校における教育は，前条に規定する目的を実現するため，第21条各号に掲げる目標を達成するよう行われるものとする。

〔修業年限〕

第47条　中学校の修業年限は，3年とする。

〔教育課程〕

第48条　中学校の教育課程に関する事項は，第45条及び第46条の規定並びに次条において読み替えて準用する第30条第2項の規定に従い，文部科学大臣が定める。

〔準用規定〕

第49条　第30条第2項，第31条，第34条，第35条及び第37条から第44条までの規定は，中学校に準用する。この場合において，第30条第2項中「前項」とあるのは「第46条」と，第31条中「前条第1項」とあるのは「第46条」と読み替えるものとする。

第5章の2　義務教育学校

〔義務教育学校の目的〕

第49条の2　義務教育学校は，心身の発達に応じて，義務教育として行われる普通教育を基礎的なものから一貫して施すことを目的とする。

〔義務教育学校の目標〕

第49条の3　義務教育学校における教育は，前条に規定する目的を実現するため，第21条各号に掲げる目標を達成するよう行われるものとする。

〔修業年限〕

第49条の4　義務教育学校の修業年限は，9年とする。

〔義務教育学校の課程区分〕

第49条の5　義務教育学校の課程は，これを前期6年の前期課程及び後期3年の後期課程に区分する。

〔各課程教育の目標〕

第49条の6　義務教育学校の前期課程における教育は，第49条の2に規定する目的のうち，心身の発達に応じて，義務教育として行われる普通教育のうち基礎的なものを施すことを実現するために必要な程度において第21条各号に掲げる目標を達成するよう行われるものとする。

②　義務教育学校の後期課程における教育は，第49条の2に規定する目的のうち，前期課程における教育の基礎の上に，心身の発達に応じて，義務教育として行われる普通教育を施すことを実現するため，第21条各号に掲げる目標を達成するよう行われるものとする。

〔各課程教育課程〕

第49条の7　義務教育学校の前期課程及び後期課程の教育課程に関する事項は，第49条の2，第49条の3及び前条の規定並びに次条において読み替えて準用する第30条第2項の規定に従い，文部科学大臣が定める。

〔準用規程〕

第49条の8　第30条第2項，第31条，第34条から第37条まで及び第42条から第44条までの規定は，義務教育学校に準用する。この場合において，第30条第2項中「前項」とあるのは「第49条の3」と，第31条中「前条第1項」とあるのは「第49条の3」と読み替えるものとする。

第6章　高等学校

〔目的〕

第50条　高等学校は，中学校における教育の基礎の上に，心身の発達及び進路に応じて，高度な普通教育及び専門教育を施すことを目的とする。

〔目標〕

第51条　高等学校における教育は，前条に規定する目的を実現するため，次に掲げる目標を達成するよう行われるものとする。

一　義務教育として行われる普通教育の成果を更に発展拡充させて，豊かな人間性，創造性及び健やかな身体を養い，国家及び社会の形成者として必要な資質を養うこと。

二　社会において果たさなければならない使命の自覚に基づき，個性に応じて将来の進路を決定させ，一般的な教養を高め，専門的な知識，技術及び技能を習得させること。

三　個性の確立に努めるとともに，社会について，広く深い理解と健全な批判力を養い，社会の発展に寄与する態度を養うこと。

〔通信制の課程〕

第54条　高等学校には，全日制の課程又は定時制の課程のほか，通信制の課程を置くことができる。

②　高等学校には，通信制の課程のみを置くことができる。

③　市（指定都市を除く。）町村の設置する高等学校については都道府県の教育委員会，私立の高等学校については都道府県知事は，高等学校の通信制の課程のうち，当該高等学校の所在する都道府県の区域内に住所を有する者のほか，全国的に他の都道府県の区域内に住所を有する者を併せて生徒とするものその他政令で定めるもの（以下この項において「広域の通信制の課程」という。）に係る第四条第一項に規定する認可（政令で定める事項に係るものに限る。）を行うときは，あらかじめ，文部科学大臣に届け出なければならない。都道府県又は指定都市の設置する高等学校の広域の通信制の課程について，当該都道府県又は指定都市の教育委員会がこの項前段の政令で定める事項を行うときも，同様とする。

④　通信制の課程に関し必要な事項は，文部科学大臣が，これを定める。

〔修業年限〕

第56条　高等学校の修業年限は，全日制の課程については，3年とし，定時制の課程及び通信制の課程については，3年以上とする。

〔高等学校の職員〕

第60条　高等学校には，校長，教頭，教諭及び事務職員を置かなければならない。

②　高等学校には，前項に規定するもののほか，副校長，主幹教諭，指導教諭，養護教諭，栄養教諭，養護助教諭，実習助手，技術職員その他必要な職員を置くことができる。

③　第一項の規定にかかわらず，副校長を置くときは，教頭を置かないことができる。

④　実習助手は，実験又は実習について，教諭の職務を助ける。
⑤　特別の事情のあるときは，第一項の規定にかかわらず，教諭に代えて助教諭又は講師を置くことができる。
⑥　技術職員は，技術に従事する。
〔準用規定〕
第62条　第30条第２項，第31条，第34条，第37条第４項から第17条まで及び第19項並びに第42条から第44条までの規定は，高等学校に準用する。この場合において，第30条第２項中「前項」とあるのは「第51条」と，第31条中「前条第１項」とあるのは「第51条」と読み替えるものとする。

第７章　中等教育学校

〔目的〕
第63条　中等教育学校は，小学校における教育の基礎の上に，心身の発達及び進路に応じて，義務教育として行われる普通教育並びに高度な普通教育及び専門教育を一貫して施すことを目的とする。
〔目標〕
第64条　中等教育学校における教育は，前条に規定する目的を実現するため，次に掲げる目標を達成するよう行われるものとする。
　一　豊かな人間性，創造性及び健やかな身体を養い，国家及び社会の形成者として必要な資質を養うこと。
　二　社会において果たさなければならない使命の自覚に基づき，個性に応じて将来の進路を決定させ，一般的な教養を高め，専門的な知識，技術及び技能を習得させること。
　三　個性の確立に努めるとともに，社会について，広く深い理解と健全な批判力を養い，社会の発展に寄与する態度を養うこと。
〔修業年限〕
第65条　中等教育学校の修業年限は，六年とする。
〔前期課程及び後期課程〕
第66条　中等教育学校の課程は，これを前期３年の前期課程及び後期３年の後期課程に区分する。
〔各課程の目標〕
第67条　中等教育学校の前期課程における教育は，第63条に規定する目的のうち，小学校における教育の基礎の上に，心身の発達に応じて，義務教育として行われる普通教育を施すことを実現するため，第21条各号に掲げる目標を達成するよう行われるものとする。
②　中等教育学校の後期課程における教育は，第63条に規定する目的のうち，心身の発達及び進路に応じて，高度な普通教育及び専門教育を施すことを実現するため，第64条各号に掲げる目標を達成するよう行われるものとする。
〔同一の設置者が設置する中学校及び高等学校における一貫教育〕
第71条　同一の設置者が設置する中学校及び高等学校においては，文部科学大臣の定めるところにより，中等教育学校に準じて，中学校における教育と高等学校における教育を一貫して施すことができる。

第８章　特別支援教育

〔目的〕
第72条　特別支援学校は，視覚障害者，聴覚障害者，知的障害者，肢体不自由者又は病弱者（身体虚弱者を含む。以下同じ。）に対して，幼稚園，小学校，中学校又は高等学校に準ずる教育を施すとともに，障害による学習上又は生活上の困難を克服し自立を図るために必要な知識技能を授けることを目的とする。
〔教育内容の明示〕
第73条　特別支援学校においては，文部科学大臣の定めるところにより，前条に規定する者に対する教育のうち当該学校が行うものを明らかにするものとする。
〔特別支援学級への助言援助〕
第74条　特別支援学校においては，第72条に規定する目的を実現するための教育を行うほか，幼稚園，小学校，中学校，義務教育学校，高等学校又は中等教育学校の要請に応じて，第81条第１項に規定する幼児，児童又は生徒の教育に関し必要な助言又は援助を行うよう努めるものとする。
〔障害の程度〕
第75条　第72条に規定する視覚障害者，聴覚障害者，知的障害者，肢体不自由者又は病弱者の障害の程度は，政令で定める。
〔小学部・中学部・幼稚部・高等部〕
第76条　特別支援学校には，小学部及び中学部を置かなければならない。ただし，特別の必要のある場合においては，そのいずれかのみを置くことができる。
②　特別支援学校には，小学部及び中学部のほか，幼稚部又は高等部を置くことができ，また，特別の必要のある場合においては，前項の規定にかかわらず，小学部及び中学部を置かないで幼稚部又は高等部のみを置くことができる。
〔教育課程・保育内容・学科〕
第77条　特別支援学校の幼稚部の教育課程その他の保育内容，小学部及び中学部の教育課程又は高等部の学科及び教育課程に関する事項は，幼稚園，小学校，中学校又は高等学校に準じて，文部科学大臣が定める。
〔設置義務〕
第80条　都道府県は，その区域内にある学齢児童及び学齢生徒のうち，視覚障害者，聴覚障害者，知的障害者，肢体不自由者又は病弱者で，その障害が第75条の政令で定める程度のものを就学させるに必要な特別支援学校を設置しなければならない。
〔特別支援学級〕
第81条　幼稚園，小学校，中学校，義務教育学校，高等学校及び中等教育学校においては，次項各号のいずれかに該当する幼児，児童及び生徒その他教育上特別の支援を必要とする幼児，児童及び生徒に対し，文部科学大臣の定めるところにより，障害による学習上又は生活上の困難を克服するための教育を行うものとする。
②　小学校，中学校，義務教育学校，高等学校及び中等教育学校には，次の各号のいずれかに該当する児童及び生徒のために，特別支援学級を置くことができる。
　一　知的障害者
　二　肢体不自由者
　三　身体虚弱者
　四　弱視者

五　難聴者
　六　その他障害のある者で，特別支援学級において教育を行うことが適当なもの
③　前項に規定する学校においては，疾病により療養中の児童及び生徒に対して，特別支援学級を設け，又は教員を派遣して，教育を行うことができる。

第9章　大学

〔目的〕

第83条　大学は，学術の中心として，広く知識を授けるとともに，深く専門の学芸を教授研究し，知的，道徳的及び応用的能力を展開させることを目的とする。

②　大学は，その目的を実現するための教育研究を行い，その成果を広く社会に提供することにより，社会の発展に寄与するものとする。

〔修業年限〕

第87条　大学の修業年限は，4年とする。ただし，特別の専門事項を教授研究する学部及び前条の夜間において授業を行う学部については，その修業年限は，4年を超えるものとすることができる。

②　医学を履修する課程，歯学を履修する課程，薬学を履修する課程のうち臨床に係る実践的な能力を培うことを主たる目的とするもの又は獣医学を履修する課程については，前項本文の規定にかかわらず，その修業年限は，6年とする。

〔大学院〕

第97条　大学には，大学院を置くことができる。

〔大学院の目的〕

第99条　大学院は，学術の理論及び応用を教授研究し，その深奥をきわめ，又は高度の専門性が求められる職業を担うための深い学識及び卓越した能力を培い，文化の進展に寄与することを目的とする。

②　大学院のうち，学術の理論及び応用を教授研究し，高度の専門性が求められる職業を担うための深い学識及び卓越した能力を培うことを目的とするものは，専門職大学院とする。

第104条　大学（第108条第2項の大学（以下この条において「短期大学」という。）を除く。以下この条において同じ。）は，文部科学大臣の定めるところにより，大学を卒業した者に対し学士の学位を，大学院（専門職大学院を除く。）の課程を修了した者に対し修士又は博士の学位を，専門職大学院の課程を修了した者に対し文部科学大臣の定める学位を授与するものとする。

②　大学は，文部科学大臣の定めるところにより，前項の規定により博士の学位を授与された者と同等以上の学力があると認める者に対し，博士の学位を授与することができる。

③　短期大学は，文部科学大臣の定めるところにより，短期大学を卒業した者に対し短期大学士の学位を授与するものとする。

（略）

〔短期大学〕

第108条　大学は，第83条第1項に規定する目的に代えて，深く専門の学芸を教授研究し，職業又は実際生活に必要な能力を育成することを主な目的とすることができる。

②　前項に規定する目的をその目的とする大学は，第87条第1項の規定にかかわらず，その修業年限を

2年又は3年とする。

③　前項の大学は，短期大学と称する。

④　第2項の大学には，第85条及び第86条の規定にかかわらず，学部を置かないものとする。

⑤　第2項の大学には，学科を置く。

⑥　第2項の大学には，夜間において授業を行う学科又は通信による教育を行う学科を置くことができる。

⑦　第2項の大学を卒業した者は，文部科学大臣の定めるところにより，第83条の大学に編入学することができる。

⑧　第97条の規定は，第2項の大学については適用しない。

第10章　高等専門学校

〔目的〕

第115条　高等専門学校は，深く専門の学芸を教授し，職業に必要な能力を育成することを目的とする。

②　高等専門学校は，その目的を実現するための教育を行い，その成果を広く社会に提供することにより，社会の発展に寄与するものとする。

〔修業年限〕

第117条　高等専門学校の修業年限は，5年とする。ただし，商船に関する学科については，5年6月とする。

〔準学士〕

第121条　高等専門学校を卒業した者は，準学士と称することができる。

〔大学編入資格〕

第122条　高等専門学校を卒業した者は，文部科学大臣の定めるところにより，大学に編入学することができる。

第11章　専修学校

〔目的〕

第124条　第1条に掲げるもの以外の教育施設で，職業若しくは実際生活に必要な能力を育成し，又は教養の向上を図ることを目的として次の各号に該当する組織的な教育を行うもの（当該教育を行うにつき他の法律に特別の規定があるもの及び我が国に居住する外国人を専ら対象とするものを除く。）は，専修学校とする。

　一　修業年限が1年以上であること。

　二　授業時数が文部科学大臣の定める授業時数以上であること。

　三　教育を受ける者が常時40人以上であること。

〔課程〕

第125条　専修学校には，高等課程，専門課程又は一般課程を置く。

②　専修学校の高等課程においては，中学校若しくはこれに準ずる学校若しくは義務教育学校を卒業した者若しくは中等教育学校の前期課程を修了した者又は文部科学大臣の定めるところによりこれと同等以上の学力があると認められた者に対して，中学校における教育の基礎の上に，心身の発達に応じて前条の教育を行うものとする。

③　専修学校の専門課程においては，高等学校若しくはこれに準ずる学校若しくは中等教育学校を卒業した者又は文部科学大臣の定めるところによりこれに準ずる学力があると認められた者に対して，高等学校における教育の基礎の上に，前条の教育を行う

ものとする。
④ 専修学校の一般課程においては，高等課程又は専門課程の教育以外の前条の教育を行うものとする。
〔高等専修学校・専門学校〕
第126条 高等課程を置く専修学校は，高等専修学校と称することができる。
② 専門課程を置く専修学校は，専門学校と称することができる。
第132条 専修学校の専門課程（修業年限が2年以上であることその他の文部科学大臣の定める基準を満たすものに限る。）を修了した者（第90条第1項に規定する者に限る。）は，文部科学大臣の定めるところにより，大学に編入学することができる。

第12章 雑則
〔各種学校〕
第134条 第1条に掲げるもの以外のもので，学校教育に類する教育を行うもの（当該教育を行うにつき他の法律に特別の規定があるもの及び第124条に規定する専修学校の教育を行うものを除く。）は，各種学校とする。
（略）
〔学校名の専称〕
第135条 専修学校，各種学校その他第1条に掲げるもの以外の教育施設は，同条に掲げる学校の名称又は大学院の名称を用いてはならない。
② 高等課程を置く専修学校以外の教育施設は高等専修学校の名称を，専門課程を置く専修学校以外の教育施設は専門学校の名称を，専修学校以外の教育施設は専修学校の名称を用いてはならない。

学校教育法施行令（抄）
（昭和28年10月31日政令第340号）

〔学齢簿の編製〕
第1条 市（特別区を含む。以下同じ。）町村の教育委員会は，当該市町村の区域内に住所を有する学齢児童及び学齢生徒（それぞれ学校教育法（以下「法」という。）第18条に規定する学齢児童及び学齢生徒をいう。以下同じ。）について，学齢簿を編製しなければならない。
2 前項の規定による学齢簿の編製は，当該市町村の住民基本台帳に基づいて行なうものとする。
（略）
〔学齢簿の作成期日〕
第2条 市町村の教育委員会は，毎学年の初めから5月前までに，文部科学省令で定める日現在において，当該市町村に住所を有する者で前学年の初めから終わりまでの間に満6歳に達する者について，あらかじめ，前条第1項の学齢簿を作成しなければならない。この場合においては，同条第2項から第4項までの規定を準用する。
〔入学期日の通知，学校の指定〕
第5条 市町村の教育委員会は，就学予定者（法第17条第1項又は第2項の規定により，翌学年の初めから小学校，中学校，義務教育学校，中等教育学校又は特別支援学校に就学させるべき者をいう。以下同じ。）のうち，認定特別支援学校就学者（視覚障害者，聴覚障害者，知的障害者，肢体不自由者又は病弱者（身体虚弱者を含む。）で，その障害が，第22条の3の表に規定する程度のもの（以下「視覚障害者等」という。）のうち，当該市町村の教育委員会が，その者の障害の状態，その者の教育上必要な支援の内容，地域における教育の体制の整備の状況その他の事情を勘案して，その住所の存する都道府県の設置する特別支援学校に就学させることが適当であると認める者をいう。以下同じ。）以外の者について，その保護者に対し，翌学年の初めから二月前までに，小学校，中学校又は義務教育学校の入学期日を通知しなければならない。
2 市町村の教育委員会は，当該市町村の設置する小学校及び義務教育学校の数の合計数が二以上である場合又は当該市町村の設置する中学校（法第71条の規定により高等学校における教育と一貫した教育を施すもの（以下「併設型中学校」という。）を除く。以下この項，次条第7号，第6条の3第1項，第7条及び第8条において同じ。）及び義務教育学校の数の合計数が二以上である場合においては，前項の通知において当該就学予定者の就学すべき小学校，中学校又は義務教育学校を指定しなければならない。
3 前二項の規定は，第9条第1項又は第17条の届出のあつた就学予定者については，適用しない。
〔就学児童生徒の学校長への通知〕
第7条 市町村の教育委員会は，第5条第1項（第6条において準用する場合を含む。）の通知と同時に，当該児童生徒等を就学させるべき小学校，中学校又は義務教育学校の校長に対し，当該児童生徒等の氏名及び入学期日を通知しなければならない。
第8条 市町村の教育委員会は，第5条第2項（第6条において準用する場合を含む。）の場合において，相当と認めるときは，保護者の申立てにより，その指定した小学校，中学校又は義務教育学校を変更することができる。この場合においては，速やかに，その保護者及び前条の通知をした小学校，中学校又は義務教育学校の校長に対し，その旨を通知するとともに，新たに指定した小学校，中学校又は義務教育学校の校長に対し，同条の通知をしなければならない。
（区域外就学等）
第9条 児童生徒等をその住所の存する市町村の設置する小学校，中学校（併設型中学校を除く。）又は義務教育学校以外の小学校，中学校，義務教育学校又は中等教育学校に就学させようとする場合には，その保護者は，就学させようとする小学校，中学校，義務教育学校又は中等教育学校が市町村又は都道府県の設置するものであるときは当該市町村又は都道府県の教育委員会の，その他のものであるときは当該小学校，中学校，義務教育学校又は中等教育学校における就学を承諾する権限を有する者の承諾を証する書面を添え，その旨をその児童生徒等の住所の存する市町村の教育委員会に届け出なければならない。
2 市町村の教育委員会は，前項の承諾（当該市町村の設置する小学校，中学校（併設型中学校を除く。）又は義務教育学校への就学に係るものに限る。）を与えようとする場合には，あらかじめ，児童生徒等の住所の存する市町村の教育委員会に協議するものとする。
〔中退児童生徒の教育委員会への通知〕

第10条　学齢児童及び学齢生徒でその住所の存する市町村の設置する小学校，中学校（併設型中学校を除く。）又は義務教育学校以外の小学校若しくは中学校又は中等教育学校に在学するものが，小学校，中学校若しくは義務教育学校又は中等教育学校の前期課程の全課程を修了する前に退学したときは，当該小学校若しくは中学校又は中等教育学校の校長は，速やかに，その旨を当該学齢児童又は学齢生徒の住所の存する市町村の教育委員会に通知しなければならない。
〔校長の義務〕
第19条　小学校，中学校，義務教育学校，中等教育学校及び特別支援学校の校長は，常に，その学校に在学する学齢児童又は学齢生徒の出席状況を明らかにしておかなければならない。
〔長期欠席者等の教育委員会への通知〕
第20条　小学校，中学校，義務教育学校，中等教育学校及び特別支援学校の校長は，当該学校に在学する学齢児童又は学齢生徒が，休業日を除き引き続き7日間出席せず，その他その出席状況が良好でない場合において，その出席させないことについて保護者に正当な事由がないと認められるときは，速やかに，その旨を当該学齢児童又は学齢生徒の住所の存する市町村の教育委員会に通知しなければならない。
（教育委員会の行う出席の督促等）
第21条　市町村の教育委員会は，前条の通知を受けたときその他当該市町村に住所を有する学齢児童又は学齢生徒の保護者が法第17条第1項又は第2項に規定する義務を怠っていると認められるときは，その保護者に対して，当該学齢児童又は学齢生徒の出席を督促しなければならない。
第22条の3　法第75条の政令で定める視覚障害者，聴覚障害者，知的障害者，肢体不自由者又は病弱者の障害の程度は，次の表に掲げるとおりとする。

区分	障害の程度
視覚障害者	両眼の視力がおおむね0.3未満のもの又は視力以外の視機能障害が高度のもののうち，拡大鏡等の使用によつても通常の文字，図形等の視覚による認識が不可能又は著しく困難な程度のもの
聴覚障害者	両耳の聴力レベルがおおむね60デシベル以上のもののうち，補聴器等の使用によつても通常の話声を解することが不可能又は著しく困難な程度のもの
知的障害者	一　知的発達の遅滞があり，他人との意思疎通が困難で日常生活を営むのに頻繁に援助を必要とする程度のもの 二　知的発達の遅滞の程度が前号に掲げる程度に達しないもののうち，社会生活への適応が著しく困難なもの
肢体不自由者	一　肢体不自由の状態が補装具の使用によつても歩行，筆記等日常生活における基本的な動作が不可能又は困難な程度のもの 二　肢体不自由の状態が前号に掲げる程度に達しないもののうち，常時の医学的観察指導を必要とする程度のもの
病弱者	一　慢性の呼吸器疾患，腎臓疾患及び神経疾患，悪性新生物その他の疾患の状態が継続して医療又は生活規制を必要とする程度のもの 二　身体虚弱の状態が継続して生活規制を必要とする程度のもの

備考
一　視力の測定は，万国式試視力表によるものとし，屈折異常があるものについては，矯正視力によつて測定する。
二　聴力の測定は，日本工業規格によるオージオメータによる。
〔学期及び休業日〕
第29条　公立の学校（大学を除く。）の学期及び夏季，冬季，学年末，農繁期等における休業日は，市町村又は都道府県の設置する学校にあつては当該市町村又は都道府県の教育委員会が，公立大学法人の設置する高等専門学校にあつては当該公立大学法人の理事長が定める。

学校教育法施行規則（抄）
（昭和22年5月23日文部省令第11号）

第1章　総則

第1条　学校には，その学校の目的を実現するために必要な校地，校舎，校具，運動場，図書館又は図書室，保健室その他の設備を設けなければならない。
②　学校の位置は，教育上適切な環境に，これを定めなければならない。
〔指導要録〕
第24条　校長は，その学校に在学する児童等の指導要録（学校教育法施行令第31条に規定する児童等の学習及び健康の状況を記録した原本をいう。以下同じ。）を作成しなければならない。
②　校長は，児童等が進学した場合においては，その作成に係る当該児童等の指導要録の抄本又は写しを作成し，これを進学先の校長に送付しなければならない。
③　校長は，児童等が転学した場合においては，その作成に係る当該児童等の指導要録の写しを作成し，その写し（転学してきた児童等については転学により送付を受けた指導要録（就学前の子どもに関する教育，保育等の総合的な提供の推進に関する法律施行令（平成26年政令第203号）第8条に規定する園児の学習及び健康の状況を記録した書類の原本を含む。）の写しを含む。）及び前項の抄本又は写しを転学先の校長，保育所の長又は認定こども園の長に送付しなければならない。
〔出席簿〕
第25条　校長（学長を除く。）は，当該学校に在学する児童等について出席簿を作成しなければならない。
〔懲戒〕

第26条 校長及び教員が児童等に懲戒を加えるに当つては，児童等の心身の発達に応ずる等教育上必要な配慮をしなければならない。
② 懲戒のうち，退学，停学及び訓告の処分は，校長（大学にあつては，学長の委任を受けた学部長を含む。）が行う。
③ 前項の退学は，公立の小学校，中学校（学校教育法第71条の規定により高等学校における教育と一貫した教育を施すもの（以下「併設型中学校」という。）を除く。）又は特別支援学校に在学する学齢児童又は学齢生徒を除き，次の各号のいずれかに該当する児童等に対して行うことができる。
　一　性行不良で改善の見込がないと認められる者
　二　学力劣等で成業の見込がないと認められる者
　三　正当の理由がなくて出席常でない者
　四　学校の秩序を乱し，その他学生又は生徒としての本分に反した者
④ 第2項の停学は，学齢児童又は学齢生徒に対しては，行うことができない。
⑤ 学長は，学生に対する第二項の退学，停学及び訓告の処分の手続を定めなければならない。

〔備え付け表簿・保存期間〕
第28条 学校において備えなければならない表簿は，概ね次のとおりとする。
　一　学校に関係のある法令
　二　学則，日課表，教科用図書配当表，学校医執務記録簿，学校歯科医執務記録簿，学校薬剤師執務記録簿及び学校日誌
　三　職員の名簿，履歴書，出勤簿並びに担任学級，担任の教科又は科目及び時間表
　四　指導要録，その写し及び抄本並びに出席簿及び健康診断に関する表簿
　五　入学者の選抜及び成績考査に関する表簿
　六　資産原簿，出納簿及び経費の予算決算についての帳簿並びに図書機械器具，標本，模型等の教具の目録
　七　往復文書処理簿
② 前項の表簿（第24条第2項の抄本又は写しを除く。）は，別に定めるもののほか，5年間保存しなければならない。ただし，指導要録及びその写しのうち入学，卒業等の学籍に関する記録については，その保存期間は，20年間とする。
③ 学校教育法施行令第31条の規定により指導要録及びその写しを保存しなければならない期間は，前項のこれらの書類の保存期間から当該学校においてこれらの書類を保存していた期間を控除した期間とする。

第4章　小学校
〔学級数〕
第41条 小学校の学級数は，12学級以上18学級以下を標準とする。ただし，地域の実態その他により特別の事情のあるときは，この限りでない。

〔校務分掌〕
第43条 小学校においては，調和のとれた学校運営が行われるためにふさわしい校務分掌の仕組みを整えるものとする。

〔教務主任・学年主任〕
第44条 小学校には，教務主任及び学年主任を置くものとする。

2 前項の規定にかかわらず，第四項に規定する教務主任の担当する校務を整理する主幹教諭を置くときその他特別の事情のあるときは教務主任を，第五項に規定する学年主任の担当する校務を整理する主幹教諭を置くときその他特別の事情のあるときは学年主任を置かないことができる。
3 教務主任及び学年主任は，指導教諭又は教諭をもつて，これに充てる。
4 教務主任は，校長の監督を受け，教育計画の立案その他の教務に関する事項について連絡調整及び指導，助言に当たる。
5 学年主任は，校長の監督を受け，当該学年の教育活動に関する事項について連絡調整及び指導，助言に当たる。

〔保健主事〕
第45条 小学校においては，保健主事を置くものとする。
2 前項の規定にかかわらず，第四項に規定する保健主事の担当する校務を整理する主幹教諭を置くときその他特別の事情のあるときは，保健主事を置かないことができる。
3 保健主事は，指導教諭，教諭又は養護教諭をもつて，これに充てる。
4 保健主事は，校長の監督を受け，小学校における保健に関する事項の管理に当たる。

〔事務主任〕
第46条 小学校には，事務長又は事務主任を置くことができる。
2 事務長及び事務主任は，事務職員をもつて，これに充てる。
3 事務長は，校長の監督を受け，事務職員その他の職員が行う事務を総括し，その他事務をつかさどる。
4 事務主任は，校長の監督を受け，事務をつかさどる。

〔職員会議〕
第48条 小学校には，設置者の定めるところにより，校長の職務の円滑な執行に資するため，職員会議を置くことができる。
2 職員会議は，校長が主宰する。

〔学校評議員〕
第49条 小学校には，設置者の定めるところにより，学校評議員を置くことができる。
2 学校評議員は，校長の求めに応じ，学校運営に関し意見を述べることができる。
3 学校評議員は，当該小学校の職員以外の者で教育に関する理解及び識見を有するもののうちから，校長の推薦により，当該小学校の設置者が委嘱する。

〔教育課程の編成〕
第50条 小学校の教育課程は，国語，社会，算数，理科，生活，音楽，図画工作，家庭及び体育の各教科（以下この節において「各教科」という。），特別の教科である道徳，外国語活動，総合的な学習の時間並びに特別活動によつて編成するものとする。
2 私立の小学校の教育課程を編成する場合は，前項の規定にかかわらず，宗教を加えることができる。この場合においては，宗教をもつて前項の特別の教科である道徳に代えることができる。

〔教育課程の基準〕

第52条　小学校の教育課程については，この節に定めるもののほか，教育課程の基準として文部科学大臣が別に公示する小学校学習指導要領によるものとする。
〔修了・卒業の認定〕
第57条　小学校において，各学年の課程の修了又は卒業を認めるに当たつては，児童の平素の成績を評価して，これを定めなければならない。
〔卒業証書の授与〕
第58条　校長は，小学校の全課程を修了したと認めた者には，卒業証書を授与しなければならない。
〔学年〕
第59条　小学校の学年は，4月1日に始まり，翌年3月31日に終わる。
〔授業終始の時刻〕
第60条　授業終始の時刻は，校長が定める。
〔公立小学校の休業日〕
第61条　公立小学校における休業日は，次のとおりとする。ただし，第3号に掲げる日を除き，特別の必要がある場合は，この限りでない。
　一　国民の祝日に関する法律（昭和23年法律第178号）に規定する日
　二　日曜日及び土曜日
　三　学校教育法施行令第29条の規定により教育委員会が定める日
〔私立小学校の休業日〕
第62条　私立小学校における学期及び休業日は，当該学校の学則で定める。
〔非常変災等による臨時休業〕
第63条　非常変災その他急迫の事情があるときは，校長は，臨時に授業を行わないことができる。この場合において，公立小学校についてはこの旨を当該学校を設置する地方公共団体の教育委員会に報告しなければならない。
〔自己評価結果の公表〕
第66条　小学校は，当該小学校の教育活動その他の学校運営の状況について，自ら評価を行い，その結果を公表するものとする。
2　前項の評価を行うに当たつては，小学校は，その実情に応じ，適切な項目を設定して行うものとする。
〔関係者評価結果の公表〕
第67条　小学校は，前条第1項の規定による評価の結果を踏まえた当該小学校の児童の保護者その他の当該小学校の関係者（当該小学校の職員を除く。）による評価を行い，その結果を公表するよう努めるものとする。
〔評価結果の報告〕
第68条　小学校は，第66条第1項の規定による評価の結果及び前条の規定により評価を行つた場合はその結果を，当該小学校の設置者に報告するものとする。

第5章　中学校

〔生徒指導主事〕
第70条　中学校には，生徒指導主事を置くものとする。
2　前項の規定にかかわらず，第四項に規定する生徒指導主事の担当する校務を整理する主幹教諭を置くときその他特別の事情のあるときは，生徒指導主事を置かないことができる。
3　生徒指導主事は，指導教諭又は教諭をもつて，これに充てる。
4　生徒指導主事は，校長の監督を受け，生徒指導に関する事項をつかさどり，当該事項について連絡調整及び指導，助言に当たる。
〔進路指導主事〕
第71条　中学校には，進路指導主事を置くものとする。
2　前項の規定にかかわらず，第3項に規定する進路指導主事の担当する校務を整理する主幹教諭を置くときは，進路指導主事を置かないことができる。
3　進路指導主事は，指導教諭又は教諭をもつて，これに充てる。校長の監督を受け，生徒の職業選択の指導その他の進路の指導に関する事項をつかさどり，当該事項について連絡調整及び指導，助言に当たる。
〔教育課程の編成〕
第72条　中学校の教育課程は，国語，社会，数学，理科，音楽，美術，保健体育，技術・家庭及び外国語の各教科（以下本章及び第七章中「各教科」という。），特別の教科である道徳，総合的な学習の時間並びに特別活動によつて編成するものとする。
〔教育課程の基準〕
第74条　中学校の教育課程については，この章に定めるもののほか，教育課程の基準として文部科学大臣が別に公示する中学校学習指導要領によるものとする。
〔進学生徒の調査書等の送付〕
第78条　校長は，中学校卒業後，高等学校，高等専門学校その他の学校に進学しようとする生徒のある場合には，調査書その他必要な書類をその生徒の進学しようとする学校の校長に送付しなければならない。ただし，第90条第3項（第135条第5項において準用する場合を含む。）及び同条第4項の規定に基づき，調査書を入学者の選抜のための資料としない場合は，調査書の送付を要しない。
〔準用規定〕
第79条　第41条から第49条まで，第50条第2項，第54条から第68条までの規定は，中学校に準用する。この場合において，第42条中「5学級」とあるのは「2学級」と，第55条から第56条までの規定中「第50条第1項，第51条又は第52条」とあるのは「第72条，第73条（併設型中学校にあつては第117条において準用する第107条，連携型中学校にあつては第76条）又は第74条」と，第55条の2中「第30条第1項」とあるのは「第46条」と読み替えるものとする。

第6章　高等学校

〔学科主任・農場長〕
第81条　二以上の学科を置く高等学校には，専門教育を主とする学科（以下「専門学科」という。）ごとに学科主任を置き，農業に関する専門学科を置く高等学校には，農場長を置くものとする。
2　前項の規定にかかわらず，第四項に規定する学科主任の担当する校務を整理する主幹教諭を置くときその他特別の事情のあるときは学科主任を，第五項に規定する農場長の担当する校務を整理する主幹教諭を置くときその他特別の事情のあるときは農場長を，それぞれ置かないことができる。

3　学科主任及び農場長は，指導教諭又は教諭をもつて，これに充てる。
4　学科主任は，校長の監督を受け，当該学科の教育活動に関する事項について連絡調整及び指導，助言に当たる。
5　農場長は，校長の監督を受け，農業に関する実習地及び実習施設の運営に関する事項をつかさどる。
〔事務長〕
第82条　高等学校には，事務長を置くものとする。
2　事務長は，事務職員をもつて，これに充てる。
3　事務長は，校長の監督を受け，事務をつかさどる。
〔教育課程の編成〕
第83条　高等学校の教育課程は，別表第三に定める各教科に属する科目，総合的な学習の時間及び特別活動によつて編成するものとする。
〔教育課程の基準〕
第84条　高等学校の教育課程については，この章に定めるもののほか，教育課程の基準として文部科学大臣が別に公示する高等学校学習指導要領によるものとする。
〔準用規定〕
第104条　第43条から第49条まで（第46条を除く。），第54条，第57条から第71条まで（第69条を除く。）の規定は，高等学校に準用する。
（略）
＊平成30年4月1日施行

学校保健安全法（抄）
（昭和33年4月10日法律第56号）

第1章　総則
（目的）
第1条　この法律は，学校における児童生徒等及び職員の健康の保持増進を図るため，学校における保健管理に関し必要な事項を定めるとともに，学校における教育活動が安全な環境において実施され，児童生徒等の安全の確保が図られるよう，学校における安全管理に関し必要な事項を定め，もつて学校教育の円滑な実施とその成果の確保に資することを目的とする。

第2章　学校保健
（就学時の健康診断）
第11条　市（特別区を含む。以下同じ。）町村の教育委員会は，学校教育法第17条第1項の規定により翌学年の初めから同項に規定する学校に就学させるべき者で，当該市町村の区域内に住所を有するものの就学に当たつて，その健康診断を行わなければならない。
第12条　市町村の教育委員会は，前条の健康診断の結果に基づき，治療を勧告し，保健上必要な助言を行い，及び学校教育法第17条第1項に規定する義務の猶予若しくは免除又は特別支援学校への就学に関し指導を行う等適切な措置をとらなければならない。
（児童生徒等の健康診断）
第13条　学校においては，毎学年定期に，児童生徒等（通信による教育を受ける学生を除く。）の健康診断を行わなければならない。
2　学校においては，必要があるときは，臨時に，児童生徒等の健康診断を行うものとする。
（出席停止）
第19条　校長は，感染症にかかつており，かかつておる疑いがあり，又はかかるおそれのある児童生徒等があるときは，政令で定めるところにより，出席を停止させることができる。
（臨時休業）
第20条　学校の設置者は，感染症の予防上必要があるときは，臨時に，学校の全部又は一部の休業を行うことができる。

学校保健安全法施行規則（抄）
（昭和33年6月13日文部省令第18号）

（時期）
第5条　法第13条第1項の健康診断は，毎学年，6月30日までに行うものとする。ただし，疾病その他やむを得ない事由によつて当該期日に健康診断を受けることのできなかつた者に対しては，その事由のなくなつた後すみやかに健康診断を行うものとする。
2　第1項の健康診断における結核の有無の検査において結核発病のおそれがあると診断された者（第6条第3項第4号に該当する者に限る。）については，おおむね6カ月の後に再度結核の有無の検査を行うものとする。
（時期）
第12条　法第15条第1項の健康診断の時期については，第3条の規定を準用する。この場合において，同条第1項中「6月30日までに」とあるのは，「学校の設置者が定める適切な時期に」と読み替えるものとする。
（伝染病の種類）
第18条　学校において予防すべき感染症の種類は，次のとおりとする。
一　第一種　エボラ出血熱，クリミア・コンゴ出血熱，痘そう，南米出血熱，ペスト，マールブルグ病，ラッサ熱，急性灰白髄炎，ジフテリア，重症急性呼吸器症候群（病原体がコロナウイルス属SARSコロナウイルスであるものに限る。）及び鳥インフルエンザ（病原体がインフルエンザウイルスA属インフルエンザAウイルスであつてその血清亜型がH5N一であるものに限る。次号及び第20条第1項第2号イにおいて「鳥インフルエンザ（H5N1）」という。
二　第二種　インフルエンザ（鳥インフルエンザ（H5N1）を除く。），百日咳，麻しん，流行性耳下腺炎，風しん，水痘，咽頭結膜熱及び結核
三　第三種　コレラ，細菌性赤痢，腸管出血性大腸菌感染症，腸チフス，パラチフス，流行性角結膜炎，急性出血性結膜炎その他の伝染病
2　感染症の予防及び感染症の患者に対する医療に関する法律（平成10年法律第114号）第6条第7項から第9項までに規定する新型インフルエンザ等感染症，指定感染症及び新感染症は，前項の規定にかかわらず，第一種の伝染病とみなす。
（出席停止の期間の基準）
第19条　令第6条第2項の出席停止の期間の基準は，前条の感染症の種類に従い，次のとおりとする。
一　第一種の感染症にかかつた者については，治

癒するまで。
二 第二種の感染症（結核及び髄膜炎菌性髄膜炎を除く。）にかかつた者については、次の期間。ただし、病状により学校医その他の医師において感染のおそれがないと認めたときは、この限りでない。
　イ　インフルエンザ（特定鳥インフルエンザ及び新型インフルエンザ等感染症を除く。）にあつては、発症した後五日を経過し、かつ、解熱した後二日（幼児にあつては、三日）を経過するまで。
　ロ　百日咳にあつては、特有の咳が消失するまで又は五日間の適正な抗菌性物質製剤による治療が終了するまで。
　ハ　麻しんにあつては、解熱した後三日を経過するまで。
　ニ　流行性耳下腺炎にあつては、耳下腺、顎下腺又は舌下腺の腫脹が発現した後五日を経過し、かつ、全身状態が良好になるまで。
　ホ　風しんにあつては、発しんが消失するまで。
　ヘ　水痘にあつては、すべての発しんが痂皮化するまで。
　ト　咽頭結膜熱にあつては、主要症状が消退した後二日を経過するまで。
三 結核、髄膜炎菌性髄膜炎及び第三種の感染症にかかつた者については、病状により学校医その他の医師において感染のおそれがないと認めるまで。
四 第一種若しくは第二種の感染症患者のある家に居住する者又はこれらの感染症にかかつている疑いがある者については、予防処置の施行の状況その他の事情により学校医その他の医師において感染のおそれがないと認めるまで。
五 第一種又は第二種の感染症が発生した地域から通学する者については、その発生状況により必要と認めたとき、学校医の意見を聞いて適当と認める期間。
六 第一種又は第二種の感染症の流行地を旅行した者については、その状況により必要と認めたとき、学校医の意見を聞いて適当と認める期間。

私立学校法
（昭和24年12月15日法律第270号）

（この法律の目的）
第1条　この法律は、私立学校の特性にかんがみ、その自主性を重んじ、公共性を高めることによって、私立学校の健全な発達を図ることを目的とする。
（定義）
第2条　この法律において「学校」とは、学校教育法（昭和22年法律第26号）第1条に規定する学校及び就学前の子どもに関する教育、保育等の総合的な提供の推進に関する法律（平成18年法律第77号）第2条第7項に規定する幼保連携型認定こども園（以下「幼保連携型認定こども園」という。）をいう。
2　この法律において、「専修学校」とは学校教育法第124条に規定する専修学校をいい、「各種学校」とは同法第134条第1項に規定する各種学校をいう。
3　この法律において「私立学校」とは、学校法人の設置する学校をいう。
（所轄庁）
第4条　この法律中「所轄庁」とあるのは、第1号、第3号及び第5号に掲げるものにあつては文部科学大臣とし、第2号及び第4号に掲げるものにあつては都道府県知事（第2号に掲げるもののうち地方自治法（昭和22年法律第67号）第252条の19第1項の指定都市又は同法第252条の22第1項の中核市（以下この条において「指定都市等」という。）の区域内の幼保連携型認定こども園にあつては、当該指定都市等の長）とする。
一　私立大学及び私立高等専門学校
二　前号に掲げる私立学校以外の私立学校並びに私立専修学校及び私立各種学校
三　第1号に掲げる私立学校を設置する学校法人
四　第2号に掲げる私立学校を設置する学校法人及び第64条第4項の法人
五　第1号に掲げる私立学校と第2号に掲げる私立学校、私立専修学校又は私立各種学校とを併せて設置する学校法人
（資産）
第25条　学校法人は、その設置する私立学校に必要な施設及び設備又はこれらに要する資金並びにその設置する私立学校の経営に必要な財産を有しなければならない。
2　前項に規定する私立学校に必要な施設及び設備についての基準は、別に法律で定めるところによる。
（収益事業）
第26条　学校法人は、その設置する私立学校の教育に支障のない限り、その収益を私立学校の経営に充てるため、収益を目的とする事業を行うことができる。
（略）
（助成）
第59条　国又は地方公共団体は、教育の振興上必要があると認める場合には、別に法律で定めるところにより、学校法人に対し、私立学校教育に関し必要な助成をすることができる。

私立学校振興助成法（抄）
（昭和50年7月11日法律第61号）

（目的）
第1条　この法律は、学校教育における私立学校の果たす重要な役割にかんがみ、国及び地方公共団体が行う私立学校に対する助成の措置について規定することにより、私立学校の教育条件の維持及び向上並びに私立学校に在学する幼児、児童、生徒又は学生に係る修学上の経済的負担の軽減を図るとともに私立学校の経営の健全性を高め、もつて私立学校の健全な発達に資することを目的とする。
（私立大学及び私立高等専門学校の経常的経費についての補助）
第4条　国は、大学又は高等専門学校を設置する学校法人に対し、当該学校における教育又は研究に係る経常的経費について、その2分の1以内を補助することができる。
（略）
（学校法人に対する都道府県の補助に対する国の補

助)
第9条 都道府県が，その区域内にある幼稚園，小学校，中学校，義務教育学校，高等学校，中等教育学校，特別支援学校又は幼保連携型認定こども園を設置する学校法人に対し，当該学校における教育に係る経常的経費について補助する場合には，国は，都道府県に対し，政令で定めるところにより，その一部を補助することができる。

教育公務員特例法
（昭和24年1月12日法律第1号）

（この法律の趣旨）
第1条 この法律は，教育を通じて国民全体に奉仕する教育公務員の職務とその責任の特殊性に基づき，教育公務員の任免，人事評価，給与，分限，懲戒，服務及び研修等について規定する。

（定義）
第2条 この法律において「教育公務員」とは，地方公務員のうち，学校（学校教育法（昭和22年法律第26号）第1条に規定する学校及び就学前の子どもに関する教育，保育等の総合的な提供の推進に関する法律（平成18年法律第77号）第2条第7項に規定する幼保連携型認定こども園（以下「幼保連携型認定こども園」という。）をいう。以下同じ。）であつて地方公共団体が設置するもの（以下「公立学校」という。）の学長，校長（園長を含む。以下同じ。），教員及び部局長並びに教育委員会の専門的教育職員をいう。
2 この法律において「教員」とは，公立学校の教授，准教授，助教，助教授，副校長（副園長を含む。以下同じ。），教頭，主幹教諭（幼保連携型認定こども園の主幹養護教諭及び主幹栄養教諭を含む。以下同じ。），指導教諭，教諭，助教諭，養護教諭，養護助教諭，栄養教諭，主幹保育教諭，指導保育教諭，保育教諭，助保育教諭及び講師（常時勤務の者及び地方公務員法（昭和25年法律第261号）第28条の5第1項に規定する短時間勤務の職を占める者に限る。第23条第2項を除き，以下同じ。）をいう。
（略）

（採用及び昇任の方法）
第11条 公立学校の校長の採用（現に校長の職以外の職に任命されている者を校長の職に任命する場合を含む。）並びに教員の採用（現に教員の職以外の職に任命されている者を教員の職に任命する場合を含む。以下この条において同じ。）及び昇任（採用に該当するものを除く。）は，選考によるものとし，その選考は，大学附置の学校にあつては当該大学の学長が，大学附置の学校以外の公立学校（幼保連携型認定こども園を除く。）にあつてはその校長及び教員の任命権者である教育委員会の教育長，大学附置の学校以外の公立学校（幼保連携型認定こども園に限る。）にあつてはその校長及び教員の任命権者である地方公共団体の長が行う。

（条件附任用）
第12条 公立の小学校，中学校，高等学校，中等教育学校，義務教育学校，特別支援学校，幼稚園及び幼保連携型認定こども園（以下「小学校等」という。）の教諭，助教諭，保育教諭，助保育教諭及び講師（以下「教諭等」という。）に係る地方公務員法第22条第1項に規定する採用については，同項中「6月」とあるのは「1年」として同項の規定を適用する。
（略）

（兼職及び他の事業等の従事）
第17条 教育公務員は，教育に関する他の職を兼ね，又は教育に関する他の事業若しくは事務に従事することが本務の遂行に支障がないと任命権者（地方教育行政の組織及び運営に関する法律第37条第1項に規定する県費負担教職員については，市町村（特別区を含む。以下同じ。）の教育委員会。第23条第2項及び第24条第2項において同じ。）において認める場合には，給与を受け，又は受けないで，その職を兼ね，又はその事業若しくは事務に従事することができる。
（略）

（公立学校の教育公務員の政治的行為の制限）
第18条 公立学校の教育公務員の政治的行為の制限については，当分の間，地方公務員法第36条の規定にかかわらず，国家公務員の例による。
2 前項の規定は，政治的行為の制限に違反した者の処罰につき国家公務員法（昭和22年法律第120号）第110条第1項の例による趣旨を含むものと解してはならない。

（研修）
第21条 教育公務員は，その職責を遂行するために，絶えず研究と修養に努めなければならない。
2 教育公務員の任命権者は，教育公務員の研修について，それに要する施設，研修を奨励するための方途その他研修に関する計画を樹立し，その実施に努めなければならない。

（研修の機会）
第22条 教育公務員には，研修を受ける機会が与えられなければならない。
2 教員は，授業に支障のない限り，本属長の承認を受けて，勤務場所を離れて研修を行うことができる。
3 教育公務員は，任命権者の定めるところにより，現職のままで，長期にわたる研修を受けることができる。

（初任者研修）
第23条 公立の小学校等の教諭等の任命権者は，当該教諭等（政令で指定する者を除く。）に対して，その採用（現に教諭等の職以外の職に任命されている者を教諭等の職に任命する場合を含む。附則第4条第一項において同じ。）の日から1年間の教諭又は保育教諭の職務の遂行に必要な事項に関する実践的な研修（以下「初任者研修」という。）を実施しなければならない。
2 任命権者は，初任者研修を受ける者（次項において「初任者」という。）の所属する学校の副校長，教頭，主幹教諭（養護又は栄養の指導及び管理をつかさどる主幹教諭を除く。），指導教諭，教諭，主幹保育教諭，指導保育教諭，保育教諭又は講師のうちから，指導教員を命じるものとする。
3 指導教員は，初任者に対して教諭又は保育教諭の職務の遂行に必要な事項について指導及び助言を行うものとする。

（10年経験者研修）

第24条　公立の小学校等の教諭等の任命権者は、当該教諭等に対して、その在職期間（公立学校以外の小学校等の教諭等としての在職期間を含む。）が10年（特別の事情がある場合には、十年を標準として任命権者が定める年数）に達した後相当の期間内に、個々の能力、適性等に応じて、教諭等としての資質の向上を図るために必要な事項に関する研修（以下「10年経験者研修」という。）を実施しなければならない。

2　任命権者は、10年経験者研修を実施するに当たり、10年経験者研修を受ける者の能力、適性等について評価を行い、その結果に基づき、当該者ごとに10年経験者研修に関する計画書を作成しなければならない。

3　第1項に規定する在職期間の計算方法、10年経験者研修を実施する期間その他10年経験者研修の実施に関し必要な事項は、政令で定める。

（研修計画の体系的な樹立）
第25条　任命権者が定める初任者研修及び十年経験者研修に関する計画は、教員の経験に応じて実施する体系的な研修の一環をなすものとして樹立されなければならない。

（指導改善研修）
第25条の2　公立の小学校等の教諭等の任命権者は、児童、生徒又は幼児（以下「児童等」という。）に対する指導が不適切であると認定した教諭等に対して、その能力、適性等に応じて、当該指導の改善を図るために必要な事項に関する研修（以下「指導改善研修」という。）を実施しなければならない。

2　指導改善研修の期間は、1年を超えてはならない。ただし、特に必要があると認めるときは、任命権者は、指導改善研修を開始した日から引き続き2年を超えない範囲内で、これを延長することができる。

3　任命権者は、指導改善研修を実施するに当たり、指導改善研修を受ける者の能力、適性等に応じて、その者ごとに指導改善研修に関する計画書を作成しなければならない。

4　任命権者は、指導改善研修の終了時において、指導改善研修を受けた者の児童等に対する指導の改善の程度に関する認定を行わなければならない。

5　任命権者は、第一項及び前項の認定に当たつては、教育委員会規則（幼保連携型認定こども園にあつては、地方公共団体の規則。次項において同じ。）で定めるところにより、教育学、医学、心理学その他の児童等に対する指導に関する専門的知識を有する者及び当該任命権者の属する都道府県又は市町村の区域内に居住する保護者（親権を行う者及び未成年後見人をいう。）である者の意見を聴かなければならない。

6　前項に定めるもののほか、事実の確認の方法その他第一項及び第四項の認定の手続に関し必要な事項は、教育委員会規則で定めるものとする。

7　前各項に規定するもののほか、指導改善研修の実施に関し必要な事項は、政令で定める。

（指導改善研修後の措置）
第25条の3　任命権者は、前条第四項の認定において指導の改善が不十分でなお児童等に対する指導を適切に行うことができないと認める教諭等に対して、免職その他の必要な措置を講ずるものとする。
（大学院修学休業の許可及びその要件等）
第26条　公立の小学校等の主幹教諭、指導教諭、教諭、養護教諭、栄養教諭、主幹保育教諭、指導保育教諭、保育教諭又は講師（以下「主幹教諭等」という。）で次の各号のいずれにも該当するものは、任命権者の許可を受けて、3年を超えない範囲内で年を単位として定める期間、大学（短期大学を除く。）の大学院の課程若しくは専攻科の課程又はこれらの課程に相当する外国の大学の課程（次項及び第28条第2項において「大学院の課程等」という。）に在学してその課程を履修するための休業（以下「大学院修学休業」という。）をすることができる。
（略）

地方公務員法（抄）
（昭和25年12月13日法律第261号）

（この法律の目的）
第1条　この法律は、地方公共団体の人事機関並びに地方公務員の任用、人事評価、給与、勤務時間その他の勤務条件、分限及び懲戒、服務、退職管理、研修、福祉及び利益の保護並びに団体等人事行政に関する根本基準を確立することにより、地方公共団体の行政の民主的かつ能率的な運営並びに特定地方独立行政法人の事務及び事業の確実な実施を保障し、もつて地方自治の本旨の実現に資することを目的とする。

（条件付採用及び臨時的任用）
第22条　臨時的任用又は非常勤職員の任用の場合を除き、職員の採用は、全て条件付のものとし、その職員がその職において6月を勤務し、その間その職務を良好な成績で遂行したときに正式採用になるものとする。この場合において、人事委員会等は、条件付採用の期間を1年に至るまで延長することができる。

2　人事委員会を置く地方公共団体においては、任命権者は、人事委員会規則で定めるところにより、緊急の場合、臨時の職に関する場合又は採用候補者名簿（第二十一条の四第四項において読み替えて準用する第二十一条第一項に規定する昇任候補者名簿を含む。）がない場合においては、人事委員会の承認を得て、6月をこえない期間で臨時的任用を行うことができる。この場合において、その任用は、人事委員会の承認を得て、6月を超えない期間で更新することができるが、再度更新することはできない。

3　前項の場合において、人事委員会は、臨時的任用につき、任用される者の資格要件を定めることができる。

4　人事委員会は、前2項の規定に違反する臨時的任用を取り消すことができる。

5　人事委員会を置かない地方公共団体においては、任命権者は、緊急の場合又は臨時の職に関する場合においては、6月をこえない期間で臨時的任用を行うことができる。この場合において、任命権者は、その任用を6月をこえない期間で更新することができるが、再度更新することはできない。

6　臨時的任用は、正式任用に際して、いかなる優先権をも与えるものではない。

7　前五項に定めるものの外、臨時的に任用された者に対しては、この法律を適用する。
(降任，免職，休職等)
第28条　職員が、次の各号に掲げる場合のいずれかに該当するときは、その意に反して、これを降任し、又は免職することができる。
　一　人事評価又は勤務の状況を示す事実に照らして、勤務実績がよくない場合
　二　心身の故障のため、職務の遂行に支障があり、又はこれに堪えない場合
　三　前2号に規定する場合のほか、その職に必要な適格性を欠く場合
　四　職制若しくは定数の改廃又は予算の減少により廃職又は過員を生じた場合
2　職員が、左の各号の一に該当する場合においては、その意に反してこれを休職することができる。
　一　心身の故障のため、長期の休養を要する場合
　二　刑事事件に関し起訴された場合
3　職員の意に反する降任、免職、休職及び降給の手続及び効果は、法律に特別の定がある場合を除く外、条例で定めなければならない。
4　職員は、第16条各号（第3号を除く。）の一に該当するに至つたときは、条例に特別の定がある場合を除く外、その職を失う。
(懲戒)
第29条　職員が次の各号の一に該当する場合においては、これに対し懲戒処分として戒告、減給、停職又は免職の処分をすることができる。
　一　この法律若しくは第57条に規定する特例を定めた法律又はこれに基く条例、地方公共団体の規則若しくは地方公共団体の機関の定める規程に違反した場合
　二　職務上の義務に違反し、又は職務を怠つた場合
　三　全体の奉仕者たるにふさわしくない非行のあつた場合
2　職員が、任命権者の要請に応じ当該地方公共団体の特別職に属する地方公務員、他の地方公共団体若しくは特定地方独立行政法人の地方公務員、国家公務員又は地方公社（地方住宅供給公社、地方道路公社及び土地開発公社をいう。）その他その業務が地方公共団体若しくは国の事務若しくは事業と密接な関連を有する法人のうち条例で定めるものに使用される者（以下この項において「特別職地方公務員等」という。）となるため退職し、引き続き特別職地方公務員等として在職した後、引き続いて当該退職を前提として職員として採用された場合（一の特別職地方公務員等として在職した後、引き続き一以上の特別職地方公務員等として在職し、引き続いて当該退職を前提として職員として採用された場合を含む。）において、当該退職までの引き続く職員としての在職期間（当該退職前に同様の退職（以下この項において「先の退職」という。）、特別職地方公務員等としての在職及び職員としての採用がある場合には、当該先の退職までの引き続く職員としての在職期間を含む。次項において「要請に応じた退職前の在職期間」という。）中に前項各号のいずれかに該当したときは、これに対し同項に規定する懲戒処分を行うことができる。

3　職員が、第28条の4第1項又は第28条の5第1項の規定により採用された場合において、定年退職者等となつた日までの引き続く職員としての在職期間（要請に応じた退職前の在職期間を含む。）又はこれらの規定によりかつて採用されて職員として在職していた期間中に第一項各号の一に該当したときは、これに対し同項に規定する懲戒処分を行うことができる。
4　職員の懲戒の手続及び効果は、法律に特別の定がある場合を除く外、条例で定めなければならない。
(服務の根本基準)
第30条　すべて職員は、全体の奉仕者として公共の利益のために勤務し、且つ、職務の遂行に当つては、全力を挙げてこれに専念しなければならない。
(服務の宣誓)
第31条　職員は、条例の定めるところにより、服務の宣誓をしなければならない。
(法令等及び上司の職務上の命令に従う義務)
第32条　職員は、その職務を遂行するに当つて、法令、条例、地方公共団体の規則及び地方公共団体の機関の定める規程に従い、且つ、上司の職務上の命令に忠実に従わなければならない。
(信用失墜行為の禁止)
第33条　職員は、その職の信用を傷つけ、又は職員の職全体の不名誉となるような行為をしてはならない。
(秘密を守る義務)
第34条　職員は、職務上知り得た秘密を漏らしてはならない。その職を退いた後も、また、同様とする。
2　法令による証人、鑑定人等となり、職務上の秘密に属する事項を発表する場合においては、任命権者（退職者については、その退職した職又はこれに相当する職に係る任命権者）の許可を受けなければならない。
3　前項の許可は、法律に特別の定がある場合を除く外、拒むことができない。
(職務に専念する義務)
第35条　職員は、法律又は条例に特別の定がある場合を除く外、その勤務時間及び職務上の注意力のすべてをその職責遂行のために用い、当該地方公共団体がなすべき責を有する職務にのみ従事しなければならない。
(政治的行為の制限)
第36条　職員は、政党その他の政治的団体の結成に関与し、若しくはこれらの団体の役員となつてはならず、又はこれらの団体の構成員となるように、若しくはならないように勧誘運動をしてはならない。
2　職員は、特定の政党その他の政治的団体又は特定の内閣若しくは地方公共団体の執行機関を支持し、又はこれに反対する目的をもつて、あるいは公の選挙又は投票において特定の人又は事件を支持し、又はこれに反対する目的をもつて、次に掲げる政治的行為をしてはならない。ただし、当該職員の属する地方公共団体の区域（当該職員が都道府県の支庁若しくは地方事務所又は地方自治法第252条の19第1項の指定都市の区に勤務する者であるときは、当該支庁若しくは地方事務所又は区の所管区域）外において、第1号から第3号まで及び第五号に掲げる政治的行為をすることができる。

一　公の選挙又は投票において投票をするように，又はしないように勧誘運動をすること。
二　署名運動を企画し，又は主宰する等これに積極的に関与すること。
三　寄附金その他の金品の募集に関与すること。
四　文書又は図画を地方公共団体又は特定地方独立行政法人の庁舎（特定地方独立行政法人にあつては，事務所。以下この号において同じ。），施設等に掲示し，又は掲示させ，その他地方公共団体又は特定地方独立行政法人の庁舎，施設，資材又は資金を利用し，又は利用させること。
五　前各号に定めるものを除く外，条例で定める政治的行為
3　何人も前二項に規定する政治的行為を行うよう職員に求め，職員をそそのかし，若しくはあおつてはならず，又は職員が前二項に規定する政治的行為をなし，若しくはなさないことに対する代償若しくは報復として，任用，職務，給与その他職員の地位に関してなんらかの利益若しくは不利益を与え，与えようと企て，若しくは約束してはならない。
4　職員は，前項に規定する違法な行為に応じなかつたことの故をもつて不利益な取扱を受けることはない。
5　本条の規定は，職員の政治的中立性を保障することにより，地方公共団体の行政及び特定地方独立行政法人の業務の公正な運営を確保するとともに職員の利益を保護することを目的とするものであるという趣旨において解釈され，及び運用されなければならない。
（争議行為等の禁止）
第37条　職員は，地方公共団体の機関が代表する使用者としての住民に対して同盟罷業，怠業その他の争議行為をし，又は地方公共団体の機関の活動能率を低下させる怠業的行為をしてはならない。又，何人も，このような違法な行為を企て，又はその遂行を共謀し，そそのかし，若しくはあおつてはならない。
2　職員で前項の規定に違反する行為をしたものは，その行為の開始とともに，地方公共団体に対し，法令又は条例，地方公共団体の規則若しくは地方公共団体の機関の定める規程に基いて保有する任命上又は雇用上の権利をもつて対抗することができなくなるものとする。
（営利企業への従事等の制限）
第38条　職員は，任命権者の許可を受けなければ，商業，工業又は金融業その他営利を目的とする私企業（以下この項及び次条第一項において「営利企業」という。）を営むことを目的とする会社その他の団体の役員その他人事委員会規則（人事委員会を置かない地方公共団体においては，地方公共団体の規則）で定める地位を兼ね，若しくは自ら営利企業を営み，又は報酬を得ていかなる事業若しくは事務にも従事してはならない。
2　人事委員会は，人事委員会規則により前項の場合における任命権者の許可の基準を定めることができる。
（研修）
第39条　職員には，その勤務能率の発揮及び増進のために，研修を受ける機会が与えられなければならない。
2　前項の研修は，任命権者が行うものとする。
3　地方公共団体は，研修の目標，研修に関する計画の指針となるべき事項その他研修に関する基本的な方針を定めるものとする。
4　人事委員会は，研修に関する計画の立案その他研修の方法について任命権者に勧告することができる。
第40条　任命権者は，職員の執務について定期的に勤務成績の評定を行い，その評定の結果に応じた措置を講じなければならない。
2　人事委員会は，勤務成績の評定に関する計画の立案その他勤務成績の評定に関し必要な事項について任命権者に勧告することができる。

地方教育行政の組織及び運営に関する法律（抄）
（昭和31年6月30日法律第162号）

第1章　総則

（この法律の趣旨）
第1条　この法律は，教育委員会の設置，学校その他の教育機関の職員の身分取扱その他地方公共団体における教育行政の組織及び運営の基本を定めることを目的とする。
（基本理念）
第1条の2　地方公共団体における教育行政は，教育基本法（平成18年法律第120号）の趣旨にのつとり，教育の機会均等，教育水準の維持向上及び地域の実情に応じた教育の振興が図られるよう，国との適切な役割分担及び相互の協力の下，公正かつ適正に行われなければならない
（大綱の策定等）
第1条の3　地方公共団体の長は，教育基本法第17条第1項に規定する基本的な方針を参酌し，その地域の実情に応じ，当該地方公共団体の教育，学術及び文化の振興に関する総合的な施策の大綱（以下単に「大綱」という。）を定めるものとする。
2　地方公共団体の長は，大綱を定め，又はこれを変更しようとするときは，あらかじめ，次条第一項の総合教育会議において協議するものとする。
3　地方公共団体の長は，大綱を定め，又はこれを変更したときは，遅滞なく，これを公表しなければならない。
4　第一項の規定は，地方公共団体の長に対し，第21条に規定する事務を管理し，又は執行する権限を与えるものと解釈してはならない。
（総合教育会議）
第1条の4　地方公共団体の長は，大綱の策定に関する協議及び次に掲げる事項についての協議並びにこれらに関する次項各号に掲げる構成員の事務の調整を行うため，総合教育会議を設けるものとする。
一　教育を行うための諸条件の整備その他の地域の実情に応じた教育，学術及び文化の振興を図るため重点的に講ずべき施策
二　児童，生徒等の生命又は身体に現に被害が生じ，又はまさに被害が生ずるおそれがあると見込まれる場合等の緊急の場合に講ずべき措置
2　総合教育会議は，次に掲げる者をもつて構成する。

一　地方公共団体の長
　二　教育委員会
3　総合教育会議は，地方公共団体の長が招集する。
4　教育委員会は，その権限に属する事務に関して協議する必要があると思料するときは，地方公共団体の長に対し，協議すべき具体的事項を示して，総合教育会議の招集を求めることができる。
5　総合教育会議は，第一項の協議を行うに当たつて必要があると認めるときは，関係者又は学識経験を有する者から，当該協議すべき事項に関して意見を聴くことができる。
6　総合教育会議は，公開する。ただし，個人の秘密を保つため必要があると認めるとき，又は会議の公正が害されるおそれがあると認めるときその他公益上必要があると認めるときは，この限りでない。
7　地方公共団体の長は，総合教育会議の終了後，遅滞なく，総合教育会議の定めるところにより，その議事録を作成し，これを公表するよう努めなければならない。
8　総合教育会議においてその構成員の事務の調整が行われた事項については，当該構成員は，その調整の結果を尊重しなければならない。
9　前各項に定めるもののほか，総合教育会議の運営に関し必要な事項は，総合教育会議が定める。
　　　第2章　教育委員会の設置及び組織
（設置）
第2条　都道府県，市（特別区を含む。以下同じ。）町村及び第21条に規定する事務の全部又は一部を処理する地方公共団体の組合に教育委員会を置く。
（組織）
第3条　教育委員会は，教育長及び4人の委員をもつて組織する。ただし，条例で定めるところにより，都道府県若しくは市又は地方公共団体の組合のうち都道府県若しくは市が加入するものの教育委員会にあつては教育長及び5人以上の委員，町村又は地方公共団体の組合のうち町村のみが加入するものの教育委員会にあつては教育長及び2人以上の委員をもつて組織することができる。
（任命）
第4条　教育長は，当該地方公共団体の長の被選挙権を有する者で，人格が高潔で，教育行政に関し識見を有するもののうちから，地方公共団体の長が，議会の同意を得て，任命する。
2　委員は，当該地方公共団体の長の被選挙権を有する者で，人格が高潔で，教育，学術及び文化（以下単に「教育」という。）に関し識見を有するもののうちから，地方公共団体の長が，議会の同意を得て，任命する。
3　次の各号のいずれかに該当する者は，教育長又は委員となることができない。
　一　破産手続開始の決定を受けて復権を得ない者
　二　禁錮以上の刑に処せられた者
4　教育長及び委員の任命については，そのうち委員の定数に一を加えた数の二分の一以上の者が同一の政党に所属することとなつてはならない。
5　地方公共団体の長は，第2項の規定による委員の任命に当たつては，委員の年齢，性別，職業等に著しい偏りが生じないように配慮するとともに，委員のうちに保護者（親権を行う者及び未成年後見人

をいう。第47条の5第2項において同じ。）である者が含まれるようにしなければならない。
（任期）
第5条　教育長の任期は三年とし，委員の任期は四年とする。ただし，補欠の教育長又は委員の任期は，前任者の残任期間とする。
2　教育長及び委員は，再任されることができる。
（兼職禁止）
第6条　教育長及び委員は，地方公共団体の議会の議員若しくは長，地方公共団体に執行機関として置かれる委員会の委員（教育委員会にあつては，教育長及び委員）若しくは委員又は地方公共団体の常勤の職員若しくは地方公務員法（昭和25年法律第261号）第28条の5第1項に規定する短時間勤務の職を占める職員と兼ねることができない。
（服務等）
第11条　教育長は，職務上知ることができた秘密を漏らしてはならない。その職を退いた後も，また，同様とする。
2　教育長又は教育長であつた者が法令による証人，鑑定人等となり，職務上の秘密に属する事項を発表する場合においては，教育委員会の許可を受けなければならない。
3　前項の許可は，法律に特別の定めがある場合を除き，これを拒むことができない。
4　教育長は，常勤とする。
5　教育長は，法律又は条例に特別の定めがある場合を除くほか，その勤務時間及び職務上の注意力の全てをその職責遂行のために用い，当該地方公共団体がなすべき責を有する職務にのみ従事しなければならない。
6　教育長は，政党その他の政治的団体の役員となり，又は積極的に政治運動をしてはならない。
7　教育長は，教育委員会の許可を受けなければ，営利を目的とする私企業を営むことを目的とする会社その他の団体の役員その他人事委員会規則（人事委員会を置かない地方公共団体においては，地方公共団体の規則）で定める地位を兼ね，若しくは自ら営利を目的とする私企業を営み，又は報酬を得ていかなる事業若しくは事務にも従事してはならない。
8　教育長は，その職務の遂行に当たつては，自らが当該地方公共団体の教育行政の運営について負う重要な責任を自覚するとともに，第一条の二に規定する基本理念及び大綱に則して，かつ，児童，生徒等の教育を受ける権利の保障に万全を期して当該地方公共団体の教育行政の運営が行われるよう意を用いなければならない。
第12条　前条第一項から第三項まで，第六項及び第八項の規定は，委員の服務について準用する。
2　委員は，非常勤とする。
（教育長）
第13条　教育長は，教育委員会の会務を総理し，教育委員会を代表する。
2　教育長に事故があるとき，又は教育長が欠けたときは，あらかじめその指名する委員がその職務を行う。
（会議）
第14条　教育委員会の会議は，教育長が招集する。
2　教育長は，委員の定数の3分の1以上の委員か

ら会議に付議すべき事件を示して会議の招集を請求された場合には、遅滞なく、これを招集しなければならない。

3　教育委員会は、教育長及び在任委員の過半数が出席しなければ、会議を開き、議決をすることができない。ただし、第六項の規定による除斥のため過半数に達しないとき、又は同一の事件につき再度招集しても、なお過半数に達しないときは、この限りでない。

4　教育委員会の会議の議事は、第七項ただし書の発議に係るものを除き、出席者の過半数で決し、可否同数のときは、教育長の決するところによる。

5　教育長に事故があり、又は教育長が欠けた場合の前項の規定の適用については、前条第二項の規定により教育長の職務を行う者は、教育長とみなす。

6　教育委員会の教育長及び委員は、自己、配偶者若しくは三親等以内の親族の一身上に関する事件又は自己若しくはこれらの者の従事する業務に直接の利害関係のある事件については、その議事に参与することができない。ただし、教育委員会の同意があるときは、会議に出席し、発言することができる。

7　教育委員会の会議は、公開する。ただし、人事に関する事件その他の事件について、教育長又は委員の発議により、出席者の3分の2以上の多数で議決したときは、これを公開しないことができる。

8　前項ただし書の教育長又は委員の発議は、討論を行わないでその可否を決しなければならない。

9　教育長は、教育委員会の会議の終了後、遅滞なく、教育委員会規則で定めるところにより、その議事録を作成し、これを公表するよう努めなければならない。

（教育委員会規則の制定等）

第15条　教育委員会は、法令又は条例に違反しない限りにおいて、その権限に属する事務に関し、教育委員会規則を制定することができる。

2　教育委員会規則その他教育委員会の定める規程で公表を要するものの公布に関し必要な事項は、教育委員会規則で定める。

（教育委員会の議事運営）

第16条　この法律に定めるもののほか、教育委員会の会議その他教育委員会の議事の運営に関し必要な事項は、教育委員会規則で定める。

（事務局）

第17条　教育委員会の権限に属する事務を処理させるため、教育委員会に事務局を置く。

2　教育委員会の事務局の内部組織は、教育委員会規則で定める。

（指導主事その他の職員）

第18条　都道府県に置かれる教育委員会（以下「都道府県委員会」という。）の事務局に、指導主事、事務職員及び技術職員を置くほか、所要の職員を置く。

2　市町村に置かれる教育委員会（以下「市町村委員会」という。）の事務局に、前項の規定に準じて指導主事その他の職員を置く。

3　指導主事は、上司の命を受け、学校（学校教育法（昭和22年法律第26号）第1条に規定する学校及び就学前の子どもに関する教育、保育等の総合的な提供の推進に関する法律（平成18年法律第77号）第2条第7項に規定する幼保連携型認定こども園（以下「幼保連携型認定こども園」という。）をいう。以下同じ。）における教育課程、学習指導その他学校教育に関する専門的事項の指導に関する事務に従事する。

4　指導主事は、教育に関し識見を有し、かつ、学校における教育課程、学習指導その他学校教育に関する専門的事項について教養と経験がある者でなければならない。指導主事は、大学以外の公立学校（地方公共団体が設置する学校をいう。以下同じ。）の教員（教育公務員特例法（昭和24年法律第1号）第2条第2項に規定する教員をいう。以下同じ。）をもつて充てることができる。

5　事務職員は、上司の命を受け、事務に従事する。

6　技術職員は、上司の命を受け、技術に従事する。

7　第1項及び第2項の職員は、教育委員会が任命する。

8　教育委員会は、事務局の職員のうち所掌事務に係る教育行政に関する相談に関する事務を行う職員を指定するものとする。

9　前各項に定めるもののほか、教育委員会の事務局に置かれる職員に関し必要な事項は、政令で定める。

第3章　教育委員会及び地方公共団体の長の職務権限
（教育委員会の職務権限）

第21条　教育委員会は、当該地方公共団体が処理する教育に関する事務で、次に掲げるものを管理し、及び執行する。

一　教育委員会の所管に属する第三十条に規定する学校その他の教育機関（以下「学校その他の教育機関」という。）の設置、管理及び廃止に関すること。

二　教育委員会の所管に属する学校その他の教育機関の用に供する財産（以下「教育財産」という。）の管理に関すること。

三　教育委員会及び教育委員会の所管に属する学校その他の教育機関の職員の任免その他の人事に関すること。

四　学齢生徒及び学齢児童の就学並びに生徒、児童及び幼児の入学、転学及び退学に関すること。

五　教育委員会の所管に属する学校の組織編制、教育課程、学習指導、生徒指導及び職業指導に関すること。

六　教科書その他の教材の取扱いに関すること。

七　校舎その他の施設及び教具その他の設備の整備に関すること。

八　校長、教員その他の教育関係職員の研修に関すること。

九　校長、教員その他の教育関係職員並びに生徒、児童及び幼児の保健、安全、厚生及び福利に関すること。

十　教育委員会の所管に属する学校その他の教育機関の環境衛生に関すること。

十一　学校給食に関すること。

十二　青少年教育、女性教育及び公民館の事業その他社会教育に関すること。

十三　スポーツに関すること。

十四　文化財の保護に関すること。

十五　ユネスコ活動に関すること。

十六　教育に関する法人に関すること。
十七　教育に係る調査及び基幹統計その他の統計に関すること。
十八　所掌事務に係る広報及び所掌事務に係る教育行政に関する相談に関すること。
十九　前各号に掲げるもののほか，当該地方公共団体の区域内における教育に関する事務に関すること。
（長の職務権限）
第22条　地方公共団体の長は，大綱の策定に関する事務のほか，次に掲げる教育に関する事務を管理し，及び執行する。
　一　大学に関すること。
　二　幼保連携型認定こども園に関すること。
　三　私立学校に関すること。
　四　教育財産を取得し，及び処分すること。
　五　教育委員会の所掌に係る事項に関する契約を結ぶこと。
　六　前号に掲げるもののほか，教育委員会の所掌に係る事項に関する予算を執行すること。
（職務権限の特例）
第23条　前2条の規定にかかわらず，地方公共団体は，前条各号に掲げるもののほか，条例の定めるところにより，当該地方公共団体の長が，次の各号に掲げる教育に関する事務のいずれか又は全てを管理し，及び執行することとすることができる。
　一　スポーツに関すること（学校における体育に関することを除く。）。
　二　文化に関すること（文化財の保護に関することを除く。）。
2　地方公共団体の議会は，前項の条例の制定又は改廃の議決をする前に，当該地方公共団体の教育委員会の意見を聴かなければならない。
（事務の委任等）
第25条　教育委員会は，教育委員会規則で定めるところにより，その権限に属する事務の一部を教育長に委任し，又は教育長をして臨時に代理させることができる。
2　前項の規定にかかわらず，次に掲げる事務は，教育長に委任することができない。
　一　教育に関する事務の管理及び執行の基本的な方針に関すること。
　二　教育委員会規則その他教育委員会の定める規程の制定又は改廃に関すること。
　三　教育委員会の所管に属する学校その他の教育機関の設置及び廃止に関すること。
　四　教育委員会及び教育委員会の所管に属する学校その他の教育機関の職員の任免その他の人事に関すること。
　五　次条の規定による点検及び評価に関すること。
　六　第27条及び第29条に規定する意見の申出に関すること。
（教育に関する事務の管理及び執行の状況の点検及び評価等）
第26条　教育委員会は，毎年，その権限に属する事務（前条第一項の規定により教育長に委任された事務その他教育長の権限に属する事務（同条第四項の規定により事務局職員等に委任された事務を含む。）を含む。）の管理及び執行の状況について点検及び評価を行い，その結果に関する報告書を作成し，これを議会に提出するとともに，公表しなければならない。
2　教育委員会は，前項の点検及び評価を行うに当たつては，教育に関し学識経験を有する者の知見の活用を図るものとする。
（幼保連携型認定こども園に関する意見聴取）
第27条　地方公共団体の長は，当該地方公共団体が設置する幼保連携型認定こども園に関する事務のうち，幼保連携型認定こども園における教育課程に関する基本的事項の策定その他の当該地方公共団体の教育委員会の権限に属する事務と密接な関連を有するものとして当該地方公共団体の規則で定めるものの実施に当たつては，当該教育委員会の意見を聴かなければならない。
2　地方公共団体の長は，前項の規則を制定し，又は改廃しようとするときは，あらかじめ，当該地方公共団体の教育委員会の意見を聴かなければならない。
（幼保連携型認定こども園に関する意見の陳述）
第27条の2　教育委員会は，当該地方公共団体が設置する幼保連携型認定こども園に関する事務の管理及び執行について，その職務に関して必要と認めるときは，当該地方公共団体の長に対し，意見を述べることができる。
（幼保連携型認定こども園に関する資料の提供等）
第27条の3　教育委員会は，前二条の規定による権限を行うため必要があるときは，当該地方公共団体の長に対し，必要な資料の提供その他の協力を求めることができる。
（幼保連携型認定こども園に関する事務に係る教育委員会の助言又は援助）
第27条の4　地方公共団体の長は，第22条第2号に掲げる幼保連携型認定こども園に関する事務を管理し，及び執行するに当たり，必要と認めるときは，当該地方公共団体の教育委員会に対し，学校教育に関する専門的事項について助言又は援助を求めることができる。
（私立学校に関する事務に係る都道府県委員会の助言又は援助）
第27条の5　都道府県知事は，第22条第3号に掲げる私立学校に関する事務を管理し，及び執行するに当たり，必要と認めるときは，当該都道府県委員会に対し，学校教育に関する専門的事項について助言又は援助を求めることができる。
第4章　教育機関
（学校等の管理）
第33条　教育委員会は，法令又は条例に違反しない限度において，その所管に属する学校その他の教育機関の施設，設備，組織編制，教育課程，教材の取扱その他学校その他の教育機関の管理運営の基本的事項について，必要な教育委員会規則を定めるものとする。この場合において，当該教育委員会規則で定めようとする事項のうち，その実施のためには新たに予算を伴うこととなるものについては，教育委員会は，あらかじめ当該地方公共団体の長に協議しなければならない。
2　前項の場合において，教育委員会は，学校における教科書以外の教材の使用について，あらかじめ，

(教育機関の職員の任命)
第34条 教育委員会の所管に属する学校その他の教育機関の校長，園長，教員，事務職員，技術職員その他の職員は，この法律に特別の定めがある場合を除き，教育委員会が任命する。
(任命権者)
第37条 市町村立学校職員給与負担法（昭和23年法律第135号）第1条及び第2条に規定する職員（以下「県費負担教職員」という。）の任命権は，都道府県委員会に属する。
(略)
(市町村委員会の内申)
第38条 都道府県委員会は，市町村委員会の内申をまつて，県費負担教職員の任免その他の進退を行うものとする。
2　前項の規定にかかわらず，都道府県委員会は，同項の内申が県費負担教職員の転任（地方自治法第252条の7第1項の規定により教育委員会を共同設置する一の市町村の県費負担教職員を免職し，引き続いて当該教育委員会を共同設置する他の市町村の県費負担教職員に採用する場合を含む。以下この項において同じ。）に係るものであるときは，当該内申に基づき，その転任を行うものとする。ただし，次の各号のいずれかに該当するときは，この限りでない。
一　都道府県内の教職員の適正な配置と円滑な交流の観点から，一の市町村（地方自治法第252条の7第1項の規定により教育委員会を共同設置する場合における当該教育委員会を共同設置する他の市町村を含む。以下この号において同じ。）における県費負担教職員の標準的な在職期間その他の都道府県委員会が定める県費負担教職員の任用に関する基準に従い，一の市町村の県費負担教職員を免職し，引き続いて当該都道府県内の他の市町村の県費負担教職員に採用する必要がある場合
二　前号に掲げる場合のほか，やむを得ない事情により当該内申に係る転任を行うことが困難である場合
3　市町村委員会は，次条の規定による校長の意見の申出があつた県費負担教職員について第一項又は前項の内申を行うときは，当該校長の意見を付するものとする。
(服務の監督)
第43条 市町村委員会は，県費負担教職員の服務を監督する。
2　県費負担教職員は，その職務を遂行するに当つて，法令，当該市町村の条例及び規則並びに当該市町村委員会の定める教育委員会規則及び規程（前条又は次項の規定によつて都道府県が制定する条例を含む。）に従い，かつ，市町村委員会その他職務上の上司の職務上の命令に忠実に従わなければならない。
(略)
(研修)
第45条 県費負担教職員の研修は，地方公務員法第39条第2項の規定にかかわらず，市町村委員会も行うことができる。

2　市町村委員会は，都道府県委員会が行う県費負担教職員の研修に協力しなければならない。
第47条の2 都道府県委員会は，地方公務員法第27条第2項及び第28条第1項の規定にかかわらず，その任命に係る市町村の県費負担教職員（教諭，養護教諭，栄養教諭，助教諭及び養護助教諭（同法第28条の4第1項又は第28条の5第1項の規定により採用された者（以下この項において「再任用職員」という。）を除く。）並びに講師（再任用職員及び非常勤の講師を除く。）に限る。）で次の各号のいずれにも該当するもの（同法第28条第1項各号又は第2項各号のいずれかに該当する者を除く。）を免職し，引き続いて当該都道府県の常時勤務を要する職（指導主事並びに校長，園長及び教員の職を除く。）に採用することができる。
一　児童又は生徒に対する指導が不適切であること。
二　研修等必要な措置が講じられたとしてもなお児童又は生徒に対する指導を適切に行うことができないと認められること。
(略)
(学校運営協議会)
第47条の5 教育委員会は，教育委員会規則で定めるところにより，その所管に属する学校のうちその指定する学校（以下この条において「指定学校」という。）の運営に関して協議する機関として，当該指定学校ごとに，学校運営協議会を置くことができる。
2　学校運営協議会の委員は，当該指定学校の所在する地域の住民，当該指定学校に在籍する生徒，児童又は幼児の保護者その他教育委員会が必要と認める者について，教育委員会が任命する。
3　指定学校の校長は，当該指定学校の運営に関して，教育課程の編成その他教育委員会規則で定める事項について基本的な方針を作成し，当該指定学校の学校運営協議会の承認を得なければならない。
4　学校運営協議会は，当該指定学校の運営に関する事項（次項に規定する事項を除く。）について，教育委員会又は校長に対して，意見を述べることができる。
5　学校運営協議会は，当該指定学校の職員の採用その他の任用に関する事項について，当該職員の任命権者に対して意見を述べることができる。この場合において，当該職員が県費負担教職員（第55条第1項，第58条第1項又は第61条第1項の規定により市町村委員会がその任用に関する事務を行う職員を除く。）であるときは，市町村委員会を経由するものとする。
6　指定学校の職員の任命権者は，当該職員の任用に当たつては，前項の規定により述べられた意見を尊重するものとする。
7　教育委員会は，学校運営協議会の運営が著しく適正を欠くことにより，当該指定学校の運営に現に著しい支障が生じ，又は生ずるおそれがあると認められる場合においては，その指定を取り消さなければならない。
8　指定学校の指定及び指定の取消しの手続，指定の期間，学校運営協議会の委員の任免の手続及び任期，学校運営協議会の議事の手続その他学校運営協

議会の運営に関し必要な事項については，教育委員会規則で定める。
　第5章　文部科学大臣及び教育委員会相互間の関係等
（文部科学大臣又は都道府県委員会の指導，助言及び援助）
第48条　地方自治法第245条の4第1項の規定によるほか，文部科学大臣は都道府県又は市町村に対し，都道府県委員会は市町村に対し，都道府県又は市町村の教育に関する事務の適正な処理を図るため，必要な指導，助言又は援助を行うことができる。
2　前項の指導，助言又は援助を例示すると，おおむね次のとおりである。
　一　学校その他の教育機関の設置及び管理並びに整備に関し，指導及び助言を与えること。
　二　学校の組織編制，教育課程，学習指導，生徒指導，職業指導，教科書その他の教材の取扱いその他学校運営に関し，指導及び助言を与えること。
　三　学校における保健及び安全並びに学校給食に関し，指導及び助言を与えること。
　四　教育委員会の委員及び校長，教員その他の教育関係職員の研究集会，講習会その他研修に関し，指導及び助言を与え，又はこれらを主催すること。
　五　生徒及び児童の就学に関する事務に関し，指導及び助言を与えること。
　六　青少年教育，女性教育及び公民館の事業その他社会教育の振興並びに芸術の普及及び向上に関し，指導及び助言を与えること。
　七　スポーツの振興に関し，指導及び助言を与えること。
　八　指導主事，社会教育主事その他の職員を派遣すること。
　九　教育及び教育行政に関する資料，手引書等を作成し，利用に供すること。
　十　教育に係る調査及び統計並びに広報及び教育行政に関する相談に関し，指導及び助言を与えること。
　十一　教育委員会の組織及び運営に関し，指導及び助言を与えること。
（略）
（是正の要求の方式）
第49条　文部科学大臣は，都道府県委員会又は市町村委員会の教育に関する事務の管理及び執行が法令の規定に違反するものがある場合又は当該事務の管理及び執行を怠るものがある場合において，児童，生徒等の教育を受ける機会が妨げられていることその他の教育を受ける権利が侵害されていることが明らかであるとして地方自治法第245条の5第1項若しくは第4項の規定による求め又は同条第2項の指示を行うときは，当該教育委員会が講ずべき措置の内容を示して行うものとする。
（文部科学大臣の指示）
第50条　文部科学大臣は，都道府県委員会又は市町村委員会の教育に関する事務の管理及び執行が法令の規定に違反するものがある場合又は当該事務の管理及び執行を怠るものがある場合において，児童，生徒等の生命又は身体に現に被害が生じ，又はまさに被害が生ずるおそれがあると見込まれ，その被害の拡大又は発生を防止するため，緊急の必要があるときは，当該教育委員会に対し，当該違反を是正し，

又は当該怠る事務の管理及び執行を改めるべきことを指示することができる。ただし，他の措置によつては，その是正を図ることが困難である場合に限る。
（調査）
第53条　文部科学大臣又は都道府県委員会は，第48条第1項及び第51条の規定による権限を行うため必要があるときは，地方公共団体の長又は教育委員会が管理し，及び執行する教育に関する事務について，必要な調査を行うことができる。
2　文部科学大臣は，前項の調査に関し，都道府県委員会に対し，市町村長又は市町村委員会が管理し，及び執行する教育に関する事務について，その特に指定する事項の調査を行うよう指示をすることができる。
（資料及び報告）
第54条　教育行政機関は，的確な調査，統計その他の資料に基いて，その所掌する事務の適切かつ合理的な処理に努めなければならない。
2　文部科学大臣は地方公共団体の長又は教育委員会に対し，都道府県委員会は市町村長又は市町村委員会に対し，それぞれ都道府県又は市町村の区域内の教育に関する事務に関し，必要な調査，統計その他の資料又は報告の提出を求めることができる。
　　第6章　雑則
（指定都市に関する特例）
第58条　指定都市の県費負担教職員の任免，給与（非常勤の講師にあつては，報酬及び職務を行うために要する費用の弁償の額）の決定，休職及び懲戒に関する事務は，第37条第1項の規定にかかわらず，当該指定都市の教育委員会が行う。
2　指定都市の県費負担教職員の研修は，第45条，教育公務員特例法第21条第2項，第23条第1項，第24条第1項，第25条及び第25条の2の規定にかかわらず，当該指定都市の教育委員会が行う。
（中核市に関する特例）
第59条　地方自治法第252条の22第1項の中核市（以下「中核市」という。）の県費負担教職員の研修は，第45条，教育公務員特例法第21条第2項，第23条第1項，第24条第1項，第25条及び第25条の2の規定にかかわらず，当該中核市の教育委員会が行う。

社会教育法（抄）
（昭和24年6月10日法律第207号）

　　第1章　総則
（この法律の目的）
第1条　この法律は，教育基本法（平成18年法律第120号）の精神に則り，社会教育に関する国及び地方公共団体の任務を明らかにすることを目的とする。
（社会教育の定義）
第2条　この法律で「社会教育」とは，学校教育法（昭和22年法律第26号）又は就学前の子どもに関する教育，保育等の総合的な提供の推進に関する法律（平成18年法律第77号）に基き，学校の教育課程として行われる教育活動を除き，主として青少年及び成人に対して行われる組織的な教育活動（体育及びレクリエーションの活動を含む。）をいう。
（国及び地方公共団体の任務）
第3条　国及び地方公共団体は，この法律及び他の

法令の定めるところにより，社会教育の奨励に必要な施設の設置及び運営，集会の開催，資料の作製，頒布その他の方法により，すべての国民があらゆる機会，あらゆる場所を利用して，自ら実際生活に即する文化的教養を高め得るような環境を醸成するように努めなければならない。
2　国及び地方公共団体は，前項の任務を行うに当たつては，国民の学習に対する多様な需要を踏まえ，これに適切に対応するために必要な学習の機会の提供及びその奨励を行うことにより，生涯学習の振興に寄与することとなるよう努めるものとする。
3　国及び地方公共団体は，第一項の任務を行うに当たつては，社会教育が学校教育及び家庭教育との密接な関連性を有することにかんがみ，学校教育との連携の確保に努め，及び家庭教育の向上に資することとなるよう必要な配慮をするとともに，学校，家庭及び地域住民その他の関係者相互間の連携及び協力の促進に資することとなるよう努めるものとする。
(図書館及び博物館)
第9条　図書館及び博物館は，社会教育のための機関とする。
　　(略)
　　　　第2章　社会教育主事及び社会教育主事補
(社会教育主事及び社会教育主事補の設置)
第9条の2　都道府県及び市町村の教育委員会の事務局に，社会教育主事を置く。
2　都道府県及び市町村の教育委員会の事務局に，社会教育主事補を置くことができる。
(社会教育主事及び社会教育主事補の職務)
第9条の3　社会教育主事は，社会教育を行う者に専門的技術的な助言と指導を与える。ただし，命令及び監督をしてはならない。
2　社会教育主事は，学校が社会教育関係団体，地域住民その他の関係者の協力を得て教育活動を行う場合には，その求めに応じて，必要な助言を行うことができる。
3　社会教育主事補は，社会教育主事の職務を助ける。
　　　　第3章　社会教育関係団体
(社会教育関係団体の定義)
第10条　この法律で「社会教育関係団体」とは，法人であると否とを問わず，公の支配に属しない団体で社会教育に関する事業を行うことを主たる目的とするものをいう。
　　　　第4章　社会教育委員
(社会教育委員の構成)
第15条　都道府県及び市町村に社会教育委員を置くことができる。
2　社会教育委員は，教育委員会が委嘱する。
(社会教育委員の職務)
第17条　社会教育委員は，社会教育に関し教育委員会に助言するため，次の職務を行う。
　一　社会教育に関する諸計画を立案すること。
　二　定時又は臨時に会議を開き，教育委員会の諮問に応じ，これに対して，意見を述べること。
　三　前2号の職務を行うために必要な研究調査を行うこと。
2　社会教育委員は，教育委員会の会議に出席して社会教育に関し意見を述べることができる。
3　市町村の社会教育委員は，当該市町村の教育委員会から委嘱を受けた青少年教育に関する特定の事項について，社会教育関係団体，社会教育指導者その他関係者に対し，助言と指導を与えることができる。
(社会教育委員の委嘱の基準等)
第18条　社会教育委員の委嘱の基準，定数及び任期その他社会教育委員に関し必要な事項は，当該地方公共団体の条例で定める。この場合において，社会教育委員の委嘱の基準については，文部科学省令で定める基準を参酌するものとする。
　　　　第5章　公民館
(目的)
第20条　公民館は，市町村その他一定区域内の住民のために，実際生活に即する教育，学術及び文化に関する各種の事業を行い，もつて住民の教養の向上，健康の増進，情操の純化を図り，生活文化の振興，社会福祉の増進に寄与することを目的とする。
(公民館の設置者)
第21条　公民館は，市町村が設置する。
2　前項の場合を除く外，公民館は，公民館の設置を目的とする一般社団法人又は一般財団法人(以下この章において「法人」という。)でなければ設置することができない。
3　公民館の事業の運営上必要があるときは，公民館に分館を設けることができる。
(公民館の事業)
第22条　公民館は，第20条の目的達成のために，おおむね，左の事業を行う。但し，この法律及び他の法令に禁じられたものは，この限りでない。
　一　定期講座を開設すること。
　二　討論会，講習会，講演会，実習会，展示会等を開催すること。
　三　図書，記録，模型，資料等を備え，その利用を図ること。
　四　体育，レクリエーション等に関する集会を開催すること。
　五　各種の団体，機関等の連絡を図ること。
　六　その施設を住民の集会その他の公共的利用に供すること。
(公民館の運営方針)
第23条　公民館は，次の行為を行つてはならない。
　一　もつぱら営利を目的として事業を行い，特定の営利事務に公民館の名称を利用させその他営利事業を援助すること。
　二　特定の政党の利害に関する事業を行い，又は公私の選挙に関し，特定の候補者を支持すること。
2　市町村の設置する公民館は，特定の宗教を支持し，又は特定の教派，宗派若しくは教団を支援してはならない。
(公民館の基準)
第23条の2　文部科学大臣は，公民館の健全な発達を図るために，公民館の設置及び運営上必要な基準を定めるものとする。
2　文部科学大臣及び都道府県の教育委員会は，市町村の設置する公民館が前項の基準に従つて設置され及び運営されるように，当該市町村に対し，指導，助言その他の援助に努めるものとする。

（公民館の職員）
第27条 公民館に館長を置き，主事その他必要な職員を置くことができる。
2 館長は，公民館の行う各種の事業の企画実施その他必要な事務を行い，所属職員を監督する。
3 主事は，館長の命を受け，公民館の事業の実施にあたる。
（公民館運営審議会）
第29条 公民館に公民館運営審議会を置くことができる。
2 公民館運営審議会は，館長の諮問に応じ，公民館における各種の事業の企画実施につき調査審議するものとする。
第30条 市町村の設置する公民館にあつては，公民館運営審議会の委員は，当該市町村の教育委員会が委嘱する。
2 前項の公民館運営審議会の委員の委嘱の基準，定数及び任期その他当該公民館運営審議会に関し必要な事項は，当該市町村の条例で定める。この場合において，委員の委嘱の基準については，文部科学省令で定める基準を参酌するものとする。

第6章 学校施設の利用
（学校施設の利用）
第44条 学校（国立学校又は公立学校をいう。以下この章において同じ。）の管理機関は，学校教育上支障がないと認める限り，その管理する学校の施設を社会教育のために利用に供するように努めなければならない。
2 前項において「学校の管理機関」とは，国立学校にあつては設置者である国立大学法人の学長又は独立行政法人国立高等専門学校機構の理事長，公立学校のうち，大学にあつては設置者である地方公共団体の長又は公立大学法人の理事長，高等専門学校にあつては設置者である地方公共団体に設置されている教育委員会又は公立大学法人の理事長，幼保連携型認定こども園にあつては設置者である地方公共団体の長，大学，高等専門学校及び幼保連携型認定こども園以外の学校にあつては設置者である地方公共団体に設置されている教育委員会をいう。

義務教育諸学校における教育の政治的中立の確保に関する臨時措置法（抄）
（昭和29年6月3日法律第157号）

（この法律の目的）
第1条 この法律は，教育基本法（平成18年法律第120号）の精神に基き，義務教育諸学校における教育を党派的勢力の不当な影響又は支配から守り，もつて義務教育の政治的中立を確保するとともに，これに従事する教育職員の自主性を擁護することを目的とする。
（定義）
第2条 この法律において「義務教育諸学校」とは，学校教育法（昭和22年法律第26号）に規定する小学校，中学校，義務教育学校，中等教育学校の前期課程又は特別支援学校の小学部若しくは中学部をいう。
2 この法律において「教育職員」とは，校長，副校長若しくは教頭（中等教育学校の前期課程又は特別支援学校の小学部若しくは中学部にあつては，当該課程の属する中等教育学校又は当該部の属する特別支援学校の校長，副校長又は教頭とする。）又は主幹教諭，指導教諭，教諭，助教諭若しくは講師をいう。
（特定の政党を支持させる等の教育の教唆及びせん動の禁止）
第3条 何人も，教育を利用し，特定の政党その他の政治的団体（以下「特定の政党等」という。）の政治的勢力の伸長又は減退に資する目的をもつて，学校教育法に規定する学校の職員を主たる構成員とする団体（その団体を主たる構成員とする団体を含む。）の組織又は活動を利用し，義務教育諸学校に勤務する教育職員に対し，これらの者が，義務教育諸学校の児童又は生徒に対して，特定の政党等を支持させ，又はこれに反対させる教育を行うことを教唆し，又はせん動してはならない。
（罰則）
第4条 前条の規定に違反した者は，1年以下の懲役又は3万円以下の罰金に処する。

教育職員免許法（抄）
（昭和24年5月31日法律第147号）

（この法律の目的）
第1条 この法律は，教育職員の免許に関する基準を定め，教育職員の資質の保持と向上を図ることを目的とする。
（免　許）
第3条 教育職員は，この法律により授与する各相当の免許状を有する者でなければならない。
2 前項の規定にかかわらず，主幹教諭（養護又は栄養の指導及び管理をつかさどる主幹教諭を除く。）及び指導教諭については各相当学校の教諭の免許状を有する者を，養護をつかさどる主幹教諭については養護教諭の免許状を有する者を，栄養の指導及び管理をつかさどる主幹教諭については栄養教諭の免許状を有する者を，講師については各相当学校の教員の相当免許状を有する者を，それぞれ充てるものとする。
3 特別支援学校の教員（養護又は栄養の指導及び管理をつかさどる主幹教諭，養護教諭，養護助教諭，栄養教諭並びに特別支援学校において自立教科等の教授を担任する教員を除く。）については，第1項の規定にかかわらず，特別支援学校の教員の免許状のほか，特別支援学校の各部に相当する学校の教員の免許状を有する者でなければならない。
4 義務教育学校の教員（養護又は栄養の指導及び管理をつかさどる主幹教諭，養護教諭，養護助教諭並びに栄養教諭を除く。）については，第一項の規定にかかわらず，小学校の教員の免許状及び中学校の教員の免許状を有する者でなければならない。
5 中等教育学校の教員（養護又は栄養の指導及び管理をつかさどる主幹教諭，養護教諭，養護助教諭並びに栄養教諭を除く。）については，第1項の規定にかかわらず，中学校の教員の免許状及び高等学校の教員の免許状を有する者でなければならない。
6 幼保連携型認定こども園の教員の免許については，第一項の規定にかかわらず，就学前の子どもに関する教育，保育等の総合的な提供の推進に関する

法律の定めるところによる。
（種　類）
第4条　免許状は，普通免許状，特別免許状及び臨時免許状とする。
2　普通免許状は，学校（義務教育学校，中等教育学校及び幼保連携型認定こども園を除く。）の種類ごとの教諭の免許状，養護教諭の免許状及び栄養教諭の免許状とし，それぞれ専修免許状，一種免許状及び二種免許状（高等学校教諭の免許状にあつては，専修免許状及び一種免許状）に区分する。
3　特別免許状は，学校（幼稚園，義務教育学校，中等教育学校及び幼保連携型認定こども園を除く。）の種類ごとの教諭の免許状とする。
4　臨時免許状は，学校（義務教育学校，中等教育学校及び幼保連携型認定こども園を除く。）の種類ごとの助教諭の免許状及び養護助教諭の免許状とする。
（略）
（効　力）
第9条　普通免許状は，その授与の日の翌日から起算して10年を経過する日の属する年度の末日まで，すべての都道府県（中学校及び高等学校の教員の宗教の教科についての免許状にあつては，国立学校又は公立学校の場合を除く。次項及び第3項において同じ。）において効力を有する。
2　特別免許状は，その授与の日の翌日から起算して10年を経過する日の属する年度の末日まで，その免許状を授与した授与権者の置かれる都道府県においてのみ効力を有する。
3　臨時免許状は，その免許状を授与したときから3年間，その免許状を授与した授与権者の置かれる都道府県においてのみ効力を有する。
4　第1項の規定にかかわらず，その免許状に係る別表第一から別表第八までに規定する所要資格を得た日，第16条の2第1項に規定する教員資格認定試験に合格した日又は第16条の3第2項若しくは第17条第1項に規定する文部科学省令で定める資格を有することとなつた日の属する年度の翌年度の初日以後，同日から起算して10年を経過する日までの間に授与された普通免許状（免許状更新講習の課程を修了した後文部科学省令で定める2年以上の期間内に授与されたものを除く。）の有効期間は，当該十年を経過する日までとする。
5　普通免許状又は特別免許状を二以上有する者の当該二以上の免許状の有効期間は，第1項，第1項及び前項並びに次条第4項及び第5項の規定にかかわらず，それぞれの免許状に係るこれらの規定による有効期間の満了の日のうち最も遅い日までとする。
（有効期間の更新及び延長）
第9条の2　免許管理者は，普通免許状又は特別免許状の有効期間を，その満了の際，その免許状を有する者の申請により更新することができる。
2　前項の申請は，申請書に免許管理者が定める書類を添えて，これを免許管理者に提出してしなければならない。
3　第1項の規定による更新は，その申請をした者が当該普通免許状又は特別免許状の有効期間の満了する日までの文部科学省令で定める2年以上の期間内において免許状更新講習の課程を修了した者である場合又は知識技能その他の事項を勘案して免許状

更新講習を受ける必要がないものとして文部科学省令で定めるところにより免許管理者が認めた者である場合に限り，行うものとする。
4～6（略）
（免許状更新講習）
第9条の3　免許状更新講習は，大学その他文部科学省令で定める者が，次に掲げる基準に適合することについての文部科学大臣の認定を受けて行う。
　一　講習の内容が，教員の職務の遂行に必要なものとして文部科学省令で定める事項に関する最新の知識技能を修得させるための課程（その一部として行われるものを含む。）であること。
　二　講習の講師が，次のいずれかに該当する者であること。
　　イ　文部科学大臣が第16条の3第4項の政令で定める審議会等に諮問して免許状の授与の所要資格を得させるために適当と認める課程を有する大学において，当該課程を担当する教授，准教授又は講師の職にある者
　　ロ　イに掲げる者に準ずるものとして文部科学省令で定める者
　三　講習の課程の修了の認定（課程の一部の履修の認定を含む。）が適切に実施されるものであること。
　四　その他文部科学省令で定める要件に適合するものであること。
2　前項に規定する免許状更新講習（以下単に「免許状更新講習」という。）の時間は，30時間以上とする。
3　免許状更新講習は，次に掲げる者に限り，受けることができる。
　一　教育職員及び文部科学省令で定める教育の職にある者
　二　教育職員に任命され，又は雇用されることとなつている者及びこれに準ずるものとして文部科学省令で定める者
4　前項の規定にかかわらず，公立学校の教員であつて教育公務員特例法（昭和24年法律第1号）第25条の2第1項に規定する指導改善研修（以下この項及び次項において単に「指導改善研修」という。）を命ぜられた者は，その指導改善研修が終了するまでの間は，免許状更新講習を受けることができない。
5　前項に規定する者の任命権者（免許管理者を除く。）は，その者に指導改善研修を命じたとき，又はその者の指導改善研修が終了したときは，速やかにその旨を免許管理者に通知しなければならない。
6　前各項に規定するもののほか，免許状更新講習に関し必要な事項は，文部科学省令で定める。

義務教育諸学校の教科用図書の無償措置に関する法律（抄）
（昭和38年12月21日法律第182号）

（この法律の目的）
第1条　この法律は，教科用図書の無償給付その他義務教育諸学校の教科用図書を無償とする措置について必要な事項を定めるとともに，当該措置の円滑な実施に資するため，義務教育諸学校の教科用図書の採択及び発行の制度を整備し，もつて義務教育の

充実を図ることを目的とする。
(教科用図書の無償給付)
第3条 国は，毎年度，義務教育諸学校の児童及び生徒が各学年の課程において使用する教科用図書で第13条，第14条及び第16条の規定により採択されたものを購入し，義務教育諸学校の設置者に無償で給付するものとする。
(都道府県の教育委員会の任務)
第10条 都道府県の教育委員会は，当該都道府県内の義務教育諸学校において使用する教科用図書の採択の適正な実施を図るため，義務教育諸学校において使用する教科用図書の研究に関し，計画し，及び実施するとともに，市（特別区を含む。以下同じ。）町村の教育委員会及び義務教育諸学校（公立の義務教育諸学校を除く。）の校長の行う採択に関する事務について，適切な指導，助言又は援助を行わなければならない。
(教科用図書選定審議会)
第11条 都道府県の教育委員会は，前条の規定により指導，助言又は援助を行なおうとするときは，あらかじめ教科用図書選定審議会（以下「選定審議会」という。）の意見をきかなければならない。
2　選定審議会は，毎年度，政令で定める期間，都道府県に置く。
3　選定審議会は，20人以内において条例で定める人数の委員で組織する。
(採択地区)
第12条 都道府県の教育委員会は，当該都道府県の区域について，市若しくは郡の区域又はこれらの区域をあわせた地域で，教科用図書採択地区（以下この章において「採択地区」という。）を設定しなければならない。
(略)

義務教育費国庫負担法（抄）
(昭和27年8月8日法律第303号)

(この法律の目的)
第1条　この法律は，義務教育について，義務教育無償の原則に則り，国民のすべてに対しその妥当な規模と内容とを保障するため，国が必要な経費を負担することにより，教育の機会均等とその水準の維持向上とを図ることを目的とする。
(教職員の給与及び報酬等に要する経費の国庫負担)
第2条　国は，毎年度，各都道府県ごとに，公立の小学校，中学校，義務教育学校，中等教育学校の前期課程並びに特別支援学校の小学部及び中学部（学校給食法（昭和29年法律第160号）第5条の2に規定する施設を含むものとし，以下「義務教育諸学校」という。）に要する経費のうち，次に掲げるものについて，その実支出額の三分の一を負担する。ただし，特別の事情があるときは，各都道府県ごとの国庫負担額の最高限度を政令で定めることができる。

市町村立学校職員給与負担法（抄）
(昭和23年7月10日法律第135号)

(市町村立学校職員給与の負担)
第1条　市（特別区を含む。）町村立の小学校，中学校，義務教育学校，中等教育学校の前期課程及び特別支援学校の校長（中等教育学校の前期課程にあつては，当該課程の属する中等教育学校の校長とする。），副校長，教頭，主幹教諭，指導教諭，教諭，養護教諭，栄養教諭，助教諭，養護助教諭，寄宿舎指導員，講師（常勤の者及び地方公務員法（昭和25年法律第261号）第28条の5第1項に規定する短時間勤務の職を占める者に限る。），学校栄養職員（学校給食法（昭和29年法律第160号）第5条の3に規定する職員のうち栄養の指導及び管理をつかさどる主幹教諭並びに栄養教諭以外の者をいい，同法第5条の2に規定する施設の当該職員を含む。以下同じ。）及び事務職員のうち次に掲げる職員であるものの給料，扶養手当，地域手当，住居手当，初任給調整手当，通勤手当，単身赴任手当，特殊勤務手当，特地勤務手当（これに準ずる手当を含む。），へき地手当（これに準ずる手当を含む。），時間外勤務手当（学校栄養職員及び事務職員に係るものとする。），宿日直手当，管理職特別勤務手当，管理職手当，期末手当，勤勉手当，義務教育等教員特別手当，寒冷地手当，特定任期付職員業績手当，退職手当，退職年金及び退職一時金並びに旅費（都道府県の定める支給に関する基準に適合するものに限る。）（以下「給料その他の給与」という。）並びに定時制通信教育手当（中等教育学校の校長に係るものとする。）並びに講師（公立義務教育諸学校の学級編制及び教職員定数の標準に関する法律（昭和33年法律第116号。以下「義務教育諸学校標準法」という。）第17条第2項に規定する非常勤の講師に限る。）の報酬及び職務を行うために要する費用の弁償（次条において「報酬等」という。）は，都道府県の負担とする。
　一　義務教育諸学校標準法第6条の規定に基づき都道府県が定める小中学校等教職員定数及び義務教育諸学校標準法第十条の規定に基づき都道府県が定める特別支援学校教職員定数に基づき配置される職員（義務教育諸学校標準法第18条各号に掲げる者を含む。）
　二　公立高等学校の適正配置及び教職員定数の標準等に関する法律（昭和36年法律第188号。以下「高等学校標準法」という。）第15条の規定に基づき都道府県が定める特別支援学校高等部教職員定数に基づき配置される職員（特別支援学校の高等部に係る高等学校標準法第24条各号に掲げる者を含む。）
　三　特別支援学校の幼稚部に置くべき職員の数として都道府県が定める数に基づき配置される職員

義務教育諸学校等の施設費の国庫負担等に関する法律（抄）
(昭和33年4月25日法律第81号)

(目的)
第1条　この法律は，公立の義務教育諸学校等の施設の整備を促進するため，公立の義務教育諸学校の建物の建築に要する経費について国がその一部を負担することを定めるとともに，文部科学大臣による施設整備基本方針の策定及び地方公共団体による施設整備計画に基づく事業に充てるための交付金の交

付等について定め，もつて義務教育諸学校等における教育の円滑な実施を確保することを目的とする。
(国の負担)
第3条 国は，政令で定める限度において，次の各号に掲げる経費について，その一部を負担する。この場合において，その負担割合は，それぞれ当該各号に定める割合によるものとする。
　一　公立の小学校，中学校(第2号の2に該当する中学校を除く。同号を除き，以下同じ。)及び義務教育学校における教室の不足を解消するための校舎の新築又は増築(買収その他これに準ずる方法による取得を含む。以下同じ。)に要する経費　2分の1
　二　公立の小学校，中学校及び義務教育学校の屋内運動場の新築又は増築に要する経費2分の1
　二の二　公立の中学校で学校教育法第71条の規定により高等学校における教育と一貫した教育を施すもの及び公立の中等教育学校の前期課程(以下「中等教育学校等」という。)の建物の新築又は増築に要する経費　2分の1
　三　公立の特別支援学校の小学部及び中学部の建物の新築又は増築に要する経費2分の1
　四　公立の小学校，中学校及び義務教育学校を適正な規模にするため統合しようとすることに伴つて必要となり，又は統合したことに伴つて必要となつた校舎又は屋内運動場の新築又は増築に要する経費　2分の1
２　前項第1号の教室の不足の範囲及び同項第4号の適正な規模の条件は，政令で定める。

労働基準法(抄)
(昭和22年4月7日法律第49号)

(最低年齢)
第56条 使用者は，児童が満15歳に達した日以後の最初の3月31日が終了するまで，これを使用してはならない。
②　前項の規定にかかわらず，別表第1第1号から第5号までに掲げる事業以外の事業に係る職業で，児童の健康及び福祉に有害でなく，かつ，その労働が軽易なものについては，行政官庁の許可を受けて，満13歳以上の児童をその者の修学時間外に使用することができる。映画の製作又は演劇の事業については，満13歳に満たない児童についても，同様とする。
第62条 使用者は，満18才に満たない者に，運転中の機械若しくは動力伝導装置の危険な部分の掃除，注油，検査若しくは修繕をさせ，運転中の機械若しくは動力伝導装置にベルト若しくはロープの取付け若しくは取りはずしをさせ，動力によるクレーンの運転をさせ，その他厚生労働省令で定める危険な業務に就かせ，又は厚生労働省令で定める重量物を取り扱う業務に就かせてはならない。
②　使用者は，満18才に満たない者を，毒劇薬，毒劇物その他有害な原料若しくは材料又は爆発性，発火性若しくは引火性の原料若しくは材料を取り扱う業務，著しくじんあい若しくは粉末を飛散し，若しくは有害ガス若しくは有害放射線を発散する場所又は高温若しくは高圧の場所における業務その他安全，衛生又は福祉に有害な場所における業務に就かせて

はならない。
③　前項に規定する業務の範囲は，厚生労働省令で定める。
第118条 第6条，第56条，第63条又は第64条の2の規定に違反した者は，これを1年以下の懲役又は50万円以下の罰金に処する。
②　第70条の規定に基づいて発する厚生労働省令(第63条又は第64条の2の規定に係る部分に限る。)に違反した者についても前項の例による。

著作権法(抄)
(昭和45年5月6日法律第48号)

(氏名表示権)
第19条 著作者は，その著作物の原作品に，又はその著作物の公衆への提供若しくは提示に際し，その実名若しくは変名を著作者名として表示し，又は著作者名を表示しないこととする権利を有する。その著作物を原著作物とする二次的著作物の公衆への提供又は提示に際しての原著作物の著作者名の表示についても，同様とする。
２　著作物を利用する者は，その著作者の別段の意思表示がない限り，その著作物につきすでに著作者が表示しているところに従つて著作者名を表示することができる。
３　著作者名の表示は，著作物の利用の目的及び態様に照らし著作者が創作者であることを主張する利益を害するおそれがないと認められるときは，公正な慣行に反しない限り，省略することができる。
(略)
(同一性保持権)
第20条 著作者は，その著作物及びその題号の同一性を保持する権利を有し，その意に反してこれらの変更，切除その他の改変を受けないものとする。
２　前項の規定は，次の各号のいずれかに該当する改変については，適用しない。
　一　第33条第1項(同条第四項において準用する場合を含む。)，第33条の2第1項又は第34条第1項の規定により著作物を利用する場合における用字又は用語の変更その他の改変で，学校教育の目的上やむを得ないと認められるもの
　二　建築物の増築，改築，修繕又は模様替えによる改変
　三　特定の電子計算機においては利用し得ないプログラムの著作物を当該電子計算機において利用し得るようにするため，又はプログラムの著作物を電子計算機においてより効果的に利用し得るようにするために必要な改変
　四　前三号に掲げるもののほか，著作物の性質並びにその利用の目的及び態様に照らしやむを得ないと認められる改変
(引用)
第32条 公表された著作物は，引用して利用することができる。この場合において，その引用は，公正な慣行に合致するものであり，かつ，報道，批評，研究その他の引用の目的上正当な範囲内で行なわれるものでなければならない。
２　国若しくは地方公共団体の機関，独立行政法人又は地方独立行政法人が一般に周知させることを目

的として作成し，その著作の名義の下に公表する広報資料，調査統計資料，報告書その他これらに類する著作物は，説明の材料として新聞紙，雑誌その他の刊行物に転載することができる。ただし，これを禁止する旨の表示がある場合は，この限りでない。
(学校その他の教育機関における複製等)
第35条 学校その他の教育機関（営利を目的として設置されているものを除く。）において教育を担任する者及び授業を受ける者は，その授業の過程における使用に供することを目的とする場合には，必要と認められる限度において，公表された著作物を複製することができる。ただし，当該著作物の種類及び用途並びにその複製の部数及び態様に照らし著作権者の利益を不当に害することとなる場合は，この限りでない。
2　公表された著作物については，前項の教育機関における授業の過程において，当該授業を直接受ける者に対して当該著作物をその原作品若しくは複製物を提供し，若しくは提示して利用する場合又は当該著作物を第38条第1項の規定により上演し，演奏し，上映し，若しくは口述して利用する場合には，当該授業が行われる場所以外の場所において当該授業を同時に受ける者に対して公衆送信（自動公衆送信の場合にあつては，送信可能化を含む。）を行うことができる。ただし，当該著作物の種類及び用途並びに当該公衆送信の態様に照らし著作権者の利益を不当に害することとなる場合は，この限りでない。
(試験問題としての複製等)
第36条 公表された著作物については，入学試験その他人の学識技能に関する試験又は検定の目的上必要と認められる限度において，当該試験又は検定の問題として複製し，又は公衆送信（放送又は有線放送を除き，自動公衆送信の場合にあつては送信可能化を含む。次項において同じ。）を行うことができる。ただし，当該著作物の種類及び用途並びに当該公衆送信の態様に照らし著作権者の利益を不当に害することとなる場合は，この限りでない。
2　営利を目的として前項の複製又は公衆送信を行う者は，通常の使用料の額に相当する額の補償金を著作権者に支払わなければならない。

民法（抄）
(明治29年4月27日法律第89号)

(成年)
第4条 年齢20歳をもって，成年とする。
(親権者)
第818条 成年に達しない子は，父母の親権に服する。
2　子が養子であるときは，養親の親権に服する。
3　親権は，父母の婚姻中は，父母が共同して行う。ただし，父母の一方が親権を行うことができないときは，他の一方が行う。
(監護及び教育の権利義務)
第820条 親権を行う者は，子の利益のために子の監護及び教育をする権利を有し，義務を負う。

明治35年法律第50号（年齢計算ニ関スル法律）
(明治35年12月2日法律第50号)

①年齢ハ出生ノ日ヨリ之ヲ起算ス
②民法第百四十三条ノ規定ハ年齢ノ計算ニ之ヲ準用ス
③明治六年第三十六号布告ハ之ヲ廃止ス

国旗及び国歌に関する法律（抄）
(平成11年8月13日法律第127号)

(国旗)
第1条 国旗は，日章旗とする。
2　（略）
(国歌)
第2条 国歌は，君が代とする。
2　（略）

いじめ防止対策推進法
(平成25年6月28日法律第71号)

(目的)
第1条 この法律は，いじめが，いじめを受けた児童等の教育を受ける権利を著しく侵害し，その心身の健全な成長及び人格の形成に重大な影響を与えるのみならず，その生命又は身体に重大な危険を生じさせるおそれがあるものであることに鑑み，児童等の尊厳を保持するため，いじめの防止等（いじめの防止，いじめの早期発見及びいじめへの対処をいう。以下同じ。）のための対策に関し，基本理念を定め，国及び地方公共団体等の責務を明らかにし，並びにいじめの防止等のための対策に関する基本的な方針の策定について定めるとともに，いじめの防止等のための対策の基本となる事項を定めることにより，いじめの防止等のための対策を総合的かつ効果的に推進することを目的とする。
(定義)
第2条 この法律において「いじめ」とは，児童等に対して，当該児童等が在籍する学校に在籍している等当該児童等と一定の人的関係にある他の児童等が行う心理的又は物理的な影響を与える行為（インターネットを通じて行われるものを含む。）であって，当該行為の対象となった児童等が心身の苦痛を感じているものをいう。
2　この法律において「学校」とは，学校教育法（昭和22年法律第26号）第1条に規定する小学校，中学校，高等学校，中等教育学校及び特別支援学校（幼稚部を除く。）をいう。
3　この法律において「児童等」とは，学校に在籍する児童又は生徒をいう。
4　この法律において「保護者」とは，親権を行う者（親権を行う者のないときは，未成年後見人）をいう。
(基本理念)
第3条 いじめの防止等のための対策は，いじめが全ての児童等に関係する問題であることに鑑み，児童等が安心して学習その他の活動に取り組むことができるよう，学校の内外を問わずいじめが行われな

くなるようにすることを旨として行われなければならない。

2　いじめの防止等のための対策は、全ての児童等がいじめを行わず、及び他の児童等に対して行われるいじめを認識しながらこれを放置することがないようにするため、いじめが児童等の心身に重大な影響その他のいじめの問題に関する児童等の理解を深めることを旨として行われなければならない。

3　いじめの防止等のための対策は、いじめを受けた児童等の生命及び心身を保護することが特に重要であることを認識しつつ、国、地方公共団体、学校、地域住民、家庭その他の関係者の連携の下、いじめの問題を克服することを目指して行われなければならない。

（いじめの禁止）
第4条　児童等は、いじめを行ってはならない。
（国の責務）
第5条　国は、第3条の基本理念（以下「基本理念」という。）にのっとり、いじめの防止等のための対策を総合的に策定し、及び実施する責務を有する。
（地方公共団体の責務）
第6条　地方公共団体は、基本理念にのっとり、いじめの防止等のための対策について、国と協力しつつ、当該地域の状況に応じた施策を策定し、及び実施する責務を有する。
（学校の設置者の責務）
第7条　学校の設置者は、基本理念にのっとり、その設置する学校におけるいじめの防止等のために必要な措置を講ずる責務を有する。
（学校及び学校の教職員の責務）
第8条　学校及び学校の教職員は、基本理念にのっとり、当該学校に在籍する児童等の保護者、地域住民、児童相談所その他の関係者との連携を図りつつ、学校全体でいじめの防止及び早期発見に取り組むとともに、当該学校に在籍する児童等がいじめを受けていると思われるときは、適切かつ迅速にこれに対処する責務を有する。
（保護者の責務）
第9条　保護者は、子の教育について第一義的責任を有するものであって、その保護する児童等がいじめを行うことのないよう、当該児童等に対し、規範意識を養うための指導その他の必要な指導を行うよう努めるものとする。

2　保護者は、その保護する児童等がいじめを受けた場合には、適切に当該児童等をいじめから保護するものとする。

3　保護者は、国、地方公共団体、学校の設置者及びその設置する学校が講ずるいじめの防止等のための措置に協力するよう努めるものとする。

4　第1項の規定は、家庭教育の自主性が尊重されるべきことに変更を加えるものと解してはならず、また、前3項の規定は、いじめの防止等に関する学校の設置者及びその設置する学校の責任を軽減するものと解してはならない。

（財政上の措置等）
第10条　国及び地方公共団体は、いじめの防止等のための対策を推進するために必要な財政上の措置その他の必要な措置を講ずるよう努めるものとする。

第2章　いじめ防止基本方針等
（いじめ防止基本方針）
第11条　文部科学大臣は、関係行政機関の長と連携協力して、いじめの防止等のための対策を総合的かつ効果的に推進するための基本的な方針（以下「いじめ防止基本方針」という。）を定めるものとする。

2　いじめ防止基本方針においては、次に掲げる事項を定めるものとする。
　一　いじめの防止等のための対策の基本的な方向に関する事項
　二　いじめの防止等のための対策の内容に関する事項
　三　その他いじめの防止等のための対策に関する重要事項

（地方いじめ防止基本方針）
第12条　地方公共団体は、いじめ防止基本方針を参酌し、その地域の実情に応じ、当該地方公共団体におけるいじめの防止等のための対策を総合的かつ効果的に推進するための基本的な方針（以下「地方いじめ防止基本方針」という。）を定めるよう努めるものとする。

（学校いじめ防止基本方針）
第13条　学校は、いじめ防止基本方針又は地方いじめ防止基本方針を参酌し、その学校の実情に応じ、当該学校におけるいじめの防止等のための対策に関する基本的な方針を定めるものとする。

（いじめ問題対策連絡協議会）
第14条　地方公共団体は、いじめの防止等に関係する機関及び団体の連携を図るため、条例の定めるところにより、学校、教育委員会、児童相談所、法務局又は地方法務局、都道府県警察その他の関係者により構成されるいじめ問題対策連絡協議会を置くことができる。

2　都道府県は、前項のいじめ問題対策連絡協議会を置いた場合には、当該いじめ問題対策連絡協議会におけるいじめの防止等に関係する機関及び団体の連携が当該都道府県の区域内の市町村が設置する学校におけるいじめの防止等に活用されるよう、当該いじめ問題対策連絡協議会と当該市町村の教育委員会との連携を図るために必要な措置を講ずるものとする。

3　前二項の規定を踏まえ、教育委員会といじめ問題対策連絡協議会との円滑な連携の下に、地方いじめ防止基本方針に基づく地域におけるいじめの防止等のための対策を実効的に行うようにするため必要があるときは、教育委員会に附属機関として必要な組織を置くことができるものとする。

第3章　基本的施策
（学校におけるいじめの防止）
第15条　学校の設置者及びその設置する学校は、児童等の豊かな情操と道徳心を培い、心の通う対人交流の能力の素地を養うことがいじめの防止に資することを踏まえ、全ての教育活動を通じた道徳教育及び体験活動等の充実を図らなければならない。

2　学校の設置者及びその設置する学校は、当該学校におけるいじめを防止するため、当該学校に在籍する児童等の保護者、地域住民その他の関係者との連携を図りつつ、いじめの防止に資する活動であって当該学校に在籍する児童等が自主的に行うものに

対する支援，当該学校に在籍する児童等及びその保護者並びに当該学校の教職員に対するいじめを防止することの重要性に関する理解を深めるための啓発その他必要な措置を講ずるものとする。
（いじめの早期発見のための措置）
第16条 学校の設置者及びその設置する学校は，当該学校におけるいじめを早期に発見するため，当該学校に在籍する児童等に対する定期的な調査その他の必要な措置を講ずるものとする。
2 国及び地方公共団体は，いじめに関する通報及び相談を受け付けるための体制の整備に必要な施策を講ずるものとする。
3 学校の設置者及びその設置する学校は，当該学校に在籍する児童等及びその保護者並びに当該学校の教職員がいじめに係る相談を行うことができる体制（次項において「相談体制」という。）を整備するものとする。
4 学校の設置者及びその設置する学校は，相談体制を整備するに当たっては，家庭，地域社会等との連携の下，いじめを受けた児童等の教育を受ける権利その他の権利利益が擁護されるよう配慮するものとする。
（関係機関等との連携等）
第17条 国及び地方公共団体は，いじめを受けた児童等又はその保護者に対する支援，いじめを行った児童等に対する指導又はその保護者に対する助言その他のいじめの防止等のための対策が関係者の連携の下に適切に行われるよう，関係省庁相互間その他関係機関，学校，家庭，地域社会及び民間団体の間の連携の強化，民間団体の支援その他必要な体制の整備に努めるものとする。
（いじめの防止等のための対策に従事する人材の確保及び資質の向上）
第18条 国及び地方公共団体は，いじめを受けた児童等又はその保護者に対する支援，いじめを行った児童等に対する指導又はその保護者に対する助言その他のいじめの防止等のための対策が専門的知識に基づき適切に行われるよう，教員の養成及び研修の充実を通じた教員の資質の向上，生徒指導に係る体制等の充実のための教諭，養護教諭その他の教員の配置，心理，福祉等に関する専門的知識を有する者であっていじめの防止を含む教育相談に応じるものの確保，いじめへの対処に関し助言を行うために学校の求めに応じて派遣される者の確保等必要な措置を講ずるものとする。
2 学校の設置者及びその設置する学校は，当該学校の教職員に対し，いじめの防止等のための対策に関する研修の実施その他のいじめの防止等のための対策に関する資質の向上に必要な措置を計画的に行わなければならない。
（インターネットを通じて行われるいじめに対する対策の推進）
第19条 学校の設置者及びその設置する学校は，当該学校に在籍する児童等及びその保護者が，発信された情報の高度の流通性，発信者の匿名性その他のインターネットを通じて送信される情報の特性を踏まえて，インターネットを通じて行われるいじめを防止し，及び効果的に対処することができるよう，これらの者に対し，必要な啓発活動を行うものとする。

2 国及び地方公共団体は，児童等がインターネットを通じて行われるいじめに巻き込まれていないかどうかを監視する関係機関又は関係団体の取組を支援するとともに，インターネットを通じて行われるいじめに関する事案に対処する体制の整備に努めるものとする。
3 インターネットを通じていじめが行われた場合において，当該いじめを受けた児童等又はその保護者は，当該いじめに係る情報の削除を求め，又は発信者情報（特定電気通信役務提供者の損害賠償責任の制限及び発信者情報の開示に関する法律（平成13年法律第137号）第4条第1項に規定する発信者情報をいう。）の開示を請求しようとするときは，必要に応じ，法務局又は地方法務局の協力を求めることができる。
（いじめの防止等のための対策の調査研究の推進等）
第20条 国及び地方公共団体は，いじめの防止及び早期発見のための方策等，いじめを受けた児童等又はその保護者に対する支援及びいじめを行った児童等に対する指導又はその保護者に対する助言の在り方，インターネットを通じて行われるいじめへの対応の在り方その他のいじめの防止等のために必要な事項やいじめの防止等のための対策の実施の状況についての調査研究及び検証を行うとともに，その成果を普及するものとする。
（啓発活動）
第21条 国及び地方公共団体は，いじめが児童等の心身に及ぼす影響，いじめを防止することの重要性，いじめに係る相談制度又は救済制度等について必要な広報その他の啓発活動を行うものとする。

教育基本法（旧法）
（昭和22年3月31日法律第25号）

　われらは，さきに，日本国憲法を確定し，民主的で文化的な国家を建設して，世界の平和と人類の福祉に貢献しようとする決意を示した。この理想の実現は，根本において教育の力にまつべきものである。
　われらは，個人の尊厳を重んじ，真理と平和を希求する人間の育成を期するとともに，普遍的にしてしかも個性ゆたかな文化の創造をめざす教育を普及徹底しなければならない。
　ここに，日本国憲法の精神に則り，教育の目的を明示して，新しい日本の教育の基本を確立するため，この法律を制定する。
（教育の目的）
第1条 教育は，人格の完成をめざし，平和的な国家及び社会の形成者として，真理と正義を愛し，個人の価値をたつとび，勤労と責任を重んじ，自主的精神に充ちた心身ともに健康な国民の育成を期して行われなければならない。
（教育の方針）
第2条 教育の目的は，あらゆる機会に，あらゆる場所において実現されなければならない。この目的を達成するためには，学問の自由を尊重し，実際生活に即し，自発的精神を養い，自他の敬愛と協力によって，文化の創造と発展に貢献するように努めなければならない。

(教育の機会均等)
第3条 すべて国民は，ひとしく，その能力に応ずる教育を受ける機会を与えられなければならないものであつて，人種，信条，性別，社会的身分，経済的地位又は門地によつて，教育上差別されない。
② 国及び地方公共団体は，能力があるにもかかわらず，経済的理由によつて修学困難な者に対して，奨学の方法を講じなければならない。
(義務教育)
第4条 国民は，その保護する子女に，9年の普通教育を受けさせる義務を負う。
② 国又は地方公共団体の設置する学校における義務教育については，授業料は，これを徴収しない。
(男女共学)
第5条 男女は，互に敬重し，協力し合わなければならないものであつて，教育上男女の共学は，認められなければならない。
(学校教育)
第6条 法律に定める学校は，公の性質をもつものであつて，国又は地方公共団体の外，法律に定める法人のみが，これを設置することができる。
② 法律に定める学校の教員は，全体の奉仕者であつて，自己の使命を自覚し，その職責の遂行に努めなければならない。このためには，教員の身分は，尊重され，その待遇の適正が，期せられなければならない。
(社会教育)
第7条 家庭教育及び勤労の場所その他社会において行われる教育は，国及び地方公共団体によつて奨励されなければならない。
② 国及び地方公共団体は，図書館，博物館，公民館等の施設の設置，学校の施設の利用その他適当な方法によつて教育の目的の実現に努めなければならない。
(政治教育)
第8条 良識ある公民たるに必要な政治的教養は，教育上これを尊重しなければならない。
② 法律に定める学校は，特定の政党を支持し，又はこれに反対するための政治教育その他政治的活動をしてはならない。
(宗教教育)
第9条 宗教に関する寛容の態度及び宗教の社会生活における地位は，教育上これを尊重しなければならない。
② 国及び地方公共団体が設置する学校は，特定の宗教のための宗教教育その他宗教的活動をしてはならない。
(教育行政)
第10条 教育は，不当な支配に服することなく，国民全体に対し直接に責任を負つて行われるべきものである。
② 教育行政は，この自覚のもとに，教育の目的を遂行するに必要な諸条件の整備確立を目標として行われなければならない。
(補則)
第11条 この法律に掲げる諸条項を実施するために必要がある場合には，適当な法令が制定されなければならない。
　　　　附　則

この法律は，公布の日から，これを施行する。

教育ニ関スル勅語
(明治23年10月30日)

朕惟フニ我カ皇祖皇宗国ヲ肇ムルコト宏遠ニ徳ヲ樹ツルコト深厚ナリ我カ臣民克ク忠ニ克ク孝ニ億兆心ヲ一ニシテ世々厥ノ美ヲ済セルハ此レ我カ国体ノ精華ニシテ教育ノ淵源亦実ニ此ニ存ス爾臣民父母ニ孝ニ兄弟ニ友ニ夫婦相和シ朋友相信シ恭倹己レヲ持シ博愛衆ニ及ホシ学ヲ修メ業ヲ習ヒ以テ智能ヲ啓発シ徳器ヲ成就シ進テ公益ヲ広メ世務ヲ開キ常ニ国憲ヲ重シ国法ニ遵ヒ一旦緩急アレハ義勇公ニ奉シ以テ天壌無窮ノ皇運ヲ扶翼スヘシ是ノ如キハ独リ朕カ忠良ノ臣民タルノミナラス又以テ爾祖先ノ遺風ヲ顕彰スルニ足ラン斯ノ道ハ実ニ我カ皇祖皇宗ノ遺訓ニシテ子孫臣民ノ倶ニ遵守スヘキ所之ヲ古今ニ通シテ謬ラス之ヲ中外ニ施シテ悖ラス朕爾臣民ト倶ニ拳々服膺シテ咸其徳ヲ一ニセンコトヲ庶幾フ
　明治二十三年十月三十日
　　　　御　名　御　璽

索　引（＊は人名）

A-Z

ADHD　*169, 171, 173, 177, 178*
FA制　*100*
LD　*169, 171, 172, 173, 177, 178*

ア行

アカデメイア　*21*
アクティブ・ラーニング　*72, 76, 81, 102*
足利学校　*22*
預かり保育　*151*
アーティキュレーション（articulation）　*29*
生きる力　*42*
一条校　*13, 32*
一府県一大学の原則　*34*
一般課程　*37*
インテグレーション（integration）　*30*
ウニフェルシタス（universitas）　*22*
栄養教諭　*87*
営利企業等の従事制限　*97*
＊エスピン＝アンデルセン, G.　*148*
恩物　*149*

カ行

外国人学校　*37*
学習指導要領　*5, 73*
学習障害　→ LD
各種学校　*36*
学制　*33*
学年主任　*87*
下構型学校系統　*24*
学級編成ニ関スル規則　*69*
学校インターンシップ　*102*
学校運営協議会　*59*
学校教育法　*13*
学校経営　*44*
学校支援地域本部　*60*
学校体系　*28*
学校の設置者　*14*
学校評価　*51*
　──ガイドライン　*51*
　──システム　*50*
学校評議員　*58*
金沢文庫　*22*
加配教職員定数　*66, 67*
株式会社立の学校　*14*
慣習法　*7*
官僚主義　*105*
規制緩和　*110*
規則　*5*
義務　*25*
義務教育　*9, 15*
義務教育6年制　*33*
義務教育諸学校の教科用図書の無償措置に関する法律　*127, 128-133*
義務教育費国庫負担法　*130-131*
義務教育標準法　*137*
義務教育無償制　*33*
義務教育無償性　*10*
ギムナジウム（独）　*24*
ギムナシオン　*21*
旧制高等学校　*34*
旧制中学校　*33*
宮廷アカデミー　*22*
＊ギューリック, L.　*48*
教育委員　*118*
教育委員会　*116, 120, 124*
　──の職務権限　*120*
教育委員会規則　*6*
教育委員会事務局　*119*
教育委員長　*118*
教育基本法　*10*
教育再生実行会議　*106*
教育再生実行本部　*105*
教育税　*126-127, 139*
教育長　*117*
教育の機会均等　*8, 25, 126, 128, 143-144*
教育の水準確保　*128*

225

教育の中立性　11
教育の目的　11
教育を受ける権利　7, 25
教員採用選考試験　92
教員養成協議会（仮称）　103
教科書　16
教師塾　91
教職大学院　91
行政立法　4
教頭　85
教務主任　87
教諭　86
勤務評定　98
国と地方の教育行政機関相互の関係　121
グラマー・スクール（英）　24
訓令　5
県費負担教職員　68, 132
　——制度　132
合級教授　68
公教育　27
公共心　110
公共の精神　12
高校三原則　34
校長　85
高等学校　33
高等学校等就学支援金制度　142
高等課程（高等専修学校）　37
高等教育　29
高等師範学校　34
高等小学校　33
高等女学校　33
高等専門学校　35
公募制　100
校務　46
　——分掌　46
国学　22
国際学校（インターナショナル・スクール）　37
国際人権規約　39
国際バカロレア　40
告示　5
国民学校　33
子育て支援　157, 158, 162

子ども・子育て支援新制度　159-163
子ども・子育て本部　160
子どもの権利条約　39
子どもの貧困　146
コミュニティ・スクール　59
コモン・スクール（common school）　29
コレージュ（仏）　24
「今後の特別支援教育の在り方について」調査
　研究協力者会議最終報告　→2003年報告
＊コンドルセ, M. J. A. N. C.　24
コンピテンシー　80, 81

サ　行

三位一体改革　136
＊シアーズ, J. B.　49
司教学校　22
自己申告に基づく目標管理　99
市場原理・競争原理　109
施設型給付　159-163
市町村立学校職員給与負担法　131-132
実業学校　34
指導，助言および援助　122
指導改善研修　95
指導が不適切な教員　95
指導教諭　86
児童の権利に関する条約　39
師範学校　34
私費負担　139
社会化　27
就学援助制度　137
就学義務　15, 19, 26
就学保障義務　26
宗教教育　11
宗教的中立　26
修道院学校　22
10年経験者研修　93
主幹教諭　86
授業料減免　142
熟議　59
出席停止　18
奨学金　140
小学校　32
小学校高等科　33

索 引

条件附き採用期間　*92*
上構型学校系統　*25*
商船高等専門学校　*35*
小中一貫教育　*38*
昌平坂学問書　*22*
条約　*6*
条理法　*7*
省令　*4*
条例　*5*
職員会議　*48*
職務専念義務　*96*
　——免除（職専免）研修　*93*
初等教育　*29*
初任者研修　*93*
新自由主義（Neo-liberalism）　*108*
尋常小学校　*33*
新制大学　*34*
信用失墜行為の禁止　*96*
進路指導主事　*88*
スクールカウンセラー　*87*
スクールソーシャルワーカー　*87*
スコレー　*21*
スポーツ庁　*112*
政治教育　*11*
政治主導　*104, 123*
政治的行為の制限　*97*
政治的中立　*26*
生徒指導主事　*88*
青年学校　*33*
西洋医学書　*34*
政令　*4*
是正の要求と指示　*122*
世代を超えた連鎖　*147*
設置義務　*26*
設置者負担主義　*129, 131, 135*
専修学校　*36*
選抜　*28*
選別　*28*
専門課程（専門学校）　*37*
総額裁量性　*136*
争議行為等の禁止　*97*
総合教育　*32*
総合教育会議　*116*

相対的貧困　*146*

タ 行

大学　*22, 34*
大学院修学休業制度　*93*
大学入学資格検定　*40*
大学寮　*22*
大学校　*37*
待機児童　*163*
大臣政務官　*111*
体罰　*17*
単級学級　*70*
単式学級　*65*
単線型　*28*
　——学校体系　*29*
地域型保育給付　*160*
地域学校協働本部　*61*
チーム学校　*78, 102*
知識基盤社会　*80*
地方公共団体の長　*114*
地方版子ども・子育て会議　*162*
注意欠陥多動性障害　→ADHD
中1ギャップ　*38*
中央教育審議会（中教審）　*104, 113*
中学校　*33*
中等教育　*29*
中等教育学校　*35, 109*
中立　*25*
懲戒　*17, 97*
勅令主義
　教育行政の——　*2*
通知・通達　*5*
提言フォローアップ会合　*107*
帝国大学　*34*
　——令　*34*
適応指導教室　*19*
寺子屋　*23*
東京女子師範学校附属幼稚園　*149*
東京大学　*34*
道徳の教科化　*74*
特別支援学校　*35*
「特別新教育を推進するための制度の在り方について」中教審答申　→2005年答申

227

特別の教科　道徳　*111*
特別免許状　*89*
取り出し指導　*39*
内閣　*111*
ナショナリズム　*110*
新潟静修学校附設託児所　*153*
「21世紀の特殊教育の在り方について」調査研
　　究協力者会議最終報告　→2001年報告
2001年報告　*167, 175, 178, 181, 184*
2003年報告　*170, 172, 174, 175, 178, 179, 181*
2005年答申　*172, 178, 179, 181*
日本国憲法　*3, 7*
能力開発型人事考課制度　*99*

ハ　行

ハイブリッド・ラーニング　*82*
藩校　*23*
蕃書調所　*34*
判例法　*7*
避止義務　*26*
秘密を守る義務　*97*
貧困の世代間連鎖　*148*
副校長　*85*
複式学級　*65*
複線型　*28*
　　——学校体系　*28*
副大臣　*111*
服務　*95*
　　——の宣誓　*96*
二葉保育園　*154*
普通教育　*25*
普通免許状　*89*
フリーエージェント制　*100*
フリースクール　*19*
＊フリードリヒ大王（Friedrich der Grosse）　*24*
＊フレーベル，F. W. A.　*32, 149*
　　分岐型（フォーク型）　*28*
　　分岐型学校体系　*29*
　　分限　*98*

分権化　*110*
＊ペスタロッチ，J. H.　*30*
＊ヘックマン，J.　*148, 151*
　　ベル・ランカスター法　*70, 71*
保育行政の二元化　*155*
保育所保育指針　*156*
放課後子供教室　*60*
法律　*3*
法律主義
　　教育行政の——　*1*
法令等及び上司の職務上の命令に従う義務　*96*
保健主事　*88*
補助教材　*17*

マ　行

マネジメント・サイクル　*49*
民族学校（ナショナル・スクール）　*37*
無償　*25*
無償化
　　幼児教育の——　*147*
免許状更新講習　*90*
文部科学省　*112*
文部科学大臣　*111*

ヤ・ラ行

優秀教員の表彰　*100*
養護教諭　*86*
養成，採用，研修の一体的な改革　*102*
幼稚園　*32*
幼稚園教育要領　*32, 152*
幼稚園設置基準　*150*
幼稚園令　*150*
幼保一体（一元）化　*156, 157*
ラテン語　*23*
リュケイオン　*21*
臨時教育審議会　*105*
臨時免許状　*89*
＊ルター，M.　*24*

執筆者紹介（執筆順，執筆担当）

市田 敏之（いちだ・としゆき，皇學館大学教育学部）　第1章

三山　緑（みやま・みどり，名古屋女子大学家政学部）　第2章

米沢　崇（よねざわ・たかし，広島大学大学院人間社会科学研究科）　第3章

佐々木　司（ささき・つかさ，編著者，山口大学教育学研究科）　第4章

住岡 敏弘（すみおか・としひろ，大分大学教育学部）　第5章

岡本　徹（おかもと・とおる，編著者，広島修道大学人文学部）　第6章

小早川倫美（こばやかわ・ともみ，島根大学教育学部）　第7章

中嶋 一恵（なかしま・かずえ，広島大学教育学部）　第8章

堀田哲一郎（ほりた・てついちろう，元・広島修道大学人文学部）　第9章

現代の教育制度と経営

| 2016年4月25日　初版第1刷発行 | 〈検印省略〉 |
| 2023年2月20日　初版第7刷発行 | |

定価はカバーに表示しています

	編著者	岡　本　　　徹
		佐　々　木　　司
	発行者	杉　田　啓　三
	印刷者	中　村　勝　弘

発行所　株式会社　ミネルヴァ書房
607-8494 京都市山科区日ノ岡堤谷町1
電話(075)581-5191／振替01020-0-8076

© 岡本・佐々木ほか，2016　　中村印刷・新生製本

ISBN978-4-623-07565-2

Printed in Japan

これからの学校教育と教師──「失敗」から学ぶ教師論入門
佐々木司・三山 緑 編著　A5判　190頁　本体2200円

●教職「教育原理」「教職の意義等にかんする科目」向けの入門書。各章末で、現在教壇に立つ現場教員の「失敗・挫折」を扱ったエピソードを紹介，本文と合わせて、そこから「何を学ぶのか」、わかりやすく解説する。

教育の歴史と思想
石村華代・軽部勝一郎 編著　A5判　232頁　本体2500円

●教育の歴史上欠かせない人物の思想と実践を、わかりやすく紹介した教員採用試験対策にも最適の書。深く学べるよう時代背景、同時代人や関連ある思想家・実践家を合わせて紹介する。

事例で学ぶ学校の安全と事故防止
添田久美子・石井拓児 編著　A5判　156頁　本体2400円

●「事故は起こるもの」と考えるべき。授業中，登下校時，部活の最中，給食で…，児童・生徒が巻き込まれる事故が起こったとき，あなたは──。学校の内外での多様な事故について，何をどのように考えるのか，防止のためのポイントは何か，指導者が配慮すべき点は何か，を具体的にわかりやすく、裁判例も用いながら解説する。学校関係者必携の一冊。

すぐ実践できる情報スキル50──学校図書館を活用して育む基礎力
塩谷京子 編著　B5判　212頁　本体2200円

●小・中学校9年間を見通した各教科等に埋め込まれている情報スキル50を考案。学校図書館を活用することを通して育成したいスキルの内容を，読んで理解し，授業のすすめ方もイメージできる。子どもが主体的に学ぶための現場ですぐに役立つ一冊。

──── ミネルヴァ書房 ────
https://www.minervashobo.co.jp/